农村实用法律解读系列丛书
NONGCUN SHIYONG FALU JIEDU XILIE CONGSHU

农村实用
民法商法解读

胡志斌 ◎ 编 著

北京师范大学出版集团
BEIJING NORMAL UNIVERSITY PUBLISHING GROUP
安徽大学出版社

图书在版编目(CIP)数据

农村实用民法商法解读/胡志斌编著.—合肥:安徽大学出版社,2014.5
(农村实用法律解读系列丛书)
ISBN 978-7-5664-0751-1

Ⅰ.①农… Ⅱ.①胡… Ⅲ.①民法－基本知识－中国②商法－基本知识－中国
Ⅳ.①D923

中国版本图书馆 CIP 数据核字(2014)第 096969 号

农村实用民法商法解读

胡志斌　编著

出版发行:	北京师范大学出版集团 安 徽 大 学 出 版 社 (安徽省合肥市肥西路 3 号 邮编 230039) www.bnupg.com.cn www.ahupress.com.cn
印　　刷:	合肥现代印务有限公司
经　　销:	全国新华书店
开　　本:	170mm×240mm
印　　张:	16.75
字　　数:	297 千字
版　　次:	2014 年 5 月第 1 版
印　　次:	2014 年 5 月第 1 次印刷
定　　价:	25.00 元

ISBN 978-7-5664-0751-1

策划编辑:朱丽琴　方　青		装帧设计:李　军　金伶智	
责任编辑:方　青　程中业		美术编辑:李　军	
责任校对:程中业		责任印制:陈　如	

版权所有　侵权必究

反盗版、侵权举报电话:0551—65106311
外埠邮购电话:0551—65107716
本书如有印装质量问题,请与印制管理部联系调换。
印制管理部电话:0551—65106311

MULU 目录

民法和商法基本制度

1. 什么是公民(自然人)的民事行为能力,法律是如何规定的? / 1
2. 什么是监护?监护人是如何确定的?监护人的职责有哪些? / 2
3. 什么是宣告公民失踪和宣告死亡?它们分别需要哪些条件? / 5
4. 农村承包经营户享有哪些民事权利,应当履行哪些民事义务? / 7
5. 农村村民在出租房屋后,能否再申请宅基地? / 9
6. 农民可以自行在自留地、承包耕地上建住宅吗? / 9
7. 村民之间买卖房屋时,在土地方面需办理什么手续? / 10
8. 什么是个人合伙?法律对其有哪些主要规定? / 10
9. 什么叫法人?法人的成立应当具备哪些条件?其种类和法律责任是如何规定的? / 12
10. 成立公司应当具备哪些条件? / 13
11. 如何理解无效民事行为? / 15
12. 民事代理分为哪些种类?代理的法律后果如何? / 16
13. 在我国,农民承包的土地是否属于其个人财产? / 18
14. 什么是共有财产?共有财产如何分割? / 19
15. 村民发现了埋藏物以及他人遗失物、漂流物、失散的饲养动物等,能否占为己有? / 20
16. 农村邻里关系是如何受法律调整的? / 21
17. 法律上规定的债包括哪些种类? / 23

18. 饲养的动物致人伤害是否承担法律责任？ / 24
19. 建筑物、房屋上的悬挂物、搁置物倒塌、脱落、坠落致人伤害是否承担法律责任？ / 26
20. 企业或个人倾倒有毒有害的废水、废渣等物质导致他人种植物、饲养动物以及人身伤害的，是否承担责任？ / 26
21. 未成年人致人伤害的，是否承担法律责任？ / 27
22. 未成年人在学校、幼儿园受到伤害的，学校、幼儿园是否应当承担法律责任？ / 28
23. 从建筑物中抛出的物体致他人伤害的，如何确定责任人？ / 29
24. 购买的商品在使用或消费过程中致人伤害的，如何确定法律责任？ / 31
25. 在公共场所、道旁或通道挖坑、修缮安装地下设施等，致人伤害的，是否承担法律责任？ / 32
26. 公民身体受到伤害，有权利获得哪些方面的赔偿？ / 33
27. 在哪些情形下，行为人对自己的损害行为不承担或者从轻承担民事赔偿责任？ / 35
28. 喝醉酒时打骂他人或毁坏他人财物的，是否承担法律责任？ / 36
29. 聚餐或者聚会喝酒，其中一人饮酒过度而伤亡的，其他人是否承担法律责任？ / 36
30. 甲村民雇乙村民帮助从事劳务，如果乙村民受到伤害时，甲应否承担法律责任？ / 38
31. 民间高利贷合法吗？ / 38
32. 教唆或帮助未成年人侵害他人合法权益的，民事法律责任如何承担？ / 39
33. 将车辆出借或租赁给他人使用，或者将车辆卖给了他人使用但未办理过户，如果发生了交通事故，并且责任认定为机动车辆一方的，赔偿责任如何划定？ / 39
34. 医疗事故的法律责任如何认定？ / 40
35. 堆放的物体倒塌致人损害或者树木折断致人损害的，赔偿责任如何认定？ / 42

婚姻法律制度

36. 农村普遍存在订婚的习俗，订婚或者婚约具有法律效力吗？ / 43
37. 婚姻法有哪些基本原则？ / 43
38. 什么是事实婚姻，事实婚姻受法律保护吗？ / 44

39. 什么形式的婚姻才是合法的,结婚需要具备哪些条件? / 45
40. 什么是非法同居? / 46
41. 在什么情形下婚姻是无效的? / 47
42. 什么是可撤销婚姻,对于可撤销婚姻,该如何处理? / 48
43. 什么是非婚生子女?法律对非婚生子女的保护是如何规定的? / 49
44. 法律关于夫妻财产制度是如何规定的? / 51
45. 哪些家庭成员之间有相互扶养、抚养和赡养的义务? / 52
46. 离婚必须经过法院判决吗? / 53
47. 法院判决离婚的标准是什么,如何正确理解和把握? / 54
48. 夫妻离婚时,财产如何分割? / 55
49. 夫妻离婚时,未成年子女应当由谁抚养? / 57
50. 离婚后,不抚养未成年孩子的一方是否有权利探望孩子? / 59
51. 夫妻离婚时,在什么情况下一方可要求另一方予以经济帮助? / 60
52. 为逃避债务,夫妻对婚前财产或婚姻关系存续期间财产归属的约定是否有效? / 60
53. 如何正确看待"假离婚"现象? / 61
54. 离婚后未成年人子女的抚养费如何负担? / 62
55. 什么是家庭暴力?法律对家庭暴力是如何规定的? / 64
56. 离婚时,可以向第三者要求精神损害赔偿吗? / 65
57. 如何认定重婚?重婚的法律后果有哪些? / 67
58. 在哪些情形下,不得起诉离婚? / 68
59. 离婚时,当事人能否要求退还彩礼? / 69

继承和收养法律制度

60. 按照法律规定,继承的方式或种类有哪些? / 71
61. 哪些财产属于遗产,可供继承人分配? / 72
62. 在农村,出嫁的女儿对父母的遗产享有继承权吗? / 73
63. 在分割遗产时,应当坚持哪些法律原则? / 75
64. 在遗产继承中,男女平等主要表现在哪些方面? / 76
65. 在遗产继承中,如何正确地分割遗产? / 76
66. 在农村,没有子女的人死亡后遗产由谁继承? / 77

67. 送养他人的子女是否有权继承亲生父母的遗产? / 77
68. 如何撰写合法有效的遗嘱? / 78
69. 收养和寄养有哪些不同之处? / 79
70. 收养应当遵循哪些法律原则? / 80
71. 哪些人可以作送养人? / 81
72. 哪些人可以被他人收养? / 82
73. 收养他人未成年的孩子应当具备哪些条件? / 83
74. 收养人可以收养几个子女? / 84
75. 合法的收养从什么时间正式确立? / 84
76. 办理收养登记的主体和参与人有哪些? / 85
77. 收养人申请办理收养登记时应带齐哪些证件和材料? / 86
78. 收养登记离不开送养人到场配合,送养子女时应当向收养登记机关提交哪些材料? / 87
79. 收养关系在什么情况下可以解除? / 88
80. 如何解除收养关系? / 88

合同和担保法律制度

81. 任何合同或协议都可以适用《合同法》来规范和调整吗? / 90
82. 与农民关系密切的合同有哪几种? / 91
83. 如何正确理解《合同法》的平等原则? / 91
84. 如何正确理解《合同法》的自愿原则? / 92
85. 如何正确理解《合同法》的诚实信用原则? / 93
86. 为什么《合同法》确立不得损害社会公共利益原则? / 93
87. 合同订立需要哪几个阶段? / 94
88. 《合同法》中规定的"要约撤回"、"要约撤销"、"要约消灭"三个法律术语分别是什么意思? / 95
89. 什么是"要约邀请"?它与要约有哪些区别? / 96
90. 承诺何时发生法律效力?如果出现承诺超期与承诺延误,合同还能生效吗? / 97
91. 按照《合同法》的规定,当事人订立的合同一般应包括哪些内容? / 98
92. 订立合同可以采用哪些形式? / 100

93. 签订合同应注意哪些问题? /101
94. 什么是格式合同和格式条款,如何认定它们的合法性? /101
95. 什么是缔约过失责任,它有哪些表现形式? /102
96. 合同成立应具备哪些条件? /103
97. 合同成立意味着合同生效了吗? /104
98. 什么是无效合同,它有哪些特征? /106
99. 哪些合同属于无效合同? /106
100. 合同被认定为无效,应如何处理? /108
101. 当事人在合同中约定的哪些免除责任的条款是无效的? /109
102. 什么是可变更、可撤销合同? /109
103. 哪些合同属于可变更、可撤销合同? /110
104. 如果当事人认为合同属于可撤销的合同,如何行使撤销权? /112
105. 什么是效力待定合同?它与无效合同、可撤销合同有哪些区别? /113
106. 哪些合同属于效力待定合同? /113
107. 什么是附条件的合同? /115
108. 什么是附期限的合同? /116
109. 合同当事人履行合同应当坚持哪些原则? /116
110. 解决合同条款空缺或者瑕疵的原则有哪些? /117
111. 在农村地区签订的建设工程合同履行中,当事人在什么条件下可以解除合同? /118
112. 建设工程合同解除后的法律后果有哪些? /119
113. 什么是合同履行中的同时履行抗辩权? /120
114. 什么是合同履行中的先履行抗辩权? /121
115. 什么是合同履行中的不安抗辩权? /124
116. 什么是合同履行中的代位权? /126
117. 如何行使合同中的代位权? /127
118. 什么是合同中的撤销权? /128
119. 如何行使合同撤销权? /129
120. 合同生效之后可以转让吗? /130
121. 合同变更与合同转让是一回事吗? /130
122. 什么是合同债权或者权利的转让?它有哪些法律上的要求? /131
123. 什么是债务转移?法律对其有哪些规定? /133

124. 合同中的权利义务能否全部转让给他人? /134
125. 合同当事人单方面解除合同应当具备哪些条件? /134
126. 如何认定合同履行中的违约责任? /135
127. 合同当事人违约,应当如何承担违约责任? /136
128. 定金和违约金是一回事吗? /137
129. 什么是不可抗力?它对合同履行有什么影响? /139
130. 在哪些情形下,违约责任可以免除? /140
131. 签订买卖合同应注意哪些特殊事项? /140
132. 签订民间借款合同应当注意哪些事项? /145
133. 签订合同一定需要公证吗? /148
134. 农村地区建筑施工企业如何正确定签订建设工程施工合同? /148
135. 我国法律规定了几种担保形式? /152
136. 在保证担保方式中,法律对保证人的资格是如何规定的? /152
137. 哪些组织不能作为担保人? /153
138. 保证担保的形式有哪几种? /153
139. 法律对保证担保的范围和时间是如何规定的? /154
140. 定金和预付款是一回事吗? /161
141. 定金担保生效的条件有哪些? /161
142. 哪些财产不得抵押? /164
143. 签订抵押合同时,合同中应当约定哪些内容? /165
144. 签订抵押合同时,如果需要对抵押物进行登记,登记机关是谁? /173
145. 签订抵押合同,对抵押物一定要办理登记吗? /174
146. 房屋抵押后还能够出租吗? /175
147. 出租的房屋能够抵押吗? /175
148. 什么是质押,它与抵押有什么区别? /176
149. 留置担保适用于所有的合同担保吗? /181

农民专业合作社法律制度

150. 什么是农民专业合作社,它有哪些特点? /182
151. 国家政策和法律鼓励建立农民专业合作社的目的是什么? /182
152. 农民专业合作社与农村集体经济组织有哪些区别? /183

153. 法律要求农民专业合作社应当设立哪些组织机构? /184
154. 设立农民专业合作社应当具备哪些条件? /185
155. 法律对农民专业合作社的成员数量和结构是如何规定的? /186
156. 农民专业合作社在什么情况下可以召开临时会议? /186
157. 农民专业合作社的成员代表大会和成员大会有哪些区别? /187
158. 农民专业合作社的理事长、理事、执行监事、监事会成员是如何产生的? /187
159. 农民专业合作社为什么要制定章程,其主要内容是什么? /188
160. 什么是农民专业合作社的一人一票制? /199
161. 农民专业合作社可以享受国家哪些扶持政策? /200
162. 农民专业合作社成员大会如何进行选举和作出决议? /200
163. 农民专业合作社必须要设理事会和理事长吗? /201
164. 一个人是否可以兼任两个以上农民专业合作社的理事长、理事、经理? /202
165. 乡镇国家公务人员能否担任农民专业合作社的职务? /202
166. 什么是农民专业合作社的成员账户? 它的作用是什么? /202
167. 农民专业合作社成员是否有权了解合作社财务情况? /203
168. 在专业合作社解散和破产时,为什么农民不能办理成员退社手续? /204
169. 为什么农民专业合作社中允许有企业、事业单位或社会团体成员? /204
170. 农民专业合作社在哪些情况下应当解散? /205

附 录

中华人民共和国民法通则(节选) /206
中华人民共和国侵权责任法 /215
中华人民共和国婚姻法(节选) /224
中华人民共和国继承法(节选) /230
中华人民共和国收养法(节选) /234
中华人民共和国合同法(节选) /237
中华人民共和国农民专业合作社法 /247

参考文献 /256

后 记 /257

民法和商法基本制度

1. 什么是公民(自然人)的民事行为能力,法律是如何规定的?

公民民事行为能力简称"行为能力",它是指公民能够以自己的行为依法行使权利和承担义务,从而使法律关系发生、变更或消灭的资格。自然人的行为能力分三种情况:完全行为能力、限制行为能力、无行为能力。具体阐释如下:

(1)完全民事行为能力人

包括:①十八周岁以上的成年人;②已满十六周岁,不满十八周岁的人,以自己的劳动收入为主要生活来源的,视为完全民事行为能力人。

完全民事行为能力人,可以独立进行民事活动,不受他人的意志约束。

(2)限制民事行为能力人

包括:①十周岁以上不满十八周岁的未成年人;②不能完全辨认自己行为的精神病人。

限制民事行为能力人可以进行与他的年龄、智力以及精神健康状况相适应的民事活动;其他民事活动由他的法定代理人代理,或者征得他的法定代理人的同意。否则,他所进行的民事活动无效。

(3)无民事行为能力人

包括:①不满十周岁的未成年人;②不能辨认自己行为的精神病人。

无民事行为能力人不能独立进行民事活动,必须由他的法定代理人代理民事活动。否则,其进行的民事活动无效,但无民事行为能力人和限制民事行为能力人接受奖励、赠与、报酬的行为有效。

≫法条链接≫

《民法通则》第十一条:十八周岁以上的公民是成年人,具有完全民事行为能力,可以独立进行民事活动,是完全民事行为能力人。

十六周岁以上不满十八周岁的公民,以自己的劳动收入为主要生活来源的,视为完全民事行为能力人。

《民法通则》第十二条：十周岁以上的未成年人是限制民事行为能力人，可以进行与他的年龄、智力相适应的民事活动；其他民事活动由他的法定代理人代理，或者征得他的法定代理人的同意。

不满十周岁的未成年人是无民事行为能力人，由他的法定代理人代理民事活动。

《民法通则》第十三条：不能辨认自己行为的精神病人是无民事行为能力人，由他的法定代理人代理民事活动。

不能完全辨认自己行为的精神病人是限制民事行为能力人，可以进行与他的精神健康状况相适应的民事活动；其他民事活动由他的法定代理人代理，或者征得他的法定代理人的同意。

《民法通则》第十四条：无民事行为能力人、限制民事行为能力人的监护人是他的法定代理人。

2. 什么是监护？监护人是如何确定的？监护人的职责有哪些？

监护是指为保护未成年人和精神病人的人身、财产以及其他合法权益而专门设定的一种民事法律制度。监护的主体被称之为"监护人"，监护的对象包括不满十八周岁的未成年人，以及年龄虽满十八周岁但精神不正常的自然人。

监护人的确定因监护的对象以及监护人自身的状况差异而有所不同，具体情况如下：

(1)未成年人的法定监护人。这种监护人首先应当由其父母担任，如父母死亡或者无监护能力的，按下列顺序由以下人员担任：①祖父母、外祖父母；②成年的兄、姐；③未成年人父母所在单位或未成年人住所地的居民委员会、村民委员或者民政部门。

(2)精神病人的法定监护人。这种监护人按照下列顺序由以下人员担任：①配偶；②父母；③成年子女；④其他近亲属；⑤精神病人所在单位或者住所地的居民委员会、村民委员会。此外，精神病人的其他亲属、朋友愿意承担监护责任，经有关单位同意的，可以担任监护人。

(3)未成年人或者精神病人没有上述范围的近亲属或近亲属丧失监护能力的，有关单位或居委会、村委会可以从愿意承担监护责任的其他近亲属、朋友中指定监护人。当近亲属对于由谁担任监护人发生争议时，有关单位、组织可以进行调解并从他们中间指定监护人。

(4)法定监护人或指定监护人因故暂时无法行使监护权,可将监护职责部分或全部委托他人承担。受委托担任监护人的人为委托监护人。在此情形下,除有特别规定之外,被监护人致人损害的民事责任仍由法定监护人或指定监护人承担,但委托监护人对此确有过错的,应承担连带责任。

监护人的职责包括人身监护和财产监护两个方面。对未成年人的人身监护,以教养、保护为目的。对被宣告为无行为能力人的监护,以保障其本人及社会的安全,并促其恢复健康为监护目的。至于财产监护,监护人得依法管理被监护人的财产,不得随意处分被监护人的财产。

≫法条链接≫

《民法通则》第十六条:未成年人的父母是未成年人的监护人。

未成年人的父母已经死亡或者没有监护能力的,由下列人员中有监护能力的人担任监护人:(一)祖父母、外祖父母;(二)兄、姐;(三)关系密切的其他亲属、朋友愿意承担监护责任,经未成年人的父、母的所在单位或者未成年人住所地的居民委员会、村民委员会同意的。

对担任监护人有争议的,由未成年人的父、母的所在单位或者未成年人住所地的居民委员会、村民委员会在近亲属中指定。对指定不服提起诉讼的,由人民法院裁决。

没有第一款、第二款规定的监护人的,由未成年人的父、母的所在单位或者未成年人住所地的居民委员会、村民委员会或者民政部门担任监护人。

《民法通则》第十七条:无民事行为能力或者限制民事行为能力的精神病人,由下列人员担任监护人:(一)配偶;(二)父母;(三)成年子女;(四)其他近亲属;(五)关系密切的其他亲属、朋友愿意承担监护责任,经精神病人的所在单位或者住所地的居民委员会、村民委员会同意的。

对担任监护人有争议的,由精神病人的所在单位或者住所地的居民委员会、村民委员会在近亲属中指定。对指定不服提起诉讼的,由人民法院裁决。

没有第一款规定的监护人的,由精神病人的所在单位或者住所地的居民委员会、村民委员会或者民政部门担任监护人。

《民法通则》第十八条:监护人应当履行监护职责,保护被监护人的人身、财产及其他合法权益,除为被监护人的利益外,不得处理被监护人的财产。

监护人依法履行监护的权利,受法律保护。

监护人不履行监护职责或者侵害被监护人的合法权益的,应当承担责任;给被监护人造成财产损失的,应当赔偿损失。人民法院可以根据有关人员或者有关单位的申请,撤销监护人的资格。

《婚姻法》第二十三条规定:在未成年子女对国家、集体或他人造成损害时,父母有承担民事责任的义务。

≫案例分析≫

村民李玉梅在丈夫意外事故死亡后,带着5岁的儿子刘海涛改嫁给李波。李玉梅的丈夫生前留下两处房产,经与刘海涛的祖母乔永兰共同协商,确认一处为李玉梅应分得的财产,另一处两间砖混结构的平房为刘海涛父亲的遗产,此房留给刘海涛一个人继承,任何人不得私自处分,房产租给他人,房租由李玉梅收取。6年后,李玉梅病故,刘海涛仍随李波生活。后李波未征得别人同意,擅自将出租的两间砖混结构的平房卖给承租人,得款2万元。刘海涛祖母闻讯后,以此房系刘海涛个人财产,他人无权处置为由,诉至法院,要求确认李波的处分行为无效,返还被卖出的两间砖混结构的平房。

法理分析:未成年人刘海涛的法定监护人是他的父母,在其父亲去世后,他的母亲李玉梅是他的单独监护人,李玉梅离世后,刘海涛同继父李波共同生活,并且没有其他生活来源,双方形成抚养关系,应当认定继父李波为刘海涛的监护人。按照最高人民法院的司法解释规定:"监护人的监护职责包括:保护被监护人的身体健康,照顾被监护人的生活,管理和保护被监护人的财产,代理被监护人进行民事活动,对被监护人进行管理和教育,在被监护人合法权益受到侵害或者与人发生争议时代其进行诉讼。"监护人管理被监护人的财产,其目的是保护被监护人的合法权益。《民法通则》规定:"除为了被监护人的利益外,不得处理被监护人的财产。"被告李波将被监护人刘海涛的财产卖给他人,并非为了刘海涛的利益,因此,这种处分是违法的,但违法的后果并非认定买卖行为无效,而是给被监护人造成财产损失,依法应当赔偿损失。笔者认为,监护人李波代理被监护人进行的民事法律行为,相对于第三人来说是有效的,而不能因该行为损害被监护人的利益就认定为无效,除非第三人与监护人恶意串通实施行为,否则,监护人与被监护人之间的关系不能对抗善意第三人。

3. 什么是宣告公民失踪和宣告死亡？它们分别需要哪些条件？

宣告失踪是指经利害关系人申请，由人民法院对下落不明满一定期间的人宣告为失踪人的制度。按照法律规定，公民下落不明满两年的，利害关系人可以向人民法院申请他为失踪人。宣告失踪必须具备以下三个条件：

第一，主体条件。必须由利害关系人向人民法院申请。利害关系人包括配偶、父母、成年子女、祖父母、外祖父母、兄弟姐妹以及与被宣告失踪的人有民事权利义务关系的公民和法人。

第二，客体条件。(1)有下落不明的事实。如发生洪水、地震、战争等情况。如果知道某人在某地，即使很久没有回来，也不能认为失踪；(2)下落不明必须满两年。其中，在战争期间下落不明的，下落不明的时间从战争结束之日起算。

第三，形式条件。申请必须采用书面形式，不得口头申请。必须经人民法院依照法定程序宣告失踪，任何单位与个人都没有宣告公民失踪的权力。

宣告失踪的法律后果是失踪人的财产由他的配偶、父母、成年子女或者关系密切的其他亲属、朋友代管。没有以上人选或有争议的，由法院指定代管。代管人负有管理失踪人财产的职责，代管人不履行代管职责或者侵犯失踪人财产的，失踪人的利害关系人可以向法院请求代管人承担民事责任，也可以申请变更代管人。

宣告公民死亡是指公民离开自己的住所或经常居住地，去向不明、杳无音讯，持续达一定期间，人民法院根据利害关系人的申请，依法确认宣告死亡的事实存在，从而作出判决，从法律上推定该公民死亡。宣告公民死亡应当具备如下条件：

第一，必须有该公民下落不明的事实存在。这种事实包括三种情况：一是在正常情况下，公民离开自己的住所或经常居住地去向不明；二是因意外事故离开该公民所在地去向不明；三是因意外事故离开该公民的所在地去向不明，经有关机关证明该公民不可能生存的。意外事故包括交通事故、自然灾害、海难、飞机失事、地震、雪崩、海啸、台风等。只要存在三种情况中的一种，即存在下落不明的事实。

第二，下落不明的事实必须满法定期间或者有关机关证明其不可能生存。根据法律的有关规定，法定期间具有两种情形：一是在通常情况下，公民下落不明的事实状态持续满四年。期间的计算，从该公民最后离开自己的住所或经常居住地失去音讯之次日起算；二是公民因意外事故下落不明满两年的，下落不明的时间从意外事故发生之次日起算;三是因意外事故下落不明,经有关机关能证明其不可能生存的,这种情况不受时间限制。

第三,必须由该公民的利害关系人提出申请,由该公民住所地的基层法院管辖。利害关系人是指被申请宣告死亡人的配偶、父母、子女、兄弟、姐妹、祖父母、外祖父母、孙子女、外孙子女,以及其他与被申请人有民事权利义务关系的人。几个利害关系人对是否申请该公民死亡意见不一致时,行使申请权的顺序是:①配偶;②父母、子女;③兄弟姐妹、祖父母、外祖父母、孙子女、外孙子女;④其他有民事权利义务关系的人。

第四,利害关系人申请宣告公民死亡,必须向下落不明人住所地的基层法院提出书面申请。申请书应记明:申请人的姓名、性别、年龄、与被申请宣告死亡人的关系、被申请宣告死亡人下落不明的事实、时间、申请宣告死亡的理由和请求。

除书面申请外,申请人还应提供公安机关或其他有关机关出具的关于该公民下落不明的证明书。因意外事故下落不明,经有关机关证明其不可能生存的,应提供有关机关出具的该公民不可能生存的证明书。

宣告公民死亡的法律后果如下:

公民一旦被宣告死亡,自宣告之日起其法律后果与自然死亡基本相同,其民事权利能力因宣告死亡而终止,原有的婚姻关系随之消灭,另一方无需办理解除婚姻关系的手续,即可与他人结婚。继承因宣告死亡而开始。宣告死亡与自然死亡毕竟不同,如果该公民在异地依然生存,并不影响其在那里的民事活动。

≫法条链接≫

《民法通则》第二十条:公民下落不明满两年的,利害关系人可以向人民法院申请宣告他为失踪人。

战争期间下落不明的,下落不明的时间从战争结束之日起计算。

《民法通则》第二十一条:失踪人的财产由他的配偶、父母、成年子女或者关系密切的其他亲属、朋友代管。代管有争议的,没有以上规定的人或者以上规定的人无能力代管的,由人民法院指定的人代管。

失踪人所欠税款、债务和应付的其他费用,由代管人从失踪人的财产中支付。

《民法通则》第二十二条:被宣告失踪的人重新出现或者确知他的下落,经本人或者利害关系人申请,人民法院应当撤销对他的失踪宣告。

《民法通则》第二十三条:公民有下列情形之一的,利害关系人可以向人民法院申请宣告他死亡：

（一）下落不明满四年的；

（二）因意外事故下落不明，从事故发生之日起满两年的。

战争期间下落不明的，下落不明的时间从战争结束之日起计算。

《民法通则》第二十四条：被宣告死亡的人重新出现或者确知他没有死亡，经本人或者利害关系人申请，人民法院应当撤销对他的死亡宣告。

有民事行为能力人在被宣告死亡期间实施的民事法律行为有效。

《民法通则》第二十五条：被撤销死亡宣告的人有权请求返还财产。依照继承法取得他的财产的公民或者组织，应当返还原物；原物不存在的，给予适当补偿。

≫ **案例分析** ≫

张路远因常年离开家乡并与家人失去联系，后经妻子向法院申请宣告其死亡，于2006年3月1日被宣告死亡。3月15日其遗产被其妻子、子女共4个第一顺位继承人分割完毕。经查，张路远实际上是2008年4月1日死亡。在2006年3月1日至2008年4月1日间，张路远在外地经商又赚了6万元，则谁为这6万元的继承人？

法理分析：首先，张路远的原妻子无权继承该6万元，因为按照最高人民法院司法解释的规定，被宣告死亡的人与配偶的婚姻关系，自死亡宣告之日起消灭。本案所提及的6万元只能由张路远的3个子女按法定继承的规定分割遗产。

4. 农村承包经营户享有哪些民事权利，应当履行哪些民事义务？

农村承包经营户是指农村集体经济组织的成员，在法律允许的范围内按照承包合同规定从事生产经营的民事主体。

按照我国法律的规定，农村承包经营户的权利义务概括如下：

(1)农村承包经营户的权利：①承包地等生产资料的使用权、收益权、经营权的流转权；②自主生产经营权；③承包生产资料被征收时的补偿获得权。

(2)农村承包经营户的义务：①不得改变生产资料的功能和用途的义务；②保护承包的生产资料的义务。

≫法条链接≫

《民法通则》第二十八条：个体工商户、农村承包经营户的合法权益，受法律保护。

《农业法》第十条：国家实行农村土地承包经营制度，依法保障农村土地承包关系的长期稳定，保护农民对承包土地的使用权。农村集体经济组织应当在家庭承包经营的基础上，依法管理集体资产，为其成员提供生产、技术、信息等服务，组织合理开发、利用集体资源，壮大经济实力。

《农村土地承包法》第三条：国家实行农村土地承包经营制度。

农村土地承包采取农村集体经济组织内部的家庭承包方式，不宜采取家庭承包方式的荒山、荒沟、荒丘、荒滩等农村土地，可以采取招标、拍卖、公开协商等方式承包。

《农村土地承包法》第四条：国家依法保护农村土地承包关系的长期稳定。

农村土地承包后，土地的所有权性质不变。承包地不得买卖。

《农村土地承包法》第五条：农村集体经济组织成员有权依法承包由本集体经济组织发包的农村土地。

任何组织和个人不得剥夺和非法限制农村集体经济组织成员承包土地的权利。

《农村土地承包法》第六条：农村土地承包，妇女与男子享有平等的权利。承包中应当保护妇女的合法权益，任何组织和个人不得剥夺、侵害妇女应当享有的土地承包经营权。

《农村土地承包法》第十六条：承包方享有下列权利：

（一）依法享有承包地使用、收益和土地承包经营权流转的权利，有权自主组织生产经营和处置产品；

（二）承包地被依法征用、占用的，有权依法获得相应的补偿；

（三）法律、行政法规规定的其他权利。

《农村土地承包法》第十七条：承包方承担下列义务：

（一）维持土地的农业用途，不得用于非农建设；

（二）依法保护和合理利用土地，不得给土地造成永久性损害；

（三）法律、行政法规规定的其他义务。

5. 农村村民在出租房屋后，能否再申请宅基地？

出租房屋后，不可以再申请宅基地。按照我国相关法律、法规的规定，农村村民出租住房后，再申请宅基地的，不予批准。这是因为，如果村民将房屋出租了，一方面，表明出租的村民肯定有房屋居住，出租房屋后，出租的村民不用考虑自身住房的问题；另一方面，出租人将宅基地上房屋出租获取利益，如果再允许他申请宅基地，这变相侵害了村集体的公共利益。所以，农民将自己的房屋出租后是不允许再申请宅基地的。

≫法条链接≫

《土地管理法》第六十二条：农村村民一户只能拥有一处宅基地，其宅基地的面积不得超过省、自治区、直辖市规定的标准。

农村村民建住宅，应当符合乡（镇）土地利用总体规划，并尽量使用原有的宅基地和村内空闲地。农村村民住宅用地，经乡（镇）人民政府审核，由县级人民政府批准，其中，涉及占用农用地的，依照本法第四十四条的规定办理审批手续。

农村村民出卖、出租住房后，再申请宅基地的，不予批准。

6. 农民可以自行在自留地、承包耕地上建住宅吗？

根据我国法律的规定，是不允许农民在其自留地或者承包的耕地上建房的。非农业建设必须节约使用土地，可以利用荒地的，不得占用耕地；可以利用劣地的，不得占用好地。禁止占用耕地建窑、建坟或者擅自在耕地上建房、挖砂、采石、采矿、取土等。据此，在承包的耕地建房显然为法律所明令禁止。农村集体发包给农民种植的耕地，所有权属于农村集体，农民在合同规定的承包期间，必须按合同的约定使用，不得随意改变土地用途。如果改变土地用途，例如，用耕地来建房等从事非农建设的，则必须经过严格农用地转非手续之后才能够进行，否则，将触犯法律，承担法律责任。

≫法条链接≫

《土地管理法》第三十六条第二款：禁止占用耕地建窑、建坟或者擅自在耕地上建房、挖砂、采石、采矿、取土等。

7. 村民之间买卖房屋时,在土地方面需办理什么手续?

村民之间相互购买房屋在签订合同的同时,还需办理在土地方面相应的手续。按照相关法律、法规的规定,依法改变土地的所有权、使用权或者因依法买卖、转让他人建筑物、附着物等而使土地使用权转移的,必须向县级以上地方人民政府土地管理部门申请土地所有权、使用权变更登记,由县级以上地方人民政府更换土地证书。所以,村民之间购买房屋还需办理农村房屋集体土地使用权证变更的手续。如果没有办理这一手续,买卖行为容易引发纠纷,并且在引发纠纷后,难以获得法律上的保护。

≫ **法条链接** ≫

《土地管理法实施条例》第十二条:依法改变土地权属和用途的,应当办理土地变更登记手续。

8. 什么是个人合伙?法律对其有哪些主要规定?

个人合伙是指两个以上的公民按照协议,各自提供资金、实物、技术等,合伙经营、共同劳动的民事主体。成立个人合伙的法律要求是:第一,合伙人应当对出资数额、盈余分配、债务承担、入伙、退伙、合伙终止等事项,订立书面协议;第二,个人合伙可以起字号,依法办理工商登记,在核准登记的经营范围内从事经营活动;第三,当事人之间没有书面合伙协议,又未经工商行政管理部门核准登记,但具备合伙的其他条件,又有两个以上无利害关系人证明有口头协议的,应当认定为合伙关系成立。

个人合伙不同于法人合伙或者企业组织的合伙。它的主要法律特征有:①个人合伙的合伙人为自然人;②合伙是以合伙协议为成立前提的;③合伙人必须共同出资;④合伙必须由合伙人合伙经营、共同劳动;⑤合伙人必须分享利益,并对合伙债务负连带责任。

个人合伙的法律责任分为内部民事责任和外部民事责任。

内部民事责任包括出资违约责任;擅自将自己在合伙企业中的财产份额出质的赔偿责任;不具有事务执行权的合伙人擅自执行合伙企业事务的赔偿责任;违反竞业禁止义务及不得与本合伙企业进行交易义务的赔偿责任;执行合伙事务中损害合伙企业利益的赔偿责任;擅自处理必须全体合伙人同意才能执行的合伙事务的赔偿责任;入伙的民事责任;擅自退伙的赔偿责任;拒绝承担合伙人内部求偿权的民事责任;被聘任的合伙企业的经营管理人员的赔偿责任;合伙企

业招用的职工的民事责任;清算人应依法承担的民事责任。

外部民事责任为无限连带责任。即每个合伙人都应当承担责任,如果债权人仅向其中一个合伙人主张全部权利时,该合伙人必须全部承担责任,不得以合伙人集体责任而推脱。当然,在该合伙人先行、独立承担全部责任后,可以另行向其他合伙人追偿。个人合伙是指两个以上公民按照协议,各自提供资金、实物、技术等,合伙经营、共同劳动。

≫法条链接≫

《民法通则》第三十条:个人合伙是指两个以上公民按照协议,各自提供资金、实物、技术等,合伙经营,共同劳动。

《合伙企业法》第十六条:合伙人可以用货币、实物、知识产权、土地使用权或者其他财产权利出资,也可以用劳务出资。

合伙人以实物、知识产权、土地使用权或者其他财产权利出资,需要评估作价的,可以由全体合伙人协商确定,也可以由全体合伙人委托法定评估机构评估。

合伙人以劳务出资的,其评估办法由全体合伙人协商确定,并在合伙协议中载明。

《合伙企业法》第十七条:合伙人应当按照合伙协议约定的出资方式、数额和缴付期限,履行出资义务。以非货币财产出资的,依照法律、行政法规的规定,需要办理财产权转移手续的,应当依法办理。

《合伙企业法》第二十条:合伙人的出资、以合伙企业名义取得的收益和依法取得的其他财产,均为合伙企业的财产。

《合伙企业法》第二十五条:合伙人以其在合伙企业中的财产份额出质的,须经其他合伙人一致同意;未经其他合伙人一致同意,其行为无效,由此给善意第三人造成损失的,由行为人依法承担赔偿责任。

《合伙企业法》第二十六条:按照合伙协议的约定或者经全体合伙人决定,可以委托一个或者数个合伙人对外代表合伙企业,执行合伙事务。

《合伙企业法》第三十一条:除合伙协议另有约定外,合伙企业的下列事项应当经全体合伙人一致同意:

(一)改变合伙企业的名称;

(二)改变合伙企业的经营范围、主要经营场所的地点;

(三)处分合伙企业的不动产;

(四)转让或者处分合伙企业的知识产权和其他财产权利;

(五)以合伙企业名义为他人提供担保;

(六)聘任合伙人以外的人担任合伙企业的经营管理人员。

《合伙企业法》第三十三条:合伙企业的利润分配、亏损分担,按照合伙协议的约定办理;合伙协议未约定或者约定不明确的,由合伙人协商决定;协商不成的,由合伙人按照实缴出资比例分配、分担;无法确定出资比例的,由合伙人平均分配、分担。

《合伙企业法》第四十三条:新合伙人入伙,除合伙协议另有约定外,应当经全体合伙人一致同意,并依法订立书面入伙协议。

《合伙企业法》第四十六条:合伙协议未约定合伙期限的,合伙人在不给合伙企业事务执行造成不利影响的情况下,可以退伙,但应当提前三十日通知其他合伙人。

9. 什么叫法人?法人的成立应当具备哪些条件?其种类和法律责任是如何规定的?

法人是具有民事权利能力和民事行为能力,依法独立享有民事权利和承担民事义务的组织,是社会组织在法律上的人格化。

按照我国相关法律的规定,法人必须同时具备四个条件,缺一不可。第一,依法成立。首先,法人组织的设立合法,其设立的目的、宗旨要符合国家和社会公共利益的要求,其组织机构、设立方案、经营范围、经营方式等要符合法律的要求;其次,法人的成立程序应符合法律、法规的规定。第二,有必要的财产和经费。法人应有必要的财产或者经费,否则,法人无法进行各种民事活动。第三,有自己的名称、组织机构和场所。第四,满足法律规定的其他条件。例如,《公司法》第十一条规定,设立公司必须依照公司法制定公司章程。

按照法人的性质及其成立的条件,法人分为企业法人、机关法人、事业单位法人和社会团体法人。

法人的责任形式为有限责任,即法人组织在其全部财产范围内承担责任,超出部分就不再承担责任。

≫**法条链接**≫

《民法通则》第三十六条:法人是具有民事权利能力和民事行为能力,依法独立享有民事权利和承担民事义务的组织。

法人的民事权利能力和民事行为能力,从法人成立时产生,到法人终止时消灭。

《民法通则》第三十七条:法人应当具备下列条件:(一)依法成立;(二)有必要的财产或者经费;(三)有自己的名称、组织机构和场所;(四)能够独立承担民事责任。

《民法通则》第三十八条:依照法律或者法人组织章程规定,代表法人行使职权的负责人,是法人的法定代表人。

《民法通则》第三十九条:法人以它的主要办事机构所在地为住所。

《民法通则》第四十条:法人终止,应当依法进行清算,停止清算范围外的活动。

10. 成立公司应当具备哪些条件?

公司是企业的一种,是指以盈利为目的,依法成立的从事商业经营活动或某些目的而成立的经济组织。按照我国《公司法》的规定,公司分为有限责任公司和股份有限公司。

有限责任公司的成立应当具备以下条件:

(1)股东符合法定人数。《公司法》对有限责任公司的股东人数限定为2人以上50人以下。股东应具备法律、行政法规和政策规定的法定资格。国家授权投资的机构或者国家授权部门可以单独投资设立国有独资的有限责任公司。

(2)股东出资达到法定注册资本的最低限额。即股东出资总额必须达到法定注册资本的最低限额。

(3)股东共同制定章程。公司章程由全体出资人在自愿协商的基础上制定,经全体出资人同意。股东应在公司章程上签名、盖章。

(4)有公司名称并建立符合有限责任公司要求的组织机构。设立有限责任公司,其名称除应符合企业法人名称的一般性规定外,还须在公司名称中标明"有限责任公司"或"有限公司"。有限责任公司组织机构的组成、产生、职权等应符合《公司法》的规定。

公司的组织机构一般是指股东大会、董事会、监事会、经理,或者股东会、执行董事、1~2名监事、经理。股东人数较多、公司规模较大的适用前者;反之,则适用后者。

(5)有固定的生产经营场所和必要的生产经营条件。

股份有限公司的成立应当具备以下条件:

设立股份有限责任公司,应具备下列条件:

(1)发起人符合法定资格和法定人数。设立股份有限公司,应有 2 人以上至 200 人以下的发起人,且其中须有过半数的发起人在中国境内有住所。如果国有企业改建为股份有限公司,发起人可以少于 5 人,但应当采取募集设立方式。发起人必须按照《公司法》规定认购其应认购的股份。

(2)发起人认缴和向社会公开募集的股本达到法定最低资本限额。股份有限公司注册资本最低限额为人民币 500 万元。

(3)股份发行、筹办事项符合法律规定。

(4)发起人制订公司章程,并经创立大会通过。

(5)有公司名称,建立符合股份有限公司要求的组织机构。

(6)有固定的生产经营场所和必需的生产经营条件。

(7)必须经过国务院授权的部门或者省级人民政府批准。

≫法条链接≫

《公司法》第三条:公司是企业法人,有独立的法人财产,享有法人财产权。公司以其全部财产对公司的债务承担责任。

有限责任公司的股东以其认缴的出资额为限对公司承担责任;股份有限公司的股东以其认购的股份为限对公司承担责任。

《公司法》第二十三条:设立有限责任公司,应当具备下列条件:

(一)股东符合法定人数;

(二)有符合公司章程规定的全体股东认缴的出资额;

(三)股东共同制定公司章程;

(四)有公司名称,建立符合有限责任公司要求的组织机构;

(五)有公司住所。

《公司法》第二十四条:有限责任公司由五十个以下股东出资设立。

《公司法》第二十七条:股东可以用货币出资,也可以用实物、知识产权、土地使用权等可以用货币估价并可以依法转让的非货币财产作价出资;但是,法律、行政法规规定不得作为出资的财产除外。

《公司法》第五十七条:一人有限责任公司的设立和组织机构,适用本节规定;本节没有规定的,适用本章第一节、第二节的规定。

本法所称一人有限责任公司,是指只有一个自然人股东或者一个法人股东的有限责任公司。

《公司法》第七十六条：设立股份有限公司，应当具备下列条件：

（一）发起人符合法定人数；

（二）有符合公司章程规定的全体发起人认购的股本总额或者募集的实收股本总额；

（三）股份发行、筹办事项符合法律规定；

（四）发起人制订公司章程，采用募集方式设立的经创立大会通过；

（五）有公司名称，建立符合股份有限公司要求的组织机构；

（六）有公司住所。

《公司法》第七十七条：股份有限公司的设立，可以采取发起设立或者募集设立的方式。

发起设立，是指由发起人认购公司应发行的全部股份而设立公司。

募集设立，是指由发起人认购公司应发行股份的一部分，其余股份向社会公开募集或者向特定对象募集而设立公司。

《公司法》第七十八条：设立股份有限公司，应当有两人以上两百人以下为发起人，其中须有半数以上的发起人在中国境内有住所。

11. 如何理解无效民事行为？

任何民事行为要受法律认可与保护，必须要具备一定的生效条件或者要件。无效民事行为就是因为该种行为欠缺法律行为的生效要件，法律规定其无效的情形。其含义可以从三个方面进一步理解：①自始无效。即从行为开始起发生时，该行为就不被法律所认可，尽管是事后某一时间才发现这种情形的；②当然无效。对于无效民事行为既无需任何人主张，也不需要法院或仲裁机构宣告，即无效。该行为无效不以主张、确认和宣告为要件；③自愿无效。对于无效的民事行为，即便是双方当事人"愿打愿挨"的，也是无效的，不受法律保护。

≫**法条链接**≫

《民法通则》第五十八条：下列民事行为无效：

（一）无民事行为能力人实施的；

（二）限制民事行为能力人依法不能独立实施的；

（三）一方以欺诈、胁迫的手段或者乘人之危，使对方在违背真实意思的情况下所为的；

（四）恶意串通，损害国家、集体或者第三人利益的；

(五)违反法律或者社会公共利益的;

(六)以合法形式掩盖非法目的的。

《民法通则》第六十一条:民事行为被确认为无效或者被撤销后,当事人因该行为取得的财产,应当返还给受损失的一方。有过错的一方应当赔偿对方因此所受的损失,双方都有过错的,应当各自承担相应的责任。

《合同法》第五十三条:合同中的下列免责条款无效:(一)造成对方人身伤害的;(二)因故意或者重大过失造成对方财产损失的。

《最高人民法院关于贯彻执行〈民法通则〉若干问题的意见(试行)》第六十七条:间歇性精神病人的民事行为,确能证明是在发病期间实施的,应当认定无效。行为人在神志不清的状态下所实施的民事行为,应当认定为无效。

≫案例分析≫

某乡镇水泥材料预制厂急需一批钢材,在知道某物资销售公司有所需钢材后,就派人去了解情况。销售公司的工作人员十分热情,除了介绍自己站里的钢材质量好、价格低、服务优良,还专门带他们去仓库看了样品。预制厂的人看见样品的质量非常好,表示满意,双方于是签订了20吨钢材的买卖合同。

不久,物资销售公司将钢板发到了水泥材料预制厂。水泥材料预制厂使用后产品质量不过关,引起多起退货纠纷。后来发现问题出在钢材上。当时采购的人看了钢材后,发现与原先见到的钢材是不同品质的。经过进一步的调查,水泥材料预制厂才知道当初看的钢材是临时存放在销售公司的,并非销售公司自己的货物。水泥材料预制厂在知道自己受欺骗上当后,向销售公司交涉要求退货并赔偿损失。

法理分析:本案的关键在于物资销售公司是否存在欺诈行为。法院认为,水泥材料预制厂误购钢材,并非由于自己的主观的错误认识造成的,而是物资销售公司隐瞒真实情况,故意制造假象的行为,才使自己在没有意识到上当的情况下违背自己的真实意志与物资销售公司签订了看样订货合同,属于因受欺诈而为的民事行为,物资销售公司必须对这一民事行为承担全部责任,即物资销售公司必须接受退货,并应当依法赔偿一切经济损失。

12. 民事代理分为哪些种类?代理的法律后果如何?

代理是指代理人于代理权限内,以被代理人的名义向第三人为意思表示或受领意思表示,该意思表示直接对本人生效的民事法律行为。公民、法人可以通过代理人实施民事法律行为。代理人在代理权限内,以被代理人名义实施民事法律行为,被代理人对代理人的代理行为,承担民事责任。

根据《民法通则》的规定,代理种类包括委托代理、法定代理和指定代理。委托代理是代理人根据被代理人授权而进行的代理。法定代理是根据法律的直接规定而产生的代理。法定代理主要是为了维护限制民事行为能力人或者无民事行为能力人的合法权益而设计的。指定代理是根据人民法院或者有关机关的指定而产生的代理。例如,根据最高人民法院《关于适用〈中华人民共和国民事诉讼法〉若干问题的意见》第六十七条的规定,在诉讼中,如果无民事行为能力人、限制民事行为能力人事先没有确定监护人,有监护资格的人又协商不成的,由人民法院在他们之间指定的人担任诉讼之中的代理人。

≫ 法条链接 ≫

《民法通则》第六十三条:公民、法人可以通过代理人实施民事法律行为。

代理人在代理权限内,以被代理人的名义实施民事法律行为。被代理人对代理人的代理行为,承担民事责任。依照法律规定或者按照双方当事人约定,应当由本人实施的民事法律行为,不得代理。

《民法通则》第六十四条:代理包括委托代理、法定代理和指定代理。

委托代理人按照被代理人的委托行使代理权,法定代理人依照法律的规定行使代理权,指定代理人按照人民法院或者指定单位的指定行使代理权。

《民法通则》第六十五条:民事法律行为的委托代理,可以用书面形式,也可以用口头形式。法律规定用书面形式的,应当用书面形式。

书面委托代理的授权委托书应当载明代理人的姓名或者名称、代理事项、权限和期间,并由委托人签名或者盖章。

委托书授权不明的,被代理人应当向第三人承担民事责任,代理人负连带责任。

《民法通则》第六十六条:没有代理权、超越代理权或者代理权终止后的行为,只有经过被代理人的追认,被代理人才承担民事责任。未经追认的行为,由行为人承担民事责任。本人知道他人以本人名义实施民事行为而不作否认表示的,视为同意。

代理人不履行职责而给被代理人造成损害的,应当承担民事责任。

代理人和第三人串通,损害被代理人的利益的,由代理人和第三人负连带责任。

第三人知道行为人没有代理权、超越代理权或者代理权已终止还与行为人实施民事行为给他人造成损害的,由第三人和行为人负连带责任。

《民法通则》第六十七条:代理人知道被委托代理的事项违法仍然进行代理活动的,或者被代理人知道代理人的代理行为违法不表示反对的,由被代理人和代理人负连带责任。

《民法通则》第六十八条:委托代理人为被代理人的利益需要转托他人代理的,应当事先取得被代理人的同意。事先没有取得被代理人同意的,应当在事后及时告诉被代理人,如果被代理人不同意,由代理人对自己所转托的人的行为负民事责任,但在紧急情况下,为了保护被代理人的利益而转托他人代理的除外。

13. 在我国,农民承包的土地是否属于其个人财产?

按照我国法律的规定,土地要么是国家所有,要么是集体所有,不存在个人所有的问题。但公民或农民可以依法使用、承包经营,所享有的只是使用权,而不是所有权,因此,不能自由买卖。但是,可以通过法律程序依法将使用权、承包经营权进行转让。

≫ 法条链接 ≫

《宪法》第十条:城市的土地属于国家所有。

农村和城市郊区的土地,除由法律规定属于国家所有的以外,属于集体所有;宅基地和自留地、自留山,也属于集体所有。

国家为了公共利益的需要,可以依照法律规定对土地实行征收或者征用并给予补偿。

任何组织或者个人不得侵占、买卖或者以其他形式非法转让土地。土地的使用权可以依照法律的规定转让。

《农村土地承包法》第四条:国家依法保护农村土地承包关系的长期稳定。

农村土地承包后,土地的所有权性质不变。承包地不得买卖。

《农村土地承包法》第三十二条:通过家庭承包取得的土地承包经营权

可以依法采取转包、出租、互换、转让或者其他方式流转。

《农村土地承包法》第三十三条：土地承包经营权流转应当遵循以下原则：

（一）平等协商、自愿、有偿，任何组织和个人不得强迫或者阻碍承包方进行土地承包经营权流转；

（二）不得改变土地所有权的性质和土地的农业用途；

（三）流转的期限不得超过承包期的剩余期限；

（四）受让方须有农业经营能力；

（五）在同等条件下，本集体经济组织成员享有优先权。

《农村土地承包法》第三十四条：土地承包经营权流转的主体是承包方。承包方有权依法自主决定土地承包经营权是否流转和流转的方式。

14. 什么是共有财产？共有财产如何分割？

共有财产是指两个或者两个以上的人对同一项财产共同享有所有权。例如，家庭财产、合伙财产是共有的。共有财产可分为按份共有和共同共有。

按份共有是指两个或两个以上的人，对同一项财产按各自的份额分享权利、分担义务。具体来说：①按份共有的共有人按自己的份额分享权利、分担义务。如合伙企业的盈亏对内都是按照当初出资的份额来享受或承担；②在处分共有财产时，应协商一致进行，如不能协商一致，按照份额占一半以上人的意见处理，但处理时不得损害其他共有人的利益；③按份共有财产的每个共有人有权要求将自己的份额分出或者转让。其他共有人在同等条件下，有优先购买共有财产的权利，但优先权必须在规定的期限内行使，否则，就丧失这项权利。

共同共有是指两个或两个以上的人对同一项财产不分份额、平等地享有所有权，主要形式是夫妻共有财产和家庭共有财产，如房屋、家具、家庭日常生活用品等。对共同共有财产，每个共有人都平等地享有所有权，没有权利大小、义务多少的区分。

对共有财产的分割，可以根据当事人的要求及财产的性质，按照下述三种方式分割：

(1)以实质分割方式分割共有财产。可以进行实物分割的共有物一般是可分物，例如金钱、粮食、布匹等。

(2)以变价分割方式分割共有财产。对于共有财产如果不能分割或分割有损其价值,而且各共有人都不愿接受共有物时,可以将共有物出卖,所得由各共有人共分。

(3)以作价补偿的方法分割共有财产。对于不可分割的共有物,如一辆汽车、一头耕牛等,共有人中的一人愿意取得共有物的,可以由该共有人在支付其他共有人一定数额的价金后取得该共有物。

≫**法条链接**≫

《民法通则》第七十八条:财产可以由两个以上的公民、法人共有。

共有分为按份共有和共同共有。按份共有人按照各自的份额,对共有财产分享权利,分担义务。共同共有人对共有财产享有权利,承担义务。

按份共有财产的每个共有人有权要求将自己的份额分出或者转让。但在出售时,其他共有人在同等条件下,有优先购买的权利。

《物权法》第九十七条:处分共有的不动产或者动产以及对共有的不动产或者动产作重大修缮的,应当经占份额三分之二以上的按份共有人或者全体共同共有人同意,但共有人之间另有约定的除外。

《物权法》第一百条:共有人可以协商确定分割方式。达不成协议,共有的不动产或者动产可以分割并且不会因分割减损价值的,应当对实物予以分割;难以分割或者因分割会减损价值的,应当对折价或者拍卖、变卖取得的价款予以分割。

《物权法》第一百零一条:按份共有人可以转让其享有的共有的不动产或者动产份额。其他共有人在同等条件下享有优先购买的权利。

15. 村民发现了埋藏物以及他人遗失物、漂流物、失散的饲养动物等,能否占为己有?

埋藏物是指包藏于他物之中,不容易从外部发现的物。遗失物是指动产的所有人、占有人因主观上疏忽或自然原因致失落他处而失去控制的物品。漂流物就是漂浮在水面上的财产。对于这些财物和失散的饲养动物,任何人都不得以任何理由非法占有,而应当依法归还财物的所有人或者管理人。如果失主有悬赏的,或者发现人对这些财物付出一定代价的,发现人都可以依法获得相应的报酬或补偿。

≫**法条链接**≫

《民法通则》第七十九条:所有人不明的埋藏物、隐藏物,归国家所有。

接收单位应当对上缴的单位或者个人,给予表扬或者物质奖励。

拾得遗失物、漂流物或者失散的饲养动物,应当归还失主,因此而支出的费用由失主偿还。

《物权法》第一百零九条规定:拾得遗失物,应当返还权利人。拾得人应当及时通知权利人领取,或者送交公安等有关部门。

《物权法》第一百一十二条规定:权利人领取遗失物时,应当向拾得人或者有关部门支付保管遗失物等支出的必要费用。但如果拾得人侵占遗失物,拾得人无权请求保管遗失物等支出的费用,也无权请求失主按照承诺履行义务。……

《物权法》第一百一十二条规定:……权利人悬赏寻找遗失物的。领取遗失物时应当按照承诺履行义务。

《物权法》第一百零七条规定:所有权人或者其他权利人有权追回遗失物。该遗失物通过转让被他人占有的,权利人有权向无处分权人请求损害赔偿,或者自知道或者应当知道受让人之日起两年内向受让人请求返还原物,但受让人通过拍卖或者向具有经营资格的经营者购得该遗失物的,权利人请求返还原物时应当支付受让人所付的费用。权利人向受让人支付所付费用后,有权向无处分权人追偿。

《物权法》第一百一十三条规定:遗失物自发布招领公告之日起六个月内无人认领的,归国家所有。

《物权法》第一百一十四条规定:拾得漂流物、发现埋藏物或者隐藏物的,参照拾得遗失物的有关规定。文物保护法等法律另有规定的,依照其规定。

16. 农村邻里关系是如何受法律调整的?

相邻关系是指两个以上相互毗邻的不动产所有人或占有、使用人,在行使不动产的占有、使用、收益和处分权时,相互之间应当给予便利或者接受限制而发生的权利义务关系。相邻关系在实际生活中是大量、经常发生的,种类繁多,如相邻土地使用、通行关系,相邻用水、排水关系,相邻防危关系,相邻通风、采光关系等等。我国《民法通则》规定处理相邻关系的原则是:有利生产、方便生活、团结互助、公平合理。正确处理截水、排水、通行、通风、采光等方面的相邻关系是减少纠纷的重要方面。给相邻方造成妨碍或损失的,应当停止侵害、排除妨碍、赔偿损失。

≫**法条链接**≫

《民法通则》第八十三条：不动产的相邻各方，应当按照有利生产、方便生活、团结互助、公平合理的精神，正确处理截水、排水、通行、通风、采光等方面的相邻关系。给相邻方造成妨碍或者损失的，应当停止侵害，排除妨碍，赔偿损失。

《物权法》第八十四条：不动产的相邻权利人应当按照有利生产、方便生活、团结互助、公平合理的原则，正确处理相邻关系。

《物权法》第八十六条：不动产权利人应当为相邻权利人用水、排水提供必要的便利。

对自然流水的利用，应当在不动产的相邻权利人之间合理分配。对自然流水的排放，应当尊重自然流向。

《物权法》第八十七条：不动产权利人对相邻权利人因通行等必须利用其土地的，应当提供必要的便利。

《物权法》第八十八条：不动产权利人因建造、修缮建筑物以及铺设电线、电缆、水管、暖气和燃气管线等必须利用相邻土地、建筑物的，该土地、建筑物的权利人应当提供必要的便利。

《物权法》第八十九条：建造建筑物，不得违反国家有关工程建设标准，妨碍相邻建筑物的通风、采光和日照。

《物权法》第九十一条：不动产权利人挖掘土地、建造建筑物、铺设管线以及安装设备等，不得危及相邻不动产的安全。

《物权法》第九十二条：不动产权利人因用水、排水、通行、铺设管线等利用相邻不动产的，应当尽量避免对相邻的不动产权利人造成损害；造成损害的，应当给予赔偿。

≫**案例分析**≫

案情回放：甲与乙是某县向阳镇某村村民，平日关系甚好。只是年初甲在乙房屋后面建房时，没有留出足够的空间，其房屋的滴水檐距乙房屋后墙太近，以致下雨时乙房屋后墙墙体因水滴受潮导致屋内墙皮脱落，进而影响正常居住生活，甲屡劝乙不听，两家关系交恶，最终甲将乙告上法庭。

法院处理：经审理查明，甲所建房屋确实距乙之住房太近，既不符合情理，也不符合相关的法律规定。出于维系乡邻和睦关系，县人民法院对案件进行调解。经过共同努力，双方当事人握手言和，甲表示愿意赔偿原告的损失,并加固原告的房屋,一场影响邻里和睦的纠纷得到妥善处理。

法理分析:本案实际上就是因相邻关系没有依法正确处理而引发的官司。相邻关系是法律直接规定,而非当事人约定的,不同主体的不动产地理位置上的毗邻是引起相邻关系发生的法定条件。在本案中,原告与被告的房屋因地理位置"邻近"而发生了法律规定的相邻关系,从而双方在行使对自己房屋的使用权时,应相互给予对方必要的方便或接受必要的限制。按照《民法通则》第八十三条的规定及相邻关系的性质、特征,处理相邻关系应遵循"有利生产、方便生活的原则"。因此,法院的处理是正确的。

17. 法律上规定的债包括哪些种类?

根据我国《民法通则》以及相关的法律规范的规定,能够引起债的发生的法律事实,即债的发生根据,主要有以下5种:

(1)合同之债。当事人之间通过订立合同设立的以债权债务为内容的民事法律关系,称为"合同之债"。合同是引起债权债务关系发生的最主要、最普遍的根据。

(2)侵权之债。侵权是指行为人不法侵害他人的财产权或人身权的行为。因侵权行为而产生的债,在我国习惯上也称为"致人损害之债"。

(3)不当得利之债。即没有法律或合同根据,有损于他人而取得的利益。它可能表现为得利人财产的增加,致使他人不应减少的财产减少了;也可能表现为得利人应支付的费用没有支付,致使他人应当增加的财产没有增加。不当得利一旦发生,不当得利人负有返还的义务。因而,这是一种债权债务关系。

(4)无因管理之债。无因管理是指既未受人之托,也不负有法律规定的义务,而是自觉为他人管理事务的行为。无因管理行为一经发生,便会在管理人和其事务被管理人之间产生债权债务关系,其事务被管理者负有赔偿管理者在管理过程中所支付的合理的费用及直接损失的义务。

(5)其他债。除前述几种债外,遗赠、扶养、发现埋藏物等,也是债的发生根据。

≫**法条链接**≫

《民法通则》第八十四条:债是按照合同的约定或者依照法律的规定,在当事人之间产生的特定的权利和义务关系,享有权利的人是债权人,负有义务的人是债务人。

债权人有权要求债务人按照合同的约定或者依照法律的规定履行义务。

《民法通则》第八十七条：债权人或者债务人一方人数为两人以上的，依照法律的规定或者当事人的约定，享有连带权利的每个债权人，都有权要求债务人履行义务；负有连带义务的每个债务人，都负有清偿全部债务的义务，履行了义务的人，有权要求其他负有连带义务的人偿付他应当承担的份额。

18. 饲养的动物伤害是否承担法律责任？

饲养动物是指人工饲养的家畜、家禽等动物，但也包括处于人工饲养状态下的野生动物。饲养动物致人损害是指因饲养的动物造成他人人身或财产损害的情形。相对于其他物品来说，饲养的动物致人损害的可能性更大，故法律对其致人损害的民事责任作了特殊规定。

按照我国法律的规定，如果饲养的动物造成他人损害的，动物饲养人或者管理人应当承担民事责任。但是，如果伤害是由于受害人的过错造成损害的，受害人则无权要求动物饲养人或者管理人不承担民事责任；另外，如果动物饲养人或管理人有证据证明伤害是因为由于第三人的过错造成的，此时，则应当由第三人应当承担民事责任。究竟是向饲养动物所有人、管理人要求赔偿，还是向存在过错的第三人要求赔偿，被害人有选择权。如果是向饲养动物所有人、管理人要求赔偿的，饲养动物所有人、管理人必须承担赔偿责任，在其承担责任后，可以另行向第三人追偿。

≫法条链接≫

《民法通则》第一百二十七条：饲养的动物造成他人损害的，动物饲养人或者管理人应当承担民事责任；由于受害人的过错造成损害的，动物饲养人或者管理人不承担民事责任；由于第三人的过错造成损害的，第三人应当承担民事责任。

《侵权责任法》第七十八条：饲养的动物造成他人损害的，动物饲养人或者管理人应当承担侵权责任，但能够证明损害是因被侵权人故意或者重大过失造成的，可以不承担或者减轻责任。

《侵权责任法》第七十九条：违反管理规定，未对动物采取安全措施造成他人损害的，动物饲养人或者管理人应当承担侵权责任。

《侵权责任法》第八十条：禁止饲养的烈性犬等危险动物造成他人损害的，动物饲养人或者管理人应当承担侵权责任。

《侵权责任法》第八十一条：动物园的动物造成他人损害的，动物园应当承担侵权责任，但能够证明尽到管理职责的，不承担责任。

《侵权责任法》第八十二条：遗弃、逃逸的动物在遗弃、逃逸期间造成他人损害的，由原动物饲养人或者管理人承担侵权责任。

《侵权责任法》第八十三条：因第三人的过错致使动物造成他人损害的，被侵权人可以向动物饲养人或者管理人请求赔偿，也可以向第三人请求赔偿。动物饲养人或者管理人赔偿后，有权向第三人追偿。

《侵权责任法》第八十四条：饲养动物应当遵守法律，尊重社会公德，不得妨害他人生活。

≫案例分析≫

2004年3月9日，某县法院判决了一起离奇的动物伤人案。2003年7月11日早晨，农民甲骑摩托车带着猎狗去打猎，途经港口村路段时，猎狗突然从摩托车上跳下，追咬港口村村民乙拴在田里吃草的耕牛，耕牛挣扎时将拴牛的竹桩拔出，窜上公路狂奔，撞倒骑摩托车路过的村民丙。经诊断，丙属外伤性脾破裂，做了脾脏切除手术，共花去医疗费1万余元，因误工造成损失近2000元。

经司法鉴定，丙构成五级伤残。事后，甲、乙只分别赔偿了1000元和2000元。索赔无果，丙向法院起诉。法院判令两责任人赔偿医疗费、伤残赔偿金等共计10万余元。其中乙承担近万元，甲承担9.6万余元，两人互负连带责任。

法理分析：这是一起典型的动物致害侵权纠纷，动物饲养人或者管理人应当承担赔偿责任，争议的焦点是损害究竟由狗主人或者牛主人，还是由狗和牛的主人一起承担连带责任。乙虽尽到注意义务，对耕牛用竹桩进行拴养，但其选择了离公路较近且相通的地方放牧，自己还离开了现场，使牛处于缺乏管束的状态，存在一定过错。甲明知猎狗攻击性强，但未设任何防护装置，并在公路上行驶，造成危险隐患，应负主要责任。两人对动物疏于管理，构成共同侵权，应承担连带责任。

19. 建筑物、房屋上的悬挂物、搁置物倒塌、脱落、坠落致人伤害是否承担法律责任?

对于建筑物、房屋上的悬挂物、搁置物倒塌、脱落、坠落致人伤害的情形,法律规定实行推定过错责任原则。也就是说,如果当事人不能证明在某一事项上没有过错,则推定其具有过错,就应当承担相应的法律责任。具体而言,如果建筑物、房屋上的悬挂物、搁置物所有人、使用人不能提出证据证明自己没有过错的话,就应当对受害人的人身、财产权益承担赔偿责任。

≫法条链接≫

《民法通则》第一百二十六条:建筑物或者其他设施以及建筑物上的搁置物、悬挂物发生倒塌、脱落、坠落造成他人损害的,它的所有人或者管理人应当承担民事责任,但能够证明自己没有过错的除外。

《侵权责任法》第八十五条:建筑物、构筑物或者其他设施及其搁置物、悬挂物发生脱落、坠落造成他人损害,所有人、管理人或者使用人不能证明自己没有过错的,应当承担侵权责任。所有人、管理人或者使用人赔偿后,有其他责任人的,有权向其他责任人追偿。

《侵权责任法》第八十六条:建筑物、构筑物或者其他设施倒塌造成他人损害的,由建设单位与施工单位承担连带责任。建设单位、施工单位赔偿后,有其他责任人的,有权向其他责任人追偿。

因其他责任人的原因,建筑物、构筑物或者其他设施倒塌造成他人损害的,由其他责任人承担侵权责任。

《侵权责任法》第八十七条:从建筑物中抛掷物品或者从建筑物上坠落的物品造成他人损害,难以确定具体侵权人的,除能够证明自己不是侵权人的外,由可能加害的建筑物使用人给予补偿。

《侵权责任法》第八十八条:堆放物倒塌造成他人损害,堆放人不能证明自己没有过错的,应当承担侵权责任。

20. 企业或个人倾倒有毒有害的废水、废渣等物质导致他人种植物、饲养动物以及人身伤害的,是否承担责任?

由于环境污染具有损害的广泛性、长远性、公众性、潜在性等特点,所以,环境污染致人损害的,法律规定应当承担赔偿责任。环境污染责任适用无过失责任原则,排污人无论有无过错都要赔偿。但是,如果排污者有证据证明其排污行为和受害人的损害不存在因果关系的,则不承担赔偿法律责任。如果是因为第三人的过错而导致环境污染致人损害的,被害人既可以向排污企业或者个人要求赔偿,也可以向存在过错的第三人要求赔偿,即被害人有选择权。如果是向前者要求赔偿的,其必须承担赔偿责任,在承担责任后,可以另行向第三人追偿。

≫法条链接≫

《民法通则》第一百二十四条:违反国家保护环境防止污染的规定,污染环境造成他人损害的,应当依法承担民事责任。

《侵权责任法》第六十五条:因污染环境造成损害的,污染者应当承担侵权责任。

《侵权责任法》第六十六条:因污染环境发生纠纷,污染者应当就法律规定的不承担责任或者减轻责任的情形及其行为与损害之间不存在因果关系承担举证责任。

《侵权责任法》第六十七条:两个以上污染者污染环境,污染者承担责任的大小,根据污染物的种类、排放量等因素确定。

《侵权责任法》第六十八条:因第三人的过错污染环境造成损害的,被侵权人可以向污染者请求赔偿,也可以向第三人请求赔偿。污染者赔偿后,有权向第三人追偿。

21. 未成年人致人伤害的,是否承担法律责任?

未成年人是指未满十八周岁的公民,十周岁以上的未成年人是限制民事行为能力人;不满十周岁的未成年人是无民事行为能力人;十六周岁以上不满十八周岁的公民,以自己的劳动收入为主要生活来源的,视为完全民事行为能力人。无民事行为能力人、限制行为能力人的监护人是他的法定代理人。无民事行为能力人、限制民事行为能力人造成他人损害的,由监护人承担民事责任,监护人尽了监护责任的,可以适当减轻他的民事责任,但不能免除其法律责任,事实上,这种责任主要就是一种民事赔偿责任。

≫法条链接≫

《民法通则》第一百三十三条:无民事行为能力人、限制民事行为能力人造成他人损害的,由监护人承担民事责任。监护人尽了监护责任的,可以适当减轻他的民事责任。

有财产的无民事行为能力人、限制民事行为能力人造成他人损害的,从本人财产中支付赔偿费用。不足部分,由监护人适当赔偿,但单位担任监护人的除外。

《最高人民法院关于贯彻执行〈民法通则〉若干问题的意见(试行)》第一百五十九条:被监护人造成他人损害的,有明确的监护人时,由监护人承担民事责任;监护人不明确的,由顺序在前的有监护能力的人承担民事责任。

《最高人民法院关于贯彻执行〈民法通则〉若干问题的意见(试行)》第一百六十一条:侵权行为发生时行为人不满十八周岁,在诉讼时已满十八周岁,并有经济能力的,应当承担民事责任;行为人没有经济能力的,应当由原监护人承担民事责任。

行为人致人损害时年满十八周岁的,应当由本人承担民事责任;没有经济收入的,由扶养人垫付,垫付有困难的,也可以判决或者调解延期给付。

《侵权责任法》第三十二条:无民事行为能力人、限制民事行为能力人造成他人损害的,由监护人承担侵权责任。监护人尽到监护责任的,可以减轻其侵权责任。

有财产的无民事行为能力人、限制民事行为能力人造成他人损害的,从本人财产中支付赔偿费用。不足部分,由监护人赔偿。

22. 未成年人在学校、幼儿园受到伤害的,学校、幼儿园是否应当承担法律责任?

对于无民事行为能力人即十周岁以下的未成年人,如果其在幼儿园、学校或者其他教育机构学习、生活期间受到人身损害,我国法律首先推定幼儿园、学校或者其他教育机构存在过错并承担相应的赔偿责任。学校、幼儿园免责的唯一条件就是拿出证据证明自己已经尽到教育、管理职责。否则,即便有证据证明无民事行为能力人有过错或第三人有过错,都不可以作为其免责的抗辩事由。

对于限制民事行为能力的人即十周岁以上不满十八周岁的未成年人,由于其心智已渐趋成熟,对事物已有一定的认知和判断能力,能够在一定程度上理解自己行为的后果,对一些容易遭受人身损害的行为也有了一定的认识,按照我国相关法律的规定,其在学校或者其他教育机构学习、生活期间受到人身损害,特别强调学校或者其他教育机构未尽到教育、管理职责的,应当承担相应法律责任,而不是一刀切地承担百分之百的法律责任。

前面两种伤害情形都有一个前条件,即侵害主体都是来自校内教职员工或学生。而对于未成年人在学校受到校外人员的伤害问题,我国法律规定学校、幼儿园只承担"补充责任"。

对于"补充责任"的理解和把握应注意两点:一是第三人的侵权责任和安全保障义务人的补充责任有先后顺序。首先由第三人承担侵权责任,在无法找到第三人或者第三人没有能力全部承担侵权责任时,才由幼儿园、学校或者其他教育机构承担侵权责任。二是幼儿园、学校或者其他教育机构根据其未尽到的管理职责的程度来确定其应当承担的侵权责任的份额。

≫**法条链接**≫

《侵权责任法》第三十八条:无民事行为能力人在幼儿园、学校或者其他教育机构学习、生活期间受到人身损害的,幼儿园、学校或者其他教育机构应当承担责任,但能够证明尽到教育、管理职责的,不承担责任。

《侵权责任法》第三十九条:限制民事行为能力人在学校或者其他教育机构学习、生活期间受到人身损害,学校或者其他教育机构未尽到教育、管理职责的,应当承担责任。

《侵权责任法》第四十条:无民事行为能力人或者限制民事行为能力人在幼儿园、学校或者其他教育机构学习、生活期间,受到幼儿园、学校或者其他教育机构以外的人员人身损害的,由侵权人承担侵权责任;幼儿园、学校或者其他教育机构未尽到管理职责的,承担相应的补充责任。

≫**案例分析**≫

高某是某小学四年级学生。在一次学校组织的野游活动中,高某没有遵守学校规定而私自离队,结果途中摔伤手臂,花了上千元医疗费。高某父母要求学校承担医疗费,但校方认为高某是因为不遵守学校纪律而受伤,与学校无关,不予赔偿。

法理分析:在本案中,高某在野游中不可能充分预见自己正处于一定的危险之中,而学校老师对此未能立即发现并采取有效措施制止,所以,学校对高某摔伤存在过错,应承担相应的赔偿责任。但高某存在违反学校的规章制度或纪律的行为,也有过错,其监护人应当依法承担相应的责任。

23. 从建筑物中抛出的物体致他人伤害的,如何确定责任人?

建筑物特别是高楼抛掷物、坠物致人损害是现代生活环境尤其是城市环境中时有发生的伤害现象。它是指从建筑物中抛掷物品或从建筑物上坠落的物品造成他人损害,难以确定具体侵权人的侵权行为。其特点包括:第一,存在从高楼中抛掷和坠落物品致人损害的客观事实,包括从建筑物中抛掷物品造成他人损害;从建筑物上坠落的物品造成他人损害;第二,伤人物品必须是从高楼中抛掷或坠落的;第三,难以确定具体侵权人;第四,归责原则上的特殊性,即主要采取公平责任原则。

对于此类事故,过去很长一段时间在理论上和司法实践中都存在不同的观点,但2010年7月1日生效的《侵权责任法》对此作出了明确的规定,从立法上解决了这一问题,即原则上由建筑物使用人承担补偿的法律责任,但能够提出证据证明自己不存在侵害的可能性的除外。

》法条链接》

《侵权责任法》第八十七条:从建筑物中抛掷物品或者从建筑物上坠落的物品造成他人损害,难以确定具体侵权人的,除能够证明自己不是侵权人的外,由可能加害的建筑物使用人给予补偿。

》案例分析》

2012年6月22日中午,蒋某抱着仅1岁多的儿子与母亲一道行至某居民宿舍楼前的人行道时,被突然从楼上抛下的酒瓶砸中头顶,当场昏迷倒地。经医院诊断,蒋某所受伤害为头皮裂伤伴失血过多。蒋某被砸伤后,虽无法查清是何人所为,但她认为酒瓶从居民楼上抛下,这里的住户忽视行人安全,随意将杂物乱扔乱抛,应对此承担民事责任。蒋某遂将该宿舍楼临街面的住户及单位起诉至法院,请求赔偿医疗费、误工费等共计13000元。

法理分析:按照《侵权责任法》的规定,从建筑物中抛掷物品造成他人损害,如果难以确定具体侵权人的,除能够证明自己不是侵权人的外,由可能加害的建筑物使用人给予补偿。所以,蒋某的诉求符合法律规定。对于本案,法庭最终认为,该宿舍楼二、三楼被告因临街面的窗户是封闭式的,可排除其向外抛物的可能性,不承担民事赔偿责任。其余三住户和两家单位因未能提供充分的证据证实其未对原告实施侵害行为,且不能指出谁是实施侵害行为的人,应对原告承担民事赔偿责任,法庭据此作出了判决。一审宣判后,原被告双方均表示对判决没有异议。

24. 购买的商品在使用或消费过程中致人伤害的,如何确定法律责任?

购买的商品在使用或消费过程中致人伤害的法律责任实际上就是一种产品责任。所谓的"产品责任",是指产品存在可能危及人身、财产安全的危险,造成消费者人身损害或者除缺陷产品以外的其他财产损失后,缺陷产品的生产者、销售者应当承担的特殊的侵权法律责任。根据《产品质量法》的规定,我国产品责任可以大致分为两类:一是生产者应当承担的产品责任,即产品存在缺陷,造成人身损害或者除缺陷产品以外的其他财产损失后,缺陷产品的生产者应当承担的赔偿责任;二是销售者应当承担的产品责任,即由于销售者的过错,使产品存在缺陷造成人身损害或者除缺陷产品以外的其他财产损失后,销售者应当承担的赔偿责任。

判断这种责任是否属于产品责任,应当坚持一定的标准。具体而言,有三种情况:①是否生产或销售了不符合产品质量要求的产品;②不合格产品是否造成了他人财产、人身损害;③产品缺陷与受害人的损害事实之间是否存在因果关系。但是,生产者能够证明有下列情形之一的,不承担赔偿责任:一是未将产品投入流通的;二是产品投入流通时,引起损害的缺陷尚不存在的;三是将产品投入流通时的科学技术水平尚不能发现缺陷的存在的。

因产品存在缺陷造成损害要求赔偿的诉讼时效期间为两年,自当事人知道或者应当知道其权益受到损害时起计算。

≫法条链接≫

《侵权责任法》第四十一条:因产品存在缺陷造成他人损害的,生产者应当承担侵权责任。

《侵权责任法》第四十二条:因销售者的过错使产品存在缺陷,造成他人损害的,销售者应当承担侵权责任。

销售者不能指明缺陷产品的生产者也不能指明缺陷产品的供货者的,销售者应当承担侵权责任。

《侵权责任法》第四十三条:因产品存在缺陷造成损害的,被侵权人可以向产品的生产者请求赔偿,也可以向产品的销售者请求赔偿。

产品缺陷由生产者造成的,销售者赔偿后,有权向生产者追偿。

因销售者的过错使产品存在缺陷的,生产者赔偿后,有权向销售者追偿。

《侵权责任法》第四十四条：因运输者、仓储者等第三人的过错使产品存在缺陷，造成他人损害的，产品的生产者、销售者赔偿后，有权向第三人追偿。

《产品质量法》第四十三条：因产品存在缺陷造成人身、他人财产损害的，受害人可以向产品的生产者要求赔偿，也可以向产品的销售者要求赔偿。属于产品的生产者的责任，产品的销售者赔偿的，产品的销售者有权向产品的生产者追偿。属于产品的销售者的责任，产品的生产者赔偿的，产品的生产者有权向产品的销售者追偿。

25. 在公共场所、道旁或通道挖坑、修缮安装地下设施等，致人伤害的，是否承担法律责任？

不论是在农村，还是在城市，公共通道、道旁都属于公共场所的组成部分，必须保障其通行或其他活动中的安全。在公共场所、道旁或者通道上挖坑，修缮安装地下设施等，如果没有设置明显标志和采取安全措施造成他人损害的，应当承担民事赔偿责任。

这种损害具有下列特点：①必须发生在公共场所。如广场、街道、道路、桥梁等，在这些场所施工有着潜在的危险性，因此，要求施工单位和施工人员采取安全措施，设置明显的施工标志，如围上栏杆、拉上红灯信号等。②必须有施工单位或施工人员违反施工的要求的事实，如未设置明显标志等。在实际生活中，往往是由于施工单位或施工人员的不作为造成了损害的发生。③损害的责任依据是一种过错推定责任。即施工人员或施工单位只要违反了设置明显标志和采取安全措施的法定义务，这种行为本身就证明其有过错，他们就应对由此给他人造成的人身或财产损失承担侵权责任。即使施工单位或施工人员开始设置了明显标志和采取了安全措施，但其后这些标志失灵或遭破坏，则施工单位或施工人员对因此造成的损害同样负侵权责任。但是，如果查明是第三人有意破坏标志和安全措施引起了损害结果，施工单位则对第三人享有追偿权。如果是受害人自身的过错行为造成了损害，则由受害人自担责任。

≫法条链接≫

《民法通则》第一百二十五条：在公共场所、道旁或者通道上挖坑、修缮安装地下设施等，没有设置明显标志和采取安全措施造成他人损害的，施工人应当承担民事责任。

《侵权责任法》第九十一条：在公共场所或者道路上挖坑、修缮安装地下设施等，没有设置明显标志和采取安全措施造成他人损害的，施工人应当承担侵权责任。

窨井等地下设施造成他人损害，管理人不能证明尽到管理职责的，应当承担侵权责任。

26. 公民身体受到伤害，有权利获得哪些方面的赔偿？

公民一旦受到殴打等非法侵害，都会涉及人身损害赔偿问题。按照我国《民法通则》、《侵权责任法》以及《最高人民法院关于审理人身损害赔偿案件适用法律若干问题的解释》的规定，人身损害赔偿的项目包括医疗费、误工费、护理费、交通费、住宿费、住院伙食补助费、必要的营养费。如果伤害造成受害人残疾或死亡的，侵害人还应当给付残疾赔偿金、死亡赔偿金等。具体赔偿项目的内容及其计算方法如下：

（1）医疗费。医疗费根据医疗机构出具的医药费、住院费等收款凭证，结合病历和诊断证明等相关证据予以确定。如果赔偿义务人对治疗的必要性和合理性有异议的，应当承担相应的举证责任。

（2）误工费。误工费通常是根据受害人的误工时间和收入状况来确定。误工时间根据受害人接受治疗的医疗机构出具的证明来确定。受害人因伤致残持续误工的，误工时间可以计算至定残日前一天。受害人有固定收入的，误工费按照实际减少的收入计算。受害人无固定收入的，按照其最近三年的平均收入计算；受害人不能举证证明其最近三年的平均收入状况的，可以参照受诉法院所在地相同或者相近行业上一年度职工的平均工资计算。

（3）护理费。护理费根据护理人员的收入状况和护理人数、护理期限确定。护理人员有收入的，参照误工费的规定计算；护理人员没有收入或者雇佣护工的，参照当地护工从事同等级别护理的劳务报酬标准计算。护理人员原则上为一人，但医疗机构或者鉴定机构有明确意见的，可以参照确定护理人员人数。

护理期限应计算至受害人恢复生活自理能力时止。受害人因残疾不能恢复生活自理能力的，可以根据其年龄、健康状况等因素确定合理的护理期限，但最长不超过二十年。受害人定残后的护理，应当根据其护理依赖程度并结合配制残疾辅助器具的情况确定护理级别。

（4）交通费。交通费根据受害人及其必要的陪护人员因就医或者转院治疗实际发生的费用来进行计算。交通费应当以正式票据为凭证;有关凭证应当与就医地点、时间、人数、次数相符合。

(5)住院伙食补助费。住院伙食补助费可以参照当地国家机关一般工作人员的出差伙食补助标准予以确定。受害人确有必要到外地治疗,因客观原因不能住院,受害人本人及其陪护人员实际发生的住宿费和伙食费,其合理部分应予赔偿。

(6)营养费。营养费一般是根据受害人伤残情况,参照医疗机构的意见来确定。

(7)残疾赔偿金。残疾赔偿金根据受害人丧失劳动能力程度或者伤残等级,按照受诉法院所在地上一年度城镇居民人均可支配收入或者农村居民人均纯收入标准,自定残之日起按二十年计算。但六十周岁以上的,年龄每增加一岁减少一年;七十五周岁以上的,按五年计算。也就是说,法定的残疾赔偿最多赔偿至受害人八十周岁。例如,受害人获得赔偿时六十五周岁,如果加上二十年的赔偿,就意味着该受害人获得赔偿的年龄能达到八十五周岁,所以,为了不超过法定的八十周岁上限,受害人六十五周岁的,就应当去除五年。

(8)残疾辅助器具费。残疾辅助器具费是按照普通适用器具的合理费用标准计算的。伤情有特殊需要的,可以参照辅助器具配制机构的意见确定相应的合理费用标准。辅助器具的更换周期和赔偿期限参照配制机构的意见确定。

(9)丧葬费。丧葬费按照受诉法院所在地上一年度职工月平均工资标准,以六个月总额计算。

(10)被扶养人生活费。被扶养人生活费根据扶养人丧失劳动能力程度,按照处理案件的法院所在地上一年度城镇居民人均消费性支出和农村居民人均年生活消费支出标准计算。被扶养人为未成年人的,计算至十八周岁;被扶养人无劳动能力又无其他生活来源的,计算二十年。但六十周岁以上的,年龄每增加一岁减少一年;七十五周岁以上的,按五年计算。

被扶养人是指受害人依法应当承担扶养义务的未成年人或者丧失劳动能力又无其他生活来源的成年近亲属。被扶养人还有其他扶养人的,赔偿义务人只赔偿受害人依法应当负担的部分。被扶养人有数人的,每年的赔偿总额累计不超过上一年度城镇居民人均消费性支出额或者农村居民人均年生活消费支出额。

(11)死亡赔偿金。死亡赔偿金按照受诉法院所在地上一年度城镇居民人均可支配收入或者农村居民人均纯收入标准,按二十年计算。但六十周岁以上的,年龄每增加一岁减少一年;七十五周岁以上的,按五年计算。

≫**法条链接**≫

《民法通则》第一百一十九条:侵害公民身体造成伤害的,应当赔偿医疗费、因误工减少的收入、残废者生活补助费等费用;造成死亡的,并应当支付丧葬费、死者生前扶养的人必要的生活费等费用。

《侵权责任法》第十六条:侵害他人造成人身损害的,应当赔偿医疗费、护理费、交通费等为治疗和康复支出的合理费用,以及因误工减少的收入。造成残疾的,还应当赔偿残疾生活辅助具费和残疾赔偿金。造成死亡的,还应当赔偿丧葬费和死亡赔偿金。

27. 在哪些情形下,行为人对自己的损害行为不承担或者从轻承担民事赔偿责任?

通常情况下,损害他人权益的行为是要承担民事赔偿责任的,但是在特殊情况下,基于法律的专门规定,行为人也可以不承担或者从轻承担民事赔偿责任。这些特殊情形包括如下:①受害人有过错的;②第三方的过错所导致的;③人力不可抗拒的原因所造成的;④正当防卫行为造成受害人损害的;⑤紧急避险行为造成受害人损害的。

≫**法条链接**≫

《侵权责任法》第二十六条:被侵权人对损害的发生也有过错的,可以减轻侵权人的责任。

《侵权责任法》第二十七条:损害是因受害人故意造成的,行为人不承担责任。

《侵权责任法》第二十八条:损害是因第三人造成的,第三人应当承担侵权责任。

《侵权责任法》第二十九条:因不可抗力造成他人损害的,不承担责任。法律另有规定的,依照其规定。

《侵权责任法》第三十条:因正当防卫造成损害的,不承担责任。正当防卫超过必要的限度,造成不应有的损害的,正当防卫人应当承担适当的责任。

《侵权责任法》第三十一条:因紧急避险造成损害的,由引起险情发生的人承担责任。如果危险是由自然原因引起的,紧急避险人不承担责任或者给予适当补偿。紧急避险采取措施不当或者超过必要的限度,造成不应有的损害的,紧急避险人应当承担适当的责任。

28. 喝醉酒时打骂他人或毁坏他人财物的,是否承担法律责任?

喝醉酒是一种不良行为,如果喝醉酒后侵害他人合法权益,就是一种民事侵权行为,甚至触犯刑法,构成犯罪。醉酒分为生理性醉酒和病理性醉酒,生理性醉酒后实施侵害他人合法权益的,应当承担法律责任,情节严重的,还可能会构成犯罪。病理性醉酒属于精神疾病的一种,在病理性醉酒的情况下犯罪一般是不追究法律责任的,但是,行为人知道自己属于病理性醉酒仍然饮酒的,醉酒后实施侵害他人人身、财产权益的,应当承担法律责任。

≫法条链接≫

《侵权责任法》第三十三条:完全民事行为能力人对自己的行为暂时没有意识或者失去控制造成他人损害有过错的,应当承担侵权责任;没有过错的,根据行为人的经济状况对受害人适当补偿。

完全民事行为能力人因醉酒、滥用麻醉药品或者精神药品对自己的行为暂时没有意识或者失去控制造成他人损害的,应当承担侵权责任。

《刑法》第十八条第四款:醉酒的人犯罪,应当负刑事责任。

29. 聚餐或者聚会喝酒,其中一人饮酒过度而伤亡的,其他人是否承担法律责任?

对于因喝酒产生的损害后果,本人应当承担主要责任。但发生以下四种情况,同桌的其他人就要承担法律责任。一是强迫性劝酒,即明知对方不能喝酒,或明知对方身体有疾病,尤其是对方已经明确表示身体不适的情况下仍然劝对方饮酒者,要承担由劝酒引起的一切责任;二是明知对方喝醉已经失去或即将失去对自己的控制能力,在无人照顾的情况下存在危险,清醒酒友未将醉酒者安全送达,醉酒者一旦出事,清醒者就要承担相应的责任;三是对于醉酒的酒友,其他人应当劝阻其不得驾车,如果未加劝阻,就有可能承担由此引发的相应法律责任;四是宴会的主人应当确保参加宴会的每个人的安全,醉酒者一旦出现意外事故,酒宴召集者就要承担相应法律责任。

劝酒不仅可能会承担民事责任,甚至可能会被判处承担刑事责任。如果劝酒者过度劝酒,致他人深度醉酒,或者明知他人可能处于危险之中,却不履行扶助义务,致他人身体健康受到重大损害或者死亡,就要承担刑事责任。例如,2009年3月12日夜间,张某、王某在饮酒后,将喝醉的酒友宋某送至张某租住的一未完工的改建房内后离开,导致宋某酒精中毒后冻死。北京市东城区法院以过失致人死亡罪分别判处张某、王某有期徒刑一年,并赔偿死者家属近40万元。

≫法条链接≫

《民法通则》第一百零六条:公民、法人由于过错侵害国家的、集体的财产,侵害他人财产、人身的,应当承担民事责任。

《侵权责任法》第六条:行为人因过错侵害他人民事权益,应当承担侵权责任。根据法律规定推定行为人有过错,行为人不能证明自己没有过错的,应当承担侵权责任。

≫案例分析≫

案情回放:2009年2月17日,是陈某的同事周某的孙子周岁的生日,陈某和朋友一起随礼庆贺。当晚陈某受周某邀请,到饭店赴宴。陈某与同来庆贺的朋友孙某等8人被安排在同一酒桌上,其间2人中途离开。席间,宴请人周某到场一一敬酒,陈某与同席6人共饮53度白酒2瓶。由于陈某中午已喝了酒,加上晚上又饮,席散后已呈现醉意,被同席吃饭的朋友送到陈某单位的值班室休息。第二天6时许,发现陈某已经死亡。经法医鉴定,陈某血液中的酒精含量为226毫克/100毫升。

陈某家属认为,同席饮酒人明知醉酒后可能危及人的生命健康,但未将陈某送往家里或医院,没有履行善良公民的注意义务;宴请人作为宴会的组织者,也没有尽到劝阻过量饮酒和护送醉酒人到家的义务。因此,同席饮酒人和宴请人应对陈某的死亡承担相应的民事赔偿责任。家属陈某请求法院判令7被告赔偿146992元。

法院处理:通过审理,法院支持了原告的主要诉讼请求。

法理分析:不论是按照《民法通则》,还是按照《侵权责任法》的规定,同席饮酒人的6人和宴请人对陈某饮酒过度并导致死亡都存在一定程度的过错,当然,陈某作为完全民事行为的人对饮酒过度的危险也有一定的预见和避免义务,因此,也承担部分责任,这实际上是对同席饮酒人的6人和宴请人法律责任的一定减轻。最终法院依法判令宴请人赔偿1万元,同席饮酒的6人各赔偿5000元。所以,法院的判决是公正的。

30. 甲村民雇乙村民帮助从事劳务，如果乙村民受到伤害时，甲应否承担法律责任？

在农村雇佣亲朋好友或邻居帮助从事劳务，如建房、种植作物、收割庄稼等，在此期间被雇佣的劳动者因事故而受到伤害的现象时有发生，除非是由于自己的过错而造成的，否则，雇佣方应当承担赔偿责任。

另外，需要注意的是，村民之间相互的雇佣劳动而形成的雇佣关系不同于企业单位劳动用工而形成的劳动关系。一旦发生伤害事故，二者的解决的法律依据和法律程序是不一样的。劳动关系中的事故赔偿适用《劳动法》、《劳动合同法》、《劳动争议调解仲裁法》等法律来解决。而雇佣关系中的赔偿责任，依据的是《民法通则》、《侵权责任法》及《最高人民法院人身损害赔偿司法解释》等来解决。在解决赔偿纠纷的法律程序上，二者也不相同，劳动纠纷没有经过劳动仲裁的，是不得向法院起诉的。而雇佣劳动赔偿纠纷，当事人可以直接向法院起诉。

》》法条链接》》

《侵权责任法》第三十五条：个人之间形成劳务关系，提供劳务一方因劳务造成他人损害的，由接受劳务一方承担侵权责任。提供劳务一方因劳务自己受到损害的，根据双方各自的过错承担相应的责任。

31. 民间高利贷合法吗？

高利贷又被称作"大耳窿"、"地下钱庄"。发放高利贷在民间具一定的普遍性，殊不知，这种行为不仅不受法律保护，而且具有很高的经济风险，由此引发的纠纷案件屡见不鲜。需要指出的是，民间发放的高利贷不同于正常的民间借贷。按照我国相关法律的规定，民间借贷行为是一种合法行为，并准许其利率可以适当高于银行的利率，但最高不得超过银行同类贷款利率的四倍。高利贷之所以不受法律保护，其根本原因就在于约定的利息违法，是一种无效民事行为。

》》法条链接》》

《合同法》第二百一十一条：自然人之间的借款合同约定支付利息的，借款的利率不得违反国家有关限制借款利率的规定。

《最高人民法院关于人民法院审理借贷案件的若干意见》第六条：民间借贷的利率可以适当高于银行的利率，各地人民法院可根据本地区的实际情况具体掌握，但最高不得超过银行同类贷款利率的四倍（包含利率本数）。

超出此限度的,超出部分的利息不予保护。

《最高人民法院关于人民法院审理借贷案件的若干意见》第七条:出借人不得将利息计入本金谋取高利。审理中发现债权人将利息计入本金计算复利的,只返还本金。

32. 教唆或帮助未成年人侵害他人合法权益的,民事法律责任如何承担?

教唆或帮助未成年人去侵害他人合法权益的,就民事法律责任而言,如果该未成年人是无民事行为能力的人,教唆者应当承担全部的法律责任;如果该未成年人是限制民事行为能力的人,教唆者或帮助者承担主要的法律责任。另外,如果该未成年人的监护人没有尽到监护职责的,监护人也应当承担相应的责任。这实际上是对教唆者或者帮助者法律责任一定程度的减轻。

≫**法条链接**≫

《侵权责任法》第九条:教唆、帮助他人实施侵权行为的,应当与行为人承担连带责任。

教唆、帮助无民事行为能力人、限制民事行为能力人实施侵权行为的,应当承担侵权责任;该无民事行为能力人、限制民事行为能力人的监护人未尽到监护责任的,应当承担相应的责任。

《最高人民法院关于贯彻执行〈民法通则〉若干问题的意见(试行)》第一百四十八条:教唆、帮助无民事行为能力人实施侵权行为的人,为侵权人,应当承担民事责任。

教唆、帮助限制民事行为能力人实施侵权行为的人,为共同侵权人,应当承担主要民事责任。

33. 将车辆出借或租赁给他人使用,或者将车辆卖给了他人使用但未办理过户,如果发生了交通事故,并且责任认定为机动车辆一方的,赔偿责任如何划定?

借用或租赁的机动车辆发生交通事故,经过交警部门责任认定,属于机动车辆一方的责任,首先应当由保险公司通过交通强制险予以理赔,如果保险金不足以赔偿受害人损失的,再应当由肇事车辆的使用人予以赔偿。如果车辆的所有权人存在过错,如提供的车辆存在安全隐患、没有对借用方或承租方依法进行必要的行车资格审查等,则车辆的所有权人也应当承担与其过错程度相适应的赔偿责任。

如果将车辆出卖给他人但没有办理过户登记手续,买受人在使用的过程发生交通事故,并且经过交警认定承担责任的,首先应当由保险公司通过交通强制险予以理赔,如果保险金不足以赔偿受害人损失的,再由买受人予以赔偿。

》法条链接》

《侵权责任法》第四十九条:因租赁、借用等情形机动车所有人与使用人不是同一人时,发生交通事故后属于该机动车一方责任的,由保险公司在机动车强制保险责任限额范围内予以赔偿。不足部分,由机动车使用人承担赔偿责任;机动车所有人对损害的发生有过错的,承担相应的赔偿责任。

《侵权责任法》第五十条:当事人之间已经以买卖等方式转让并交付机动车但未办理所有权转移登记,发生交通事故后属于该机动车一方责任的,由保险公司在机动车强制保险责任限额范围内予以赔偿。不足部分,由受让人承担赔偿责任。

34. 医疗事故的法律责任如何认定?

医疗事故是指医疗机构及其医务人员在医疗活动中,违反医疗卫生管理法律、行政法规、部门规章和诊疗护理规范、常规,过失造成患者人身损害的事故。确定是否为医疗事故需要医疗事故鉴定委员会鉴定才能予以认定。

根据对患者人身造成的损害程度,医疗事故分为四级:

一级医疗事故:造成患者死亡、重度残疾的;

二级医疗事故:造成患者中度残疾、器官组织损伤导致严重功能障碍的;

三级医疗事故:造成患者轻度残疾、器官组织损伤导致一般功能障碍的;

四级医疗事故:造成患者明显人身损害的其他后果的。

医疗事故的认定需要坚持一定的认定标准,即医疗事故的成立应当具备一定的要件,具体包括以下要件:①医疗事故的主体是合法的医疗机构及其医务人员;②医疗机构及其医务人员违反了医疗卫生管理法律、法规和诊疗护理规范、常规;③医疗事故的直接行为人在诊疗护理中存在主观过失;④患者存在人身损害后果;⑤医疗行为与损害后果之间存在因果关系。

在医疗事故赔偿的具体标准上,国务院于2002年制定的《医疗事故处理条例》作出了较为具体详细的规定,发生事故的医疗机构应当按照法定标准进行赔偿。

≫法条链接≫

《侵权责任法》第五十四条:患者在诊疗活动中受到损害,医疗机构及其医务人员有过错的,由医疗机构承担赔偿责任。

《医疗事故处理条例》第五十条:医疗事故赔偿,按照下列项目和标准计算:

(一)医疗费:按照医疗事故对患者造成的人身损害进行治疗所发生的医疗费用计算,凭据支付,但不包括原发病医疗费用。结案后确实需要继续治疗的,按照基本医疗费用支付。

(二)误工费:患者有固定收入的,按照本人因误工减少的固定收入计算,对收入高于医疗事故发生地上一年度职工年平均工资3倍以上的,按照3倍计算;无固定收入的,按照医疗事故发生地上一年度职工年平均工资计算。

(三)住院伙食补助费:按照医疗事故发生地国家机关一般工作人员的出差伙食补助标准计算。

(四)陪护费:患者住院期间需要专人陪护的,按照医疗事故发生地上一年度职工年平均工资计算。

(五)残疾生活补助费:根据伤残等级,按照医疗事故发生地居民年平均生活费计算,自定残之月起最长赔偿30年;但是,60周岁以上的,不超过15年;70周岁以上的,不超过5年。

(六)残疾用具费:因残疾需要配置补偿功能器具的,凭医疗机构证明,按照普及型器具的费用计算。

(七)丧葬费:按照医疗事故发生地规定的丧葬费补助标准计算。

(八)被扶养人生活费:以死者生前或者残疾者丧失劳动能力前实际扶养且没有劳动能力的人为限,按照其户籍所在地或者居所地居民最低生活保障标准计算。对不满十六周岁的,扶养到十六周岁。对年满十六周岁但无劳动能力的,扶养20年;但是,60周岁以上的,不超过15年;70周岁以上的,不超过5年。

(九)交通费:按照患者实际必需的交通费用计算,凭据支付。

(十)住宿费:按照医疗事故发生地国家机关一般工作人员的出差住宿补助标准计算,凭据支付。

(十一)精神损害抚慰金:按照医疗事故发生地居民年平均生活费计算。

造成患者死亡的，赔偿年限最长不超过6年；造成患者残疾的，赔偿年限最长不超过3年。

35. 堆放的物体倒塌致人损害或者树木折断致人损害的，赔偿责任如何认定？

对于堆放的物体倒塌或者树木折断致人伤害的情形，实行推定过错责任原则，也就是说，如果当事人不能证明在某一事项上没有过错，则推定其具有过错，就应当承担相应的法律责任。具体而言，如果堆放物体、树木的所有人、管理人不能提出证据证明自己没有过错的话，则就应当对受害人的人身、财产权益的承担赔偿责任。

》法条链接》

《侵权责任法》第八十八条：堆放物倒塌造成他人损害，堆放人不能证明自己没有过错的，应当承担侵权责任。

《侵权责任法》第九十条：因林木折断造成他人损害，林木的所有人或者管理人不能证明自己没有过错的，应当承担侵权责任。

》案例分析》

甲某自购一辆倾卸大货车从事煤炭货物运输。2011年1月4日，甲某和往常一样又一次到乙某经营的货运场装运煤炭。当车开至货场作业区内装煤时，甲某自行离开驾驶室在其车边的煤堆旁停留，后煤堆突然倒塌将甲某压伤，造成经济损失35207元。甲某事后要求乙某赔偿，乙某说是意外事件，不是自己的故意行为所致，从而拒绝赔偿。无奈之下，甲某将乙某告上了法院，要求赔偿经济损失。

法理分析： 乙某作为货场的经营者，对其实际保管的煤堆所存在的可能垮塌的安全隐患未能及时消除，货场作业区安全作业规章公示不显著，因此，乙某对本起事故承担主要责任。甲某曾多次在货场运送煤炭，其对提示的安全作业规则缺乏必要的关注，在货场作业区内擅自下车，把自己暴露在存在垮塌危险的煤堆前，对损害的发生也要承担部分责任。最终法院判决乙某赔偿21016元，甲某自担14011元。

婚姻法律制度

36. 农村普遍存在订婚的习俗,订婚或者婚约具有法律效力吗?

婚约是男女双方为结婚所作的事先约定,成立婚约的行为称订婚或定婚,男女双方自愿订立的婚约并没有法律上的约束力。尽管国外少数国家和我国古代社会认定婚约具有一定的法律约束力,但新中国成立之后,我国《婚姻法》并不承认婚约的法律效力。不过,法律也不否定婚约的客观存在。在现实生活中,解除婚约的现象较为普遍,由此产生的财产上的纠纷也较多见。通常情况下,这种纠纷可以通过双方协商解决即和解或者由第三者出面调解的方式来解决。如果和解和调解均不能解决的,可以通过向法院诉讼的方式予以化解,但是,向法院起诉不能以婚姻纠纷为诉讼标的,而只能按照不当得利之债请求法院判另一方返还因订婚所获得的财物。另外,一方不得向对方提出精神损害的赔偿或者青春损失费等于法无据的主张,否则,法院不予支持。

37. 婚姻法有哪些基本原则?

按照我国《婚姻法》的规定,其基本原则包括以下五项:

(1)婚姻自由。婚姻自由是指婚姻当事人按照法律的规定,在婚姻问题上所享有的充分自主的权利,任何人不得强制或干涉。

(2)一夫一妻。一夫一妻制是指一男一女结为夫妻的婚姻制度。在一夫一妻制度下,任何人,无论地位高低,财产多少,都不得同时有两个或两个以上的配偶;已婚者在配偶死亡(包括宣告死亡)或离婚之前,不得再行结婚;一切公开或隐蔽的一夫多妻制或一妻多夫的两性关系都是违法的。

(3)男女平等。男女平等是指男女两性在婚姻家庭关系中,享有同等的权利,负担同等的义务。

(4)保护妇女、儿童和老人的合法权益。一般认为,在家庭里,妇女、儿童和老人是弱势个体,特别需要呵护和关照,因此,婚姻法将其规定为一项基本原则。

(5)计划生育。计划生育是指通过生育机制有计划地调节人口再生产。就我国的实际情况而言,实行计划生育是为了有计划地控制人口增长,提高人口素质。

>> **法条链接** >>

《婚姻法》第一条:本法是婚姻家庭关系的基本准则。

第二条:实行婚姻自由、一夫一妻、男女平等的婚姻制度。

保护妇女、儿童和老人的合法权益。

实行计划生育。

38. 什么是事实婚姻,事实婚姻受法律保护吗?

事实婚姻是指没有配偶的男女,未进行结婚登记,便以夫妻关系同居生活的婚姻形式。事实婚姻是相对于合法登记的婚姻而言的,事实婚姻未经依法登记,本质上属于违法婚姻,为了维持一定范围内的未办理结婚登记而以夫妻名义同居生活的男女双方之间的关系,法律有条件的予以认可,这就产生了"事实婚姻"这一概念。

在过去较长时间内,事实婚姻在在广大农村特别是边远地区较为普遍。近些年,事实婚姻逐渐减少,造成事实婚姻的原因主要有传统习俗的影响、法制宣传不够、婚姻登记不方便、规避计划生主管部门监管等原因。

我国相关法律、法规对事实婚姻的规定是:在1994年2月1日民政部《婚姻登记管理条例》公布实施以前,男女双方已经符合结婚实质要件的,按事实婚姻处理;在1994年2月1日民政部《婚姻登记管理条例》公布实施以后,男女双方符合结婚实质要件的,人民法院应当告知其在案件受理前补办结婚登记,未补办结婚登记的,按解除同居关系处理。

>> **法条链接** >>

《婚姻登记管理条例》第二条:中国公民在中国境内结婚、离婚、复婚的,必须依照本条例的规定进行登记。

《最高人民法院关于人民法院审理未办结婚登记而以夫妻名义同居生活案件的若干意见》第三条:自民政部新的《婚姻登记管理条例》施行之日起,未办结婚登记即以夫妻名义同居生活,按非法同居关系对待。

39. 什么形式的婚姻才是合法的,结婚需要具备哪些条件?

通过上一个问题的解释,可以看出,我国法律只保护经过合法登记的婚姻,即只有登记结婚才是合法的形式。除此之外,不再有第二种合法的婚姻形式。

结婚应当具备实质性条件和程序性条件。实质性条件又包括有必备条件和禁止条件两个方面,程序性条件就是男女双方应当持有效证件或证明到法定的婚姻登记机关办理婚姻登记手续。

第一,结婚的实质性条件。具体内容如下:

(1)结婚的必备条件有:①男女双方完全自愿。按照《婚姻法》规定,结婚必须是男女双方完全自愿的,不许任何一方对他方加以强迫或任何第三者加以干涉。这是婚姻自由原则在结婚问题上的具体表现。男女双方完全自愿的要求是指男女双方自愿,而不是一厢情愿;男女本人自愿,而不是经父母或第三人的同意;男女双方完全自愿,而不是勉强同意;②达到法定婚龄。法定婚龄是指法律规定的允许结婚的最低年龄。具体要求是男不得早于二十二周岁,女不得早于二十周岁;③符合一夫一妻制原则。根据一夫一妻制原则,申请结婚的双方当事人只能是未婚者,或者丧偶、离婚者。违反一夫一妻制的男女结合,不具有婚姻的法律效力。

(2)结婚的禁止条件。按照《婚姻法》规定,禁止结婚的情形包括:①直系血亲和三代以内的旁系血亲;②患有医学上认为不应当结婚的疾病。

第二,结婚的程序性条件。具体内容如下:

男女双方自愿结婚并符合结婚的实质性条件的,应当持有效证件和证明到婚姻登记机关进行登记。我国内地居民办理婚姻登记的机关是县级人民政府民政部门或者乡(镇)人民政府。

≫法条链接≫

《婚姻法》第五条:结婚必须男女双方完全自愿,不许任何一方对他方加以强迫或任何第三者加以干涉。

《婚姻法》第六条:结婚年龄,男不得早于二十二周岁,女不得早于二十周岁。晚婚晚育应予鼓励。

《婚姻法》第七条:有下列情形之一的,禁止结婚:(一)直系血亲和三代以内的旁系血亲;(二)患有医学上认为不应当结婚的疾病。

《婚姻法》第八条:要求结婚的男女双方必须亲自到婚姻登记机关进行结婚登记。符合本法规定的,予以登记,发给结婚证。取得结婚证,即确立夫妻关系。未办理结婚登记的,应当补办登记。

40. 什么是非法同居?

非法同居是一个比较复杂的概念,从字面上解释,它是指没有得到法律认可的婚姻。它既包括符合结婚的实质性条件但欠缺形式条件的男女同居情形,也包括违反婚姻法基本原则,根本不符合结婚的实质性条件的违法性同居情形。简言之,非法同居包括仅违反法律程序性规定的同居、既违反法律实质性规定也违反法律程序性规定的同居。

在理解"非法同居"时,要注意它与"事实婚姻"的区别:第一,事实婚姻的男女双方都具有共同终身共同生活的目的,而有些非法同居的男女双方不具有这种终身共同生活的目的;第二,事实婚姻的男女双方具备公开的夫妻身份,而非法同居的男女双方往往具有隐蔽性、临时性,不具有公开性;第三,事实婚姻的男女双方均无配偶,有配偶的则为事实重婚,非法同居的范围要比事实婚姻宽。

按照2001年修改的《婚姻法》以及最高人民法院的几个司法解释和其他相关规章规定,2001年4月28日后,法律规定允许达到法定结婚条件的男女双方补办结婚登记,补办结婚登记后,双方的婚姻关系效力追溯至双方均符合结婚条件之日。未补办结婚登记的,法院按解除同居关系处理。2004年4月1日后,未办结婚登记即以夫妻名义同居生活的,对任何一方均无配偶的男女,向法院起诉离婚,如果双方不补办结婚登记,法院将不再解除同居关系,也不再称这种同居为非法同居。

≫**法条链接**≫

《最高人民法院关于适用〈中华人民共和国婚姻法〉若干问题的解释(一)》第四条:男女双方根据婚姻法第八条规定补办结婚登记的,婚姻关系的效力从双方均符合婚姻法所规定的结婚的实质要件时起算。

《最高人民法院关于适用〈中华人民共和国婚姻法〉若干问题的解释(一)》第五条:未按婚姻法第八条规定办理结婚登记而以夫妻名义共同生活的男女,起诉到人民法院要求离婚的,应当区别对待:

(一)1994年2月1日民政部《婚姻登记管理条例》公布实施以前,男女双方已经符合结婚实质要件的,按事实婚姻处理;

(二)1994年2月1日民政部《婚姻登记管理条例》公布实施以后,男女双方符合结婚实质要件的,人民法院应当告知其在案件受理前补办结婚登记;未补办结婚登记的,按解除同居关系处理。

《最高人民法院关于适用〈中华人民共和国婚姻法〉若干问题的解释(一)》第六条:未按婚姻法第八条规定办理结婚登记而以夫妻名义共同生活的男女,一方死亡,另一方以配偶身份主张享有继承权的,按照本解释第五条的原则处理。

《最高人民法院关于适用〈中华人民共和国婚姻法〉若干问题的解释(二)》第一条:当事人起诉请求解除同居关系的,人民法院不予受理。但当事人请求解除的同居关系,属于婚姻法第三条、第三十二条、第四十六条规定的"有配偶者与他人同居"的,人民法院应当受理并依法予以解除。当事人因同居期间财产分割或者子女抚养纠纷提起诉讼的,人民法院应当受理。

41. 在什么情形下婚姻是无效的?

无效婚姻是指欠缺婚姻成立的法定条件而不发生法律效力的违法婚姻,也就是法律不予承认和保护的婚姻。按照《婚姻法》的规定,有下列情形之一的,婚姻无效:

(1)重婚的。重婚包括双方均有配偶的重婚,和一方无配偶与已有配偶者的重婚,无论哪种重婚,均是无效的。

(2)有禁止结婚的亲属关系的。我国法律规定,直系血亲和三代以内的旁系血亲均不得结婚。因此,在这一范围内的亲属结婚均属无效婚姻。必须指出的是,不管是直系血亲,还是三代以内的旁系血亲,均包括拟制血亲。

(3)婚前患有医学上认为不应当结婚的疾病,婚后尚未治愈的。因患疾病而导致婚姻无效的,必须具备两个条件:第一,必须是在结婚以前患有医学上认为不应当结婚的疾病;第二,该疾病在结婚以后尚未治愈。这两个条件缺一不可。换句话说,如果是在结婚后才患医学上认为不应当结婚的疾病,或者虽在结婚前患有医学上认为不应当结婚的疾病而在婚后治愈的,不得按无效婚姻处理。

(4)不到法定婚龄。这里的法定婚龄即指婚姻法规定的"男不得早于22周岁,女不得早于20周岁"。如果是未达到晚婚晚育年龄,或个别部门、单位自行规定的年龄,均不得按无效婚姻处理。

按照《婚姻法》的规定,婚姻无效的法律后果包括:①无效婚姻溯及力。无效或被撤销的婚姻,自始无效;②在当事人是否具有夫妻关系问题上,婚姻法规定当事人不具有夫妻的权利和义务;③关于当事人之间的财产关系,婚姻法规定同居期间所得的财产,由当事人协议处理,协议不成时,由人民法院根据照顾无过错方的原则判决,对重婚导致的婚姻无效的财产处理,不得侵害合法婚姻当事人的财产权益;④在父母子女关系问题上,婚姻被确认无效后,对当事人所生的子女,享有婚姻法规定的关于父母子女的权利。双方当事人均有抚养、教育子女、承担子女的生活费和教育费的义务。一方抚养子女的,另一方享有探望权。

>> **法条链接** >>

《婚姻法》第十条:有下列情形之一的,婚姻无效:

(一)重婚的;

(二)有禁止结婚的亲属关系的;

(三)婚前患有医学上认为不应当结婚的疾病,婚后尚未治愈的;

(四)未到法定婚龄的。

42. 什么是可撤销婚姻?对于可撤销婚姻,该如何处理?

可撤销婚姻是指因欠缺婚姻合意而已成立的婚姻关系中,受胁迫的一方当事人可以向婚姻登记机关或人民法院申请撤销的婚姻。判断是否存在可撤销婚姻,应当按照两个主要标准予以判断:第一,因胁迫结婚的,受胁迫的一方可以向婚姻登记机关或人民法院请求撤销该婚姻;第二,受胁迫的一方撤销婚姻的请求,应当自结婚登记之日起一年内提出。被非法限制人身自由的当事人请求撤销婚姻的,应当自恢复人身自由之日起一年内提出。如果想离婚,应该达到离婚的条件,即感情完全破裂,或者存在可以撤销的情形。

可撤销婚姻与无效婚姻虽有某些相似之处,但二者具有明显的区别:①形成的原因不同。无效婚姻是因为不符合结婚的公益要件而形成的婚姻,可撤销的婚姻仅仅是指欠缺婚姻私益要件的婚姻当事人非自愿而形成的婚姻;②请求权人不同。可撤销婚姻的请求权人只能是当事人本人,无效婚姻的请求权人由当事人及利害关系人行使。可撤销婚姻的请求权仅由当事人行使,主要是为了尊重当事人的意愿,如果当事人愿意维持这种关系,任何人不得提出撤销该婚姻;③请求权的存续期间不同。无效婚姻可以在婚姻无效原因消除前的任何时间提出请求宣告婚姻无效,而可撤销的婚姻必须在婚姻登记后一年内提出请求撤销。如果当事人被非法限制人身自由,应自恢复人身自由之日起一年内提出,超过法定期限,当事人撤销婚姻的请求权即消灭,不得再提出撤销婚姻的请求。

关于可撤销婚姻的处理问题,关键在于受胁迫的一方当事人是否行使撤销婚姻请求权。如果当事人在法定的期限内不提出撤销请求,婚姻继续有效。受胁迫的一方提出撤销婚姻的请求,应当自结婚登记之日起一年内提出;被非法限制人身自由的当事人请求撤销婚姻的,应当自恢复人身自由之日起一年内提出。超过了一年的申请时效的,婚姻登记机关和人民法院不予支持,当事人只能按离婚程序来解除婚姻关系。

婚姻登记机关对可撤销婚姻的处理程序较为简单,即只要经审查认为受胁迫结婚的情况属实,并且不涉及子女抚养、财产分配和债务问题的,就可以立即撤销婚姻,宣告结婚证作废。如果涉及财产分割或者子女抚养等问题,当事人无法协商解决的,只能诉诸法院。

≫ **法条链接** ≫

《婚姻法》第十一条:因胁迫结婚的,受胁迫的一方可以向婚姻登记机关或人民法院请求撤销该婚姻。受胁迫的一方撤销婚姻的请求,应当自结婚登记之日起一年内提出。被非法限制人身自由的当事人请求撤销婚姻的,应当自恢复人身自由之日起一年内提出。

《婚姻法》第十二条:无效或被撤销的婚姻,自始无效。当事人不具有夫妻的权利和义务。同居期间所得的财产,由当事人协议处理;协议不成时,由人民法院根据照顾无过错方的原则判决。对重婚导致的婚姻无效的财产处理,不得侵害合法婚姻当事人的财产权益。当事人所生的子女,适用本法有关父母子女的规定。

《最高人民法院关于适用〈中华人民共和国婚姻法〉若干问题的解释(一)》第十条:婚姻法第十一条所称的"胁迫",是指行为人以给另一方当事人或者其近亲属的生命、身体健康、名誉、财产等方面造成损害为要挟,迫使另一方当事人违背真实意愿结婚的情况。因受胁迫而请求撤销婚姻的,只能是受胁迫一方的婚姻关系当事人本人。

43. 什么是非婚生子女?法律对非婚生子女的保护是如何规定的?

非婚生子女,俗称"私生子",是在受胎期间或出生时,其生父生母无婚姻关系的子女,包括非法同居、婚前性行为、姘居、通奸及至被强奸后所生的子女。非婚生子女的出生,其本身没有过错,因此,法律对其权益进行保护。

关于非婚生子女的法律地位,《婚姻法》规定非婚生子女享有与婚生子女同等的权利。综合婚姻法的规定,非婚生子女的权利包括:①要求生父母对其抚养教育的权利。如果生父母或其中一方不履行抚养教育义务,未成年的、不能独立生活的非婚生成年子女,有要求父母给付抚养费和教育费的权利;②非婚生子女的姓名权。在非婚生子女无认知能力时,由其生父生母协商确定。在其有认知能力时,自己可以作出选择;③非婚生子女有受生父母保护的权利;④非婚生子女与其生父母的婚生子女有同等继承其生父母遗产的权利等。对于非婚生子女依法享有的权利,任何人都不得干涉侵犯。

≫ **法条链接** ≫

《婚姻法》第二十五条:非婚生子女享有与婚生子女同等的权利,任何人不得加以危害和歧视。不直接抚养非婚生子女的生父或生母,应当负担子女的生活费和教育费,直至子女能独立生活为止。

≫ **案例分析** ≫

张某与陆某是同村人,2000年1月1日按照传统习惯办了婚宴,向亲朋好友宣布结婚,但未办理结婚手续。双方一直没有子女。2008年初张某在同学聚会时巧遇自己的初恋情人宋某,旧情复燃之下,双方发生了性行为。不久,张某发现自己怀孕,经推算日期,这个孩子应该是宋某的,但张某没有告诉宋某。2008年10月,张某生下一子。后来张某与陆某两人经常因家庭琐事发生争执,一次激烈争吵时,陆某动手打了张某,张某一时气愤,说出了孩子不是陆某亲骨肉的事实,在陆某的追问之下,张某说出了事情的真相。陆某决定与张某分手并达成了协议,协议中约定孩子由张某抚养,陆某不承担抚养费,2009年1月,双方正式分手。张某单独抚养孩子,负担很重,于是找到宋某,要求宋某支付孩子的抚养费,起初宋某不承认孩子是他的,后虽然承认与孩子的血缘关系,但拒绝支付抚养费。2009年3月,张某作为孩子的法定代理人,向人民法院提起诉讼,要求宋某承担抚养义务,支付抚养费。

法院判定:某县法院经审理认为张某与宋某承认与孩子的血缘关系,该子女是双方的非婚生子女。根据我国《婚姻法》第二十五条之规定,判决宋某每月支付人民币600元,作为该非婚生子女的抚养费,直至该子女成年为止。

法理分析:本案实际上就是非婚生子女的权利义务问题,法院的判决是正确的。

44. 法律关于夫妻财产制度是如何规定的?

夫妻财产制度是指有关夫妻财产的归属、管理、收益、使用和处分等法律制度的统称。夫妻财产制度是婚姻制度的重要组成部分,也是夫妻法律关系的内容之一。按照我国《婚姻法》以及相关司法解释的规定,夫妻财产制度分为夫妻共有财产制、夫妻个人财产制和夫妻约定财产制,其中前两项通常以法律明确予以规定,又合称为夫妻法定财产制。

夫妻法定财产制是法律直接就夫妻财产关系有关内容作出具体规定的法律制度,可分为个人财产制度和夫妻共有财产制。个人财产制度即夫妻所得财产分别归夫妻个人所有、个人管理,同时也不排斥双方对其中部分或全部分财产共同管理,或者作为夫妻一方的财产以约定形式由另一方管理的一种法律制度。具体包括:一方的婚前财产;一方因身体受到伤害获得的医疗费、残疾人生活补助费等费用;遗嘱或赠与合同中确定只归夫或妻一方的财产;一方专用的生活用品;其他应当归一方的财产。

夫妻共有财产制是指夫妻对所得财产归夫妻双方所有,由夫妻双方对该财产共同管理的法律制度。具体包括:工资、奖金;生产、经营的收益;知识产权的收益;继承或赠与所得的财产,但《婚姻法》第十八条第三项规定的除外;其他应当归共同所有的财产。夫妻对共同所有的财产,有平等的处理权。夫妻共有财产制是实现婚姻家庭生活的基本物质要求,同时,该项制度也是夫妻财产制的主导制度。

夫妻约定财产制是指夫妻通过书面协议的方式,对婚前、婚后财产的权利进行约定的法律制度。这里指的财产权利,包括对财产的占有、使用、管理、收益、处分,以及将来婚姻关系终止时财产的归属等。

≫法条链接≫

《婚姻法》第十七条:夫妻在婚姻关系存续期间所得的下列财产,归夫妻共同所有:(一)工资、奖金;(二)生产、经营的收益;(三)知识产权的收益;(四)继承或赠与所得的财产,但本法第十八条第三项规定的除外;(五)其他应当归共同所有的财产。

夫妻对共同所有的财产,有平等的处理权。

《婚姻法》第十八条:有下列情形之一的,为夫妻一方的财产:(一)一方的婚前财产;(二)一方因身体受到伤害获得的医疗费、残疾人生活补助费等费用;(三)遗嘱或赠与合同中确定只归夫或妻一方的财产;(四)一方专用的生活用品;(五)其他应当归一方的财产。

《婚姻法》第十九条:夫妻可以约定婚姻关系存续期间所得的财产以及婚前财产归各自所有、共同所有或部分各自所有、部分共同所有。约定应当采用书面形式。没有约定或约定不明确的,适用本法第十七条、第十八条的规定。夫妻对婚姻关系存续期间所得的财产以及婚前财产的约定,对双方具有约束力。夫妻对婚姻关系存续期间所得的财产约定归各自所有的,夫或妻一方对外所负的债务,第三人知道该约定的,以夫或妻一方所有的财产清偿。

45. 哪些家庭成员之间有相互扶养、抚养和赡养的义务?

法律意义上的"扶养",有广义和狭义之分,广义上的扶养泛指特定亲属之间根据法律的明确规定而存在的经济上相互供养、生活上相互辅助照顾的权利义务关系,囊括了长辈亲属对晚辈亲属的"抚养"、平辈亲属之间的"扶养"和晚辈亲属对长辈亲属的"赡养"三种具体形态。狭义的扶养则专指平辈亲属之间尤其是夫妻之间依法发生的经济供养和生活扶助的权利义务关系。我国《婚姻法》按不同主体的相互关系对抚养、扶养、赡养分别加以规定,其"扶养"则属于狭义的。而《刑法》、《合同法》、《继承法》、《民法通则》等法律规范中又是都适用"扶养",其"扶养"属于广义的。

具体地来说,"扶养"是指夫妻双方、兄弟姐妹等同辈之间在物质和生活上的相互帮助;"抚养"主要是父母、祖父母、外祖父母等长辈对子女、孙子女、外孙子女等晚辈的抚育、教养。"赡养"是指子女、孙子女、外孙子女等晚辈对父母、祖父母、外祖父母等长辈在物质和生活上给予照顾和帮助。

≫ **法条链接** ≫

《婚姻法》第二十条:夫妻有互相扶养的义务。一方不履行扶养义务时,需要扶养的一方,有要求对方付给扶养费的权利。

《婚姻法》第二十一条:父母对子女有抚养教育的义务;子女对父母有赡养扶助的义务。父母不履行抚养义务时,未成年的或不能独立生活的子女,有要求父母付给抚养费的权利。子女不履行赡养义务时,无劳动能力的或生活困难的父母,有要求子女付给赡养费的权利。

《婚姻法》第二十八条:有负担能力的祖父母、外祖父母,对于父母已经死亡或父母无力抚养的未成年的孙子女、外孙子女,有抚养的义务。有负担能力的孙子女、外孙子女,对于子女已经死亡或子女无力赡养的祖父母、外祖父母,有赡养的义务。

《婚姻法》第二十九条:有负担能力的兄、姐,对于父母已经死亡或父母无力抚养的未成年的弟、妹,有扶养的义务。由兄、姐扶养长大的有负担能力的弟、妹,对于缺乏劳动能力又缺乏生活来源的兄、姐,有扶养的义务。

《婚姻法》第三十条:子女应当尊重父母的婚姻权利,不得干涉父母再婚以及婚后的生活。子女对父母的赡养义务,不因父母的婚姻关系变化而终止。

46. 离婚必须经过法院判决吗?

按照婚姻自由原则,离婚只要是双当事人自愿,并且对于离婚后子女的抚养、财产的分割等问题都能依法妥善处理,未必非要经过法院判决。按照我国《婚姻法》的规定,离婚分为协议离婚和诉讼离婚两种形式,前者又称"登记离婚",后者又称"判决离婚"。

协议离婚是指夫妻双方依据法律规定合意解除婚姻关系的法律行为。根据《婚姻法》的规定,男女双方自愿离婚的,双方必须到婚姻登记管理机关申请离婚登记。婚姻登记机关经过形式审查和实质审查,确认双方自愿并对子女和财产问题已经有适当的处理的,应当办理离婚登记并发给离婚证。办理离婚登记的内地居民应当出具下列证件和证明材料:①本人的户口簿、身份证;②本人的结婚证;③双方当事人共同签署的离婚协议书。办理离婚登记的香港居民、澳门居民、台湾居民、华侨、外国人除应当出具前款第②项、第③项规定的证件、证明材料外,香港居民、澳门居民、台湾居民还应当出具本人的有效通行证、身份证,华侨、外国人还应当出具本人的有效护照或者其他有效国际旅行证件。

诉讼离婚又称"判决离婚",是指夫妻双方就离婚无法达成协议时,由夫妻一方向人民法院提起诉讼,人民法院以诉讼程序审理后,调解或判决解除婚姻关系。这种离婚形式的适用条件是:①夫妻一方要求离婚,另一方不同意离婚的;②夫妻双方都愿意离婚,但在子女抚养、财产分割等问题上不能达成协议的;③未依法办理结婚登记而以夫妻名义共同生活且为法律承认的事实婚姻。对于符合登记离婚条件的合意离婚,如果当事人基于某种原因不愿意进行离婚登记的,也可以适用诉讼离婚。

》法条链接》

《婚姻法》第三十一条：男女双方自愿离婚的，准予离婚。双方必须到婚姻登记机关申请离婚。婚姻登记机关查明双方确实是自愿并对子女和财产问题已有适当处理时，发给离婚证。

《婚姻法》第三十二条：男女一方要求离婚的，可由有关部门进行调解或直接向人民法院提出离婚诉讼。

47. 法院判决离婚的标准是什么？如何正确理解和把握？

人民法院审理离婚案件，应当进行调解；如感情确已破裂，调解无效，应准予离婚。为了在实践中正确把握"感情确已破裂"这一比较抽象的标准，《婚姻法》将其规定为五种具体标准：

(1)实施家庭暴力或虐待、遗弃家庭成员。家庭暴力、虐待、遗弃行为中，受伤害方在婚姻家庭关系中往往是弱势一方——妻子、未成年子女、老人，如果发生在夫妻之间双方长期积怨，很难和好，一方要求离婚的，如不及时处理可能对受害一方极其危险。在判决离婚前，要做好坚决不离一方的工作，以防不测。

(2)重婚或有配偶者与他人同居的。所谓"有配偶者与他人同居"，《最高人民法院关于适用〈中华人民共和国婚姻法〉若干问题的解释（一）》(2001年12月24日公布)将其界定为：不以夫妻名义，持续、稳定地共同居住。在处理此类案件时，要正确处理好法律与道德的关系。一方面不能以不准离婚的方式惩罚有过错一方，同时应通过调解、判决等审判活动，加强道德教育，对错误思想和行为予以道德上的谴责，并建议有关组织对第三者予以适当的行政处分。对确实已经死亡的婚姻，在做好无过错一方思想工作得基础上判决离婚。从长远来看，这对解放当事人自身，促进社会安定团结，预防矛盾的升级都是有利的。

(3)有赌博、吸毒等恶习屡教不改的。对这一类案件，首先应教育帮助有此恶习的一方树立正确的人生观，改正自己的行为，多关心家庭、承担家务、照料子女。其次要动员另一方给予关心和帮助，促使双方和好。对少数夫妻积怨太深，被告恶习屡教不改，双方关系极为恶劣，确实不堪共同生活的，应准予离婚。

(4)因感情不和分居满两年的。夫妻因感情不和长期分居，双方没有共同的生活，互不履行夫妻之间的义务，使得夫妻关系实际上名存实亡，因此，夫妻分居两年标志着夫妻关系破裂。所谓分居，是指夫妻人为中断相互之间的共同经济生活、性生活和互相扶助、精神抚慰。

(5)一方被宣告失踪,另一方提出离婚诉讼的。宣告公民失踪,是指公民离开自己的住所下落不明,经利害关系人申请,人民法院经法定程序寻找仍无音讯的,宣告该公民为失踪人。

夫妻一方失踪,客观上已经不履行自己对家庭、对子女、对配偶的责任,维持这种婚姻关系对另一方已无实质意义。因此,法院判决解除失踪人的婚姻关系,对及时有效保护婚姻关系双方当事人合法权益,保护有其他利害关系当事人的合法利益,稳定家庭秩序与社会秩序有着重要的现实意义。

≫ **法条链接** ≫

《婚姻法》第三十二条:男女一方要求离婚的,可由有关部门进行调解或直接向人民法院提出离婚诉讼。

人民法院审理离婚案件,应当进行调解;如感情确已破裂,调解无效,应准予离婚。

有下列情形之一,调解无效的,应准予离婚:

(一)重婚或有配偶者与他人同居的;

(二)实施家庭暴力或虐待、遗弃家庭成员的;

(三)有赌博、吸毒等恶习屡教不改的;

(四)因感情不和分居满两年的;

(五)其他导致夫妻感情破裂的情形。

一方被宣告失踪,另一方提出离婚诉讼的,应准予离婚。

48. 夫妻离婚时,财产如何分割?

离婚财产分割即夫妻共同财产的分割,是指离婚时依法将夫妻共同财产划分为各自的个人财产。《婚姻法》明确了夫妻共同财产是在夫妻关系存续期间取得的财产,以列举式和概括式的方式规定了夫妻共同财产的内容,该法也规定了夫妻共同财产的分割有协议分割和判决分割两种做法。离婚时,双方有合法婚姻财产约定的,依约定。一方的特有财产归本人所有。夫妻共有财产一般应当均等分割,必要时也可以不均等,有争议,人民法院应依法判决。

根据《婚姻法》及最高人民法院《关于人民法院审理离婚案件处理财产分割问题的若干具体意见》的规定,结合司法实践,人民法院在审理离婚案件分割夫妻共同财产时,应当遵循以下原则:

(1)男女平等原则。男女平等原则既反映在《婚姻法》的各条法律规范中,又反映在人民法院处理婚姻家庭案件的司法实践中。该原则体现在离婚财产分割上,就是夫妻双方有平等地分割共同财产的权利,平等地承担共同债务的义务。

(2)照顾子女和女方利益原则。这里的"照顾",既可以在财产份额上给予女方适当多分,也可以在财产种类上将某项生活特别需要的财产,比如住房,分配给女方。从习惯势力、传统因素所造成对女性编见的角度,以及从妇女的家务负担、生理特点上讲,离婚后,一般妇女在寻找工作和谋生能力上也较男子要弱,更需要社会给予更多的帮助。同时,在分割夫妻共同财产时,要特别注意保护未成年人的合法财产权益。未成年人的合法财产不能列入夫妻共同财产进行分割。

(3)有利生活,方便生活原则。在离婚分割共同财产时,不应损害财产效用、性能和经济价值。在对共同财产中的生产资料进行分割时,应尽可能分给需要该生产资料、能更好发挥该生产资料效用的一方;在对共同财产中的生活资料进行分割时,要尽量满足个人从事专业或职业需要,以发挥物的使用价值。不可分物按实际需要和有利发挥效用原则归一方所有,分得方应依公平原则,按离婚时的实际价值给付另一方相应的补偿。

(4)不得损害国家、集体和他人利益的原则。离婚分割夫妻共同财产时,不得把属于国家、集体和他人所有的财产当作夫妻共同财产进行分割,不得借分割夫妻共同财产的名义损害他人合法利益。

(5)照顾无过错一方的原则。在现实生活中,导致离婚的原因有时是因为某一方存在过错,如与第三者同居、实施家庭暴力等,此时,分割财产时应当充分考虑对无过错一方给予照顾或者适当倾斜。

≫法条链接≫

《婚姻法》第三十九条:离婚时,夫妻的共同财产由双方协议处理;协议不成时,由人民法院根据财产的具体情况,照顾子女和女方权益的原则判决。

夫或妻在家庭土地承包经营中享有的权益等,应当依法予以保护。

《婚姻法》第四十条:夫妻书面约定婚姻关系存续期间所得的财产归各自所有,一方因抚育子女、照料老人、协助另一方工作等付出较多义务的,离婚时有权向另一方请求补偿,另一方应当予以补偿。

《婚姻法》第四十一条:离婚时,原为夫妻共同生活所负的债务,应当共同偿还。共同财产不足清偿的,或财产归各自所有的,由双方协议清偿;协议不成时,由人民法院判决。

《婚姻法》第四十二条：离婚时，如一方生活困难，另一方应从其住房等个人财产中给予适当帮助。具体办法由双方协议；协议不成时，由人民法院判决。

49. 夫妻离婚时，未成年子女应当由谁抚养？

按照《婚姻法》和最高人民法院相关司法解释的规定，在确定离婚时子女抚养问题上，应当分为以下两种情况来考虑。

第一，哺乳期内的子女的抚养。

离婚后，哺乳期内的子女，以随哺乳的母亲抚养为原则。哺乳期一般以两周岁以内为标准。从婴儿的生长发育的利益考虑，夫妻离婚后，凡是正处于用母乳喂养的子女，应依法由哺乳的母亲抚养。但现实生活中，也有许多孩子出生后，不是用母乳喂养的。对于这样的情况，当夫妻离婚时，如何判定孩子的抚养归属？司法解释规定：两周岁以下的子女，一般随母亲生活。但母亲有下列情形之一的，也可随父亲生活：一是母亲患有久治不愈的传染性疾病或其他严重疾病，子女不宜与其共同生活的；二是母亲有抚养条件不尽抚养义务，而父亲要求子女随其生活的，并对子女健康成长没有不利影响的；三是因其他原因，子女确无法随母方生活的，如母亲的经济能力及生活环境对抚养子女明显不利的，或母亲的品行不端不利于子女成长的，或因违法犯罪被判服刑不可能抚养子女的等等。

第二，两周岁以上未成年子女的抚养。

按照法律和司法解释的规定，哺乳期后的子女，如双方因抚养问题发生争执不能达成协议时，由人民法院根据子女的权益和双方的具体情况判决。夫妻离婚后，对两周岁以上的未成年子女，随父或随母生活，首先应由父母双方协议决定。因此，当父母双方对抚养未成年子女发生争议时，法院应当进行调解，尽可能争取当事人以协议方式解决。在当事人双方自愿、合法的前提下，协商决定未成年子女由父方抚养，或随母方生活，或者在有利于保护子女利益的前提下，由父母双方轮流抚养，对上述几种抚养方式的解决，法院都是可以准许的。

如果当事人双方因子女抚养问题达不成协议时，法院应结合父母双方的抚养能力和抚养条件等具体情况，根据有利于子女健康成长的原则妥善地作出裁决。但应注意以下问题：对两周岁以上未成年的子女，父亲和母亲均要求随其生活，一方有下列情形之一的，可予优先考虑：①已做绝育手术或因其他原因丧失生育能力的；②子女随其生活时间较长，改变生活环境对子女健康成长明显不利的;③无其他子女,而另一方有其他子女的;④子女随其生活,对子女成长有利,而另一方患有久治不愈的传染性疾病或其他严重疾病,或者有其他不利于子女身心健康的情形,不宜与子女共同生活的。

另外,在司法实践中,确定抚养权时还需要考虑以下几方面的问题:①父母双方对十周岁以上的未成年子女随父或随母生活发生争执的,应考虑该子女的意见;②父母双方抚养子女的条件基本相同,双方均要求子女与其共同生活,但子女单独随祖父母或外祖父母共同生活多年,且祖父母或外祖父母要求并且有能力帮助子女照顾孙子女或外孙子女的,可作为子女随父或母生活的优先条件予以考虑;③在有利于保护子女利益的前提下,父母双方协议轮流抚养子女的,应予准许。父母双方可以协议子女随一方生活并由抚养方负担子女全部抚育费。但经查实,抚养方的抚养能力明显不能保障子女所需费用,影响子女健康成长,对单方负担全部抚育费的请求,不予准许;④子女抚养归属的变更。父母离婚后,在一定条件下,可以根据父母双方或子女的实际情况的变化,依法予以变更。

抚养归属的变更,有两种形式:一是双方协议变更。父母双方协议变更子女抚养关系的,只要有利于子女身心健康和保障子女合法权益,则应予准予;二是一方要求变更。凡一方要求变更子女抚养关系的,有下列情形之一的,应予支持:①与子女共同生活的一方因患严重疾病或因伤残无力继续抚养子女的;②与子女共同生活的一方不尽抚养义务或有虐待子女行为,或其与子女共同生活对子女身心健康确有不利影响的;③十周岁以上未成年子女,愿随另一方生活,该方又有抚养能力的;④有其他正当理由需要变更的。父母双方协议变更子女抚养关系的,应予准许。另外,对于在离婚诉讼期间,双方均拒绝抚养子女的,可先行裁定暂由一方抚养。

≫法条链接≫

《婚姻法》第三十六条:父母与子女间的关系,不因父母离婚而消除。离婚后,子女无论由父或母直接抚养,仍是父母双方的子女。

离婚后,父母对于子女仍有抚养和教育的权利和义务。

离婚后,哺乳期内的子女,以随哺乳的母亲抚养为原则。哺乳期后的子女,如双方因抚养问题发生争执不能达成协议时,由人民法院根据子女的权益和双方的具体情况判决。

《婚姻法》第三十七条:离婚后,一方抚养的子女,另一方应负担必要的生活费和教育费的一部或全部,负担费用的多少和期限的长短,由双方协议;协议不成时,由人民法院判决。

关于子女生活费和教育费的协议或判决,不妨碍子女在必要时向父母任何一方提出超过协议或判决原定数额的合理要求。

50. 离婚后,不抚养未成年孩子的一方是否有权利探望孩子?

按照我国《婚姻法》和相关司法解释的规定,离婚后,不抚养未成年孩子的一方有权利探望孩子。所谓的探望权,是指不直接抚养子女的父或母可以看望由另一方直接抚养的子女,或将子女短暂接回共同生活的权利。探望权作为一种婚姻法上权利,其特点可以阐释为:

(1)探望权的权利主体为离婚后不直接抚养子女的父亲或母亲一方,而探望权的义务主体则为离婚后直接抚养子女的一方。我国《婚姻法》规定:"离婚后,不直接抚养子女的父或母,有探望子女的权利,另一方有协助的义务。"直接抚养子女的一方应为另一方提供便利,积极协助,不得阻碍对方行使权利。

(2)探望权是离婚后父亲或母亲对子女的一项法定权利。将探望权作为一项权利在法律上加以规定,是因为这不仅是亲属法上的权利,更是一种基本人权,父母子女之间基于血统关系而形成的情感,不会因为父母离婚而变化。离婚后不与子女共同生活的一方,通过探望子女、与子女交流、和子女短暂生活等多种形式行使探望权,可以达到继续教育子女的目的,对子女的价值观的形成起到积极作用。

(3)探望权产生的时间是离婚后。离婚前,父母存在着有效的婚姻关系,与孩子共同生活,共同教育孩子,行使探望权的问题还不存在。离婚后,由于父亲或母亲一方不能与孩子共同生活,此时也便产生了行使探望权的问题。

(4)探望权的行使必须有利于孩子的身心健康。我国《婚姻法》规定:"父或母探望子女,不利于子女身心健康的,由人民法院依法中止探望的权利;中止的事由消失后,应当恢复探望的权利。"探望权实际是一种义务性的权利,它的行使应使子女完整地享受父母之爱,使孩子得到积极向上健康的教育。如果行使探望权损害了孩子的身心健康,人民法院可以依法中止探望权的行使。

≫**法条链接**≫

《婚姻法》第三十八条:离婚后,不直接抚养子女的父或母,有探望子女的权利,另一方有协助的义务。

行使探望权利的方式、时间由当事人协议;协议不成时,由人民法院判决。

父或母探望子女,不利于子女身心健康的,由人民法院依法中止探望的权利;中止的事由消失后,应当恢复探望的权利。

51. 夫妻离婚时,在什么情况下一方可要求另一方予以经济帮助?

按照我国《婚姻法》和司法解释的规定,离婚时,如一方生活困难,另一方应从其住房等个人财产中给予适当帮助。具体办法由双方当事人自行协议;如果协议不成时,可以由人民法院判决。

"一方生活困难",是指依靠个人财产和离婚时分得的财产无法维持当地基本生活水平。主要包括三种情况:①一方有残疾或患有重大疾病,完全或大部分丧失劳动能力,又没有其他生活来源;②一方因客观原因失业且收入低于本市城镇居民最低生活保障线;③其他生活特别困难的情形。一方离婚后没有住处的,属于生活困难。

"适当帮助"的具体办法,由双方当事人协议;协议不成时,由人民法院根据生活困难一方的实际需要和另一方的经济能力等具体情况判定,帮助的内容既可以是房屋的所有权或居住权、使用权等实物形式,也可以是金钱。

根据上述分析,离婚时一方要求另一方给予经济帮助时应具备以下几个条件:①提供帮助具有严格的时限性。一方生活困难是指离婚时已经存在困难,而不是离婚后或者其他什么时候发生困难都有权要求帮助;②提供帮助的一方必须有经济能力,即仅限于力所能及的程度。受帮助的一方另行结婚后,对方即终止帮助行为;③不能将一方的经济帮助问题与夫妻共同财产的分割相混淆。

≫法条链接≫

《婚姻法》第四十二条:离婚时,如一方生活困难,另一方应从其住房等个人财产中给予适当帮助。具体办法由双方协议;协议不成时,由人民法院判决。

52. 为逃避债务,夫妻对婚前财产或婚姻关系存续期间财产归属的约定是否有效?

法律赋予婚姻当事人双方在财产方面享有较大自主权。夫妻双方既可以将婚前财产约定为夫妻共同财产,或一方的财产,也可对夫妻关系存续期间所取得的财产约定归夫妻双方所有或个人所有。这种约定对夫妻双方均具有约束力。但不管夫妻进行何种约定,都有不能损害第三人的合法权益的义务。比如,婚姻关系当事人不得借夫妻财产约定来逃避债务。即使有这种约定,该约定也是无效的。因为根据民法原理及有关法律规定,债权人对债务人与第三人实施的,使债务人对财产不正当减少从而损害债权人利益时,债权人有权向人民法院申请对债务人与第三人实施的转移财产的民事行为予以撤销,恢复债务人的财产。据此,夫妻对婚前财产以及婚姻关系存续期间财产归属的约定,逃避债务的,该约定无效。

≫**法条链接**≫

《民法通则》第五十八条:下列民事行为无效:(四)恶意串通,损害国家、集体或者第三人利益的……无效的民事行为,从行为开始起就没有法律约束力。

53. 如何正确看待"假离婚"现象?

"假离婚"是指婚姻当事人双方为了共同或各自的目的,约定暂时离婚,目的达到后再复婚的行为。现实生活中出现的"假离婚"现象,基本上都存在不正当的动机和目的,如逃避债务、税收,或者购置房屋、房屋拆迁、车辆、生育等。"假离婚"当事人把离婚作为一种手段来行使,具有非法性和危害性。从形式要件上看,双方的离婚完全是自愿的,离婚同结婚一样,既是一种法律行为,又是一件很严肃的感情问题,一旦发生法律效力,其离婚事实即存在。如"假离婚"的一方当事人已与他人另行结婚的,原则上应承认其婚姻关系有效,原来的另一方当事人要求恢复婚姻关系,婚姻登记管理机关或人民法院不予支持。

在社会管理制度不完善的社会大背景下,"假离婚"现象的存在及蔓延,对社会诚信度的提高具有严重的危害性。

(1)有损法律尊严,扰乱了社会管理秩序。"假离婚"是对我国离婚法律制度的破坏,是对法律尊严的践踏,它破坏了合法正常的婚姻家庭关系。一些"假离婚"的当事人离婚后,长期非法同居,冲击了婚姻法律制度,它也阻碍了计划生育这一基本国策的落实,产生了消极的社会影响。

(2)侵害了国家、集体和他人的合法权益。"假离婚"的人追求不正当利益的目标非常明显,一旦离婚成功,手续办好,他人利益必然受损。

(3)妨碍了法院执行工作的开展。离婚调解书或判决书生效后,夫妻明分暗不分,当执行人员要求夫妻偿还债务时,作为直接债务人的夫妻一方以自己名下已无财产可供执行,有财产的一方则会拿出离婚裁判文书,据此对抗执行;有的在离婚时财产未报或隐匿,待执行时分不清是离婚前的财产还是离婚后的一方财产,给执行带来不必要的麻烦。

(4)危及家庭稳定,形成社会不稳定因素。有些"假离婚"本来已约定,在实现不正当目的之后再行复婚,但之后有些人"假戏真做",一方见异思迁,抛弃另一方,拒绝复婚。从而使双方矛盾激化,引发争端,形成不稳定隐患。

≫**法条链接**≫

《最高人民法院关于适用〈中华人民共和国婚姻法〉若干问题的解释(二)》第九条:男女双方协议离婚后一年内就财产分割问题反悔,请求变更或者撤销财产分割协议的,人民法院应当受理。

≫**案例分析**≫

陈某于2006年娶黄某为妻,婚后生有一女。夫妻两人在外打拼,日子过得颇红火。但后来,陈某在外投资失败,债台高筑,无力偿还。为躲避债务,两人决定假离婚,转移财产。2010年1月,两人签订《离婚协议》,并办理了离婚手续,约定女儿由黄某抚养,房屋等财产全部归黄某所有,所欠一切债务由陈某负责偿还。离婚后,双方仍在一起共同生活,并以夫妻名义出入各种场所。后来,黄某与陈某感情逐渐淡化。陈某要求重新分割夫妻共同财产,但遭到了黄某的拒绝,陈某遂向法院起诉。

法理分析:该案实质上是夫妻协议离婚后,对原财产分割协议反悔的纠纷。根据《最高人民法院关于适用〈中华人民共和国婚姻法〉若干问题的解释(二)》第九条的规定,男女双方协议离婚后1年内就财产分割问题反悔,请求变更或者撤销财产分割协议的,人民法院应当受理。而陈某3年后才提出,已经超过法定期间,依法不予支持。此外,尽管当事人的离婚协议已经对夫妻财产分割问题作出处理的,债权人仍有权就夫妻共同债务向男女双方主张权利。只要是两人的共同债务,即使双方约定所欠债务由一方偿还,债权人仍有权要求两人共同偿还。事实上,不管真离婚还是假离婚,都难逃双方共同欠下的债务。

54. 离婚后未成年人子女的抚养费如何负担?

离婚后,一方抚养子女,另一方应负担必要的生活费和教育费的一部或全部,负担费用的多少和期限的长短,由双方协议;协议不成时,由人民法院判决。关于子女生活费和教育费的协议和判决,不妨碍子女在必要时向父母任何一方提出超过协议或判决原定数额的合理要求。抚育费的给付期限一般至子女十八周岁为止,但对尚未独立生活的成年子女,父母又有给付能力的,仍应给付必要的抚育费。所谓"不能独立生活的子女",是指尚在校接受高中及其以下学历教育,或者丧失或未完全丧失劳动能力等非主观原因而无法维持正常生活的成年子女。

关于离婚后未成年子女的抚养费标准问题,可以从以下几方面加以确定:

(1)抚养费的范围。①夫妻双方离婚,孩子由一方抚养,不抚养孩子的一方应当给付孩子抚养费;②抚养费包括孩子生活费、教育费、医疗费等费用。

(2)离婚孩子抚养费具体标准。①有固定收入的,抚养费一般可按其月总收入20%-30%的比例给付。负担两个以上孩子抚养费的,比例可适当提高,但一般不得超过月总收入的50%;②无固定收入的,抚养费的数额可依据当年总收入或同行业平均收入,参照上述比例确定;③有特殊情况的,可适当提高或降低上述比例;④抚养费标准并不是一定就按上述比例去支付的,除了参照工资收入比例的标准外,还应该考虑孩子的实际需要、父母双方的经济收入能力以及当地的实际生活水平。

(3)离婚孩子抚养费给付方式。①经济条件许可的,抚养费可以一次性给付;②不具备一次性给付条件的,可以按月或定期给付抚养费,也可按收益季度或年度给付。

(4)离婚孩子抚养费年限:①抚养费的给付期限,一般应至孩子十八周岁为止;②十六周岁以上不满十八周岁,以其劳动收入为主要生活来源,并能维持当地一般生活水平的,父母可停止给付孩子抚养费。

≫法条链接≫

《婚姻法》第三十七条:离婚后,一方抚养的子女,另一方应负担必要的生活费和教育费的一部或全部,负担费用的多少和期限的长短,由双方协议;协议不成时,由人民法院判决。

关于子女生活费和教育费的协议或判决,不妨碍子女在必要时向父母任何一方提出超过协议或判决原定数额的合理要求。

《关于人民法院审理离婚案件处理子女抚养问题的若干具体意见》第七条:子女抚育费的数额,可根据子女的实际需要、父母双方的负担能力和当地的实际生活水平确定。有固定收入的,抚育费一般可按其月总收入的百分之二十至三十的比例给付。负担两个以上子女抚育费的,比例可适当提高,但一般不得超过月总收入的百分之五十。无固定收入的,抚育费的数额可依据当年总收入或同行业平均收入,参照上述比例确定。有特殊情况的,可适当提高或降低上述比例。

《关于人民法院审理离婚案件处理子女抚养问题的若干具体意见》第八条:抚育费应定期给付,有条件的可一次性给付。

《关于人民法院审理离婚案件处理子女抚养问题的若干具体意见》第九条:对一方无经济收入或者下落不明的,可用其财物折抵子女抚育费。

《关于人民法院审理离婚案件处理子女抚养问题的若干具体意见》第十条:父母双方可以协议子女随一方生活并由抚养方负担子女全部抚育费。但经查实,抚养方的抚养能力明显不能保障子女所需费用,影响子女健康成长的,不予准许。

《关于人民法院审理离婚案件处理子女抚养问题的若干具体意见》第十一条:抚育费的给付期限,一般至子女十八周岁为止。十六周岁以上不满十八周岁,以其劳动收入为主要生活来源,并能维持当地一般生活水平的,父母可停止给付抚育费。

《关于人民法院审理离婚案件处理子女抚养问题的若干具体意见》第十二条:尚未独立生活的成年子女有下列情形之一,父母又有给付能力的,仍应负担必要的抚育费:(1)丧失劳动能力或虽未完全丧失劳动能力,但其收入不足以维持生活的;(2)尚在校就读的;(3)确无独立生活能力和条件的。

55. 什么是家庭暴力?法律对家庭暴力是如何规定的?

家庭暴力是指发生在家庭内部的暴力行为,它既指肉体上的伤害,如殴打、体罚、行凶、残害、捆绑、限制人身自由等行为,也指精神上的折磨,通常表现为以威胁、恐吓、咒骂、讥讽、凌辱人格等方式,造成对方精神上的痛苦、心理上的压抑等。家庭暴力还包括性虐待。

按照我国法律的规定,实施家庭暴力或虐待家庭成员时,受害人有权提出请求,居民委员会、村民委员会以及所在单位应当予以劝阻、调解;对正在实施的家庭暴力的,受害人有权提出请求,居民委员会、村民委员会应当予以劝阻,公安机关应当予以制止,实施家庭暴力或虐待家庭成员,受害人提出请求的,公安机关应当依照治安管理处罚的法律规定予以行政处罚。对于实施家庭暴力构成犯罪的,依法追究刑事责任。因此,发生了家庭暴力问题,受害人可以向居民委员会、村民委员会、所在单位或者公安机关求助,构成伤害罪或虐待罪的,受害人还可以向人民法院提起刑事自诉。

对于实施家庭暴力的家庭成员,应当承担相应的法律责任。具体包括以下责任:①民事责任。根据《婚姻法》的规定,家庭暴力是法定离婚理由之一,而且受害者可以要求家庭暴力实施者承担损害赔偿的民事责任;②行政法律责任。根据《治安管理处罚法》的规定,对实施家庭暴力尚未构成犯罪的可处以15日以下拘留、200元以下罚款或者警告;③刑事责任。当家庭暴力达到一定的严重程度,即当这种暴力行为具有严重的社会危害性和依法应受刑事处罚的属性时,就触犯了刑法,可能构成虐待罪、侮辱罪、故意伤害罪、故意杀人罪等。

≫法条链接≫

《婚姻法》第四十三条:实施家庭暴力或虐待家庭成员,受害人有权提出请求,居民委员会、村民委员会以及所在单位应当予以劝阻、调解。

对正在实施的家庭暴力,受害人有权提出请求,居民委员会、村民委员会应当予以劝阻;公安机关应当予以制止。

实施家庭暴力或虐待家庭成员,受害人提出请求的,公安机关应当依照治安管理处罚的法律规定予以行政处罚。

《婚姻法》第四十六条:有下列情形之一,导致离婚的,无过错方有权请求损害赔偿:

……

(三)实施家庭暴力的;

……

《婚姻法》第四十五条:对重婚的,对实施家庭暴力或虐待、遗弃家庭成员构成犯罪的,依法追究刑事责任。受害人可以依照刑事诉讼法的有关规定,向人民法院自诉;公安机关应当依法侦查,人民检察院应当依法提起公诉。

56. 离婚时,可以向第三者要求精神损害赔偿吗?

根据我国现行法律的规定,第三者不受法律调整。也就是说,第三者问题目前还只属于一个道德与情感的问题,如果因第三者存在而导致婚姻破裂的,离婚时无过错的一方当事人无权向第三者主张精神损害赔偿,只能向存在过错的自己配偶主张精神损害赔偿。这一点在《婚姻法》中有着间接性的规定,即有配偶者与他人同居的,其配偶在离婚时有权提出精神损害赔偿。

尽管《婚姻法》没有明确地规定第三者的问题,但考虑到第三者毕竟是已婚配偶的某一方行为所致,所以,法律采用的间接性排斥第三者的立法态度,规定了夫妻任何一方必须恪守相互忠诚的义务,以排斥第三者的介入。例如,《婚姻法》第四条规定,夫妻应当互相忠实,互相尊重;家庭成员间应当敬老爱幼,互相帮助,维护平等、和睦、文明的婚姻家庭关系。所以根据婚姻法的这一原则性规定以及有过错一方将承担精神损害赔偿的法律规定,为了维护家庭、社会的和谐,为了给下一代创造良好的成长环境,夫妻任何一方都应当基于法律和道德的约束,远离第三者。

》法条链接》

《婚姻法》第四十六条:有下列情形之一,导致离婚的,无过错方有权请求损害赔偿:

……

(二)有配偶者与他人同居的;

……

《最高人民法院关于适用〈中华人民共和国婚姻法〉若干问题的解释(一)》第二十九条:承担《婚姻法》第四十六条规定的损害赔偿责任的主体,为离婚诉讼当事人中无过错方的配偶。人民法院判决不准离婚的案件,对于当事人基于《婚姻法》第四十六条提出的损害赔偿请求,不予支持。在婚姻关系存续期间,当事人不起诉离婚而单独依据该条规定提起损害赔偿请求的,人民法院不予受理。

《最高人民法院关于贯彻执行民事政策法律若干问题的意见》第三条:因第三者介入而造成的离婚纠纷,首先要分清是非责任,对有过错的一方和第三者,应给予批评教育,或建议有关组织严肃处理。有过错一方提出离婚的,如原来夫妻关系融洽,感情尚未破裂,对方谅解,应着重做调解和好的工作,即使调解无效,也可以判决不准离婚。如果夫妻感情确已破裂,勉强维持夫妻关系不仅使双方长期痛苦,还可能使矛盾激化的,则应会同有关方面,做好思想工作和防范工作,调解离婚无效,应判决离婚。无过错一方提出离婚的,经调解和好无效时,一般应准予离婚。

≫ **案例分析** ≫

李某是一名普通纺织女工,丈夫是公务员。结婚10多年,两人育有一个小孩,本来三口之家幸福和睦。但在2005年1月,李某偶然发现丈夫与陈某的婚外情,并掌握了丈夫与陈某保持了3年亲密交往的证据。从此,李某与丈夫在家里三天一小吵、五天一大吵。其夫不堪忍受,向法院起诉离婚,却被判决不予准许,于是丈夫离家与陈某公然同居。李某恨透了第三者陈某,欲向法院起诉陈某,要求其赔偿自己的精神损失。

法理分析:我国《婚姻法》第四十六条规定:"有下列情形之一,导致离婚的,无过错方有权请求损害赔偿:(一)重婚的;(二)有配偶者与他人同居的;(三)实施家庭暴力的;(四)虐待、遗弃家庭成员的。"由于一方过错导致离婚,无过错方肯定会因此受到损害,该损害包括物质方面的,也包括精神方面的。因此,无过错方有权要求精神损害赔偿。但根据《最高人民法院关于适用〈中华人民共和国婚姻法〉若干问题的解释(一)》第二十九条规定:"承担婚姻法第四十六条规定的损害赔偿责任的主体,为离婚诉讼当事人中无过错方的配偶。人民法院判决不准离婚的案件,对于当事人基于《婚姻法》第四十六条提出的损害赔偿请求,不予支持。在婚姻关系存续期间,当事人不起诉离婚而单独依据该条规定提起损害赔偿请求的,人民法院不予受理。"从该条规定可以看出,就离婚案件中的精神损害赔偿问题,法律不提倡过分扩大,以免产生许多社会负面影响。根据以上《解释(一)》规定,承担精神损害赔偿责任的人只能是离婚夫妻中有过错的一方,第三者不属于此项诉讼的当事人,则本案李某不能向第三者提出精神损害赔偿。

57. 如何认定重婚?重婚的法律后果有哪些?

重婚是指有配偶的人又与他人结婚或以夫妻名义共同生活的行为,或明知他人有配偶而与之结婚或者与之以夫妻名义共同生活的行为。重婚不仅是一种违反婚姻法一夫一妻制基本原则的违法行为,而且也是一种触犯刑法的犯罪行为。

重婚行为会产生两种法律后果:①民事法律后果。就民事责任而言,根据《婚姻法》的规定,重婚当事人的婚姻为无效婚姻。无效婚姻的当事人不具有夫妻的权利和义务。同居期间所得的财产,由当事人协议处理;协议不成时,由人民法院根据照顾无过错方的原则判决。对重婚导致的婚姻无效的财产处理,不得侵害合法婚姻当事人的财产权益。同时,根据《婚姻法》第四十六条之规定,因重婚而导致离婚的,"无过错方有权请求损害赔偿"。所以,就民事责任而言,重婚者在离婚时可能会因此而少分割财产,同时无过错方还可以主张损害赔偿;②刑事法律后果,即犯罪。由公安司法机关依法追究行为人的刑事法律责任。当然,需要强调的是,如果某一方是因为欺骗而重婚的,则不追究被骗一方当事人的刑事法律责任,即不以犯罪论处。否则,双方均以重婚罪定罪量刑。

>> **法条链接** >>

《婚姻法》第四十五条:对重婚的,依法追究刑事责任。受害人可以依照刑事诉讼法的有关规定,向人民法院自诉;公安机关应当依法侦查,人民检察院应当依法提起公诉。

《刑法》第二百五十八条:有配偶而重婚的,或者明知他人有配偶而与之结婚的,处两年以下有期徒刑或者拘役。

58. 在哪些情形下,不得起诉离婚?

提出离婚是夫妻任何一方的权利,但从保护妇女的合法权益和保护军婚的角度出发,《婚姻法》对提出离婚作了如下限制。

男方不得提出离婚的情形:①女方在怀孕期间;②女方在分娩后一年内;③女方中止妊娠后六个月内。前述情形如果是女方提出离婚的,或人民法院认为确有必要受理男方离婚请求的,不在此限。"确有必要"的情形比如男方认为孩子不是自己的孩子。具体的"确有必要受理男方离婚请求的",可以根据当事人的具体情况而定。

无论哪一方提出的离婚,对于下列情形,人民法院不予受理:①调解和好,没有新情况、新理由,六个月内又起诉的;②原告自动撤诉,没有新情况、新理由,六个月内又起诉的;③按撤诉处理的离婚案件,没有新情况、新理由,六个月内又起诉的。

另外,现役军人的配偶是普通公民的,其离婚同样受到一定的限制,由于军人的特殊职业性质,《婚姻法》规定,现役军人的配偶要求离婚,必须得到军人同意,军人一方有重大过错的除外。

>> **法条链接** >>

《婚姻法》第三十三条:现役军人的配偶要求离婚,须得军人同意,但军人一方有重大过错的除外。

《婚姻法》第三十四条:女方在怀孕期间、分娩后一年内或中止妊娠后六个月内,男方不得提出离婚。女方提出离婚的,或人民法院认为确有必要受理男方离婚请求的,不在此限。

59. 离婚时,当事人能否要求退还彩礼?

彩礼又称财礼、聘礼等。我国自古以来婚姻的缔结,就有男方在婚姻约定初步达成时向女方赠送聘金、聘礼的习俗,这种聘金、聘礼俗称"彩礼"。西周时确立并为历朝所沿袭的"六礼"婚姻制度,是"彩礼"习俗的来源。"六礼"即:纳采、问名、纳吉、纳征、请期、亲迎,六礼中的"纳征"是送聘财,就相当于现在所讲的"彩礼"。这种婚姻形式直到中华民国时期都有延续。新中国成立后,我国1950年、1980年《婚姻法》和2001年修改后的《婚姻法》,对婚约和聘礼均未作出规定,且都规定了禁止买卖婚姻和禁止借婚姻索取财物的内容。但目前我国很多地方仍存在把订婚作为结婚的前置程序,在农村尤盛。一旦双方最终不能缔结婚姻,则彩礼的处置问题往往引发纠纷,诉诸法院的案件也逐渐增多。

为有效和妥善解决因彩礼引发的纠纷,最高人民法院的相关司法解释规定,当事人请求返还按照习俗给付的彩礼的,如果查明属于以下情形,人民法院应当予以支持:①双方未办理结婚登记手续的;②双方办理结婚登记手续但确未共同生活的;③婚前给付并导致给付人生活困难的。适用第②、③项的规定,应当以双方离婚为条件。这些规定标志着人民法院正式以司法解释的形式对于彩礼纠纷问题作出了明确规定。

在理解司法解释时,要注意正确理解婚前给付并导致给付人生活困难的情形。《最高人民法院关于适用〈中华人民共和国婚姻法〉若干问题的解释(一)》第二十七条对"生活困难"的含义作出了这样的解释,即《婚姻法》第四十二条所称生活困难是指依靠个人财产和离婚时分得的财产无法维持当地基本生活水平。据此,"生活困难"应当是指绝对困难,而不是相对困难。即所谓绝对困难是实实在在的困难,是因为给付彩礼后,造成其生活靠自己的力量已经无法维持当地最基本的生活水平,而不是与给付彩礼之前相比,财产受到损失,相对于原来的生活条件比较困难了。

≫法条链接≫

《最高人民法院关于适用〈中华人民共和国婚姻法〉若干问题的解释(二)》第十条:当事人请求返还按照习俗给付的彩礼的,如果查明属于以下

情形,人民法院应当予以支持:

(一)双方未办理结婚登记手续的;

(二)双方办理结婚登记手续但确未共同生活的;

(三)婚前给付并导致给付人生活困难的。

适用前款第(二)、(三)项的规定,应当以双方离婚为条件。

继承和收养法律制度

60. 按照法律规定,继承的方式或种类有哪些?

按照我国法律的规定,继承的方式或种类可以归纳为以下几种:

(1)遗嘱继承。公民可以立遗嘱将个人财产指定由法定继承人中的一人或数人继承。具体方式又包括:①自书遗嘱;②代书遗嘱;③录音遗嘱;④口头遗嘱;⑤公证遗嘱;⑥立遗嘱人在设立遗嘱后,对遗嘱中所列财产进行消费、处分使其灭失或所有权转移的,视为对所立遗嘱的变更或撤销;⑦遗嘱人立有数份内容相抵触的遗嘱,其中,有公证遗嘱的,以最后所立的公证遗嘱为准;没有公证遗嘱的,以最后所立的遗嘱为准。自书、代书、录音、口头遗嘱,不得撤销、变更公证遗嘱。

(2)法定继承。即按照《继承法》规定的继承人序列依次继承。第一顺序继承人:配偶、子女、父母。第二顺序继承人:兄弟姐妹、祖父母、外祖父母。继承开始后,才能由第一顺序继承人继承,第二顺序继承人不继承。没有第一顺序继承人继承的,由第二顺序继承人继承。

(3)代位继承:根据我国继承法律、法规的相关规定,代位继承成立的条件有如下几个:①被代位人须为先于被继承人死亡的子女。只有在被继承人的子女先于被继承人死亡时才发生代位继承;②代位人须是被继承人的晚辈直系血亲。代位继承人只能是被代位人的子女及其他晚辈直系血亲。被继承人的孙子女、外孙子女、曾孙子女、外曾孙子女都可以代位继承,代位继承人不受辈数的限制;③被代位人未丧失继承权。继承人丧失继承权的,其晚辈直系血亲也不得代位继承;④代位继承人作为第一顺序继承人参加继承,一般只能继承被代位人应继承的遗产份额。代位继承人为数人的,原则上由数个代位继承人平分被代位人应继承的份额,而不能由数个代位继承人与其他继承人一同按人分配被继承人的遗产;⑤代位继承只适用于法定继承。在遗嘱继承中不发生代位继承。

(4)转继承。转继承是指继承人在开始继承后,遗产分割之前死亡,其应继承的遗产转由他的合法继承人继承的制度。转继承的成立须具备如下条件：①继承人于继承开始后，遗产分配前死亡；②死亡的继承人在被继承人死亡后未放弃继承权。转继承不仅在法定继承中会发生，在遗嘱继承中也会发生，并且遗赠中也会发生遗赠人的法定继承人承受遗赠遗产的情形。

(5)遗赠。公民将个人财产赠给国家、集体或法定继承人以外的人的行为称为遗赠。

(6)遗赠扶养协议。遗赠抚养协议是指遗赠人与抚养人之间为明确相互间遗赠和抚养的权利义务关系而订立的协议。

上述继承方式的效力大小顺序为：遗赠扶养协议＞遗嘱继承＞法定继承。

61. 哪些财产属于遗产，可供继承人分配？

遗产是指被继承人死亡时遗留的个人所有财产和法律规定可以继承的其他财产权益。遗产必须符合三个特征：第一，必须是公民死亡时遗留的财产；第二，必须是公民个人所有的财产；第三，必须是合法财产。这三个条件必须同时具备，才能成为遗产。按照法律的规定，遗产包括以下几项：

(1)公民的合法收入。如工资、奖金、存款利息、从事合法经营的收入、继承或接受赠予所得的财产。

(2)公民的房屋、储蓄、生活用品。

(3)公民的树木、牲畜和家禽。树木主要指公民在宅基地上自种的树木和自留山上种的树木。

(4)公民的文物、图书资料。公民的文物一般指公民自己收藏的书画、古玩、艺术品等。如果上述文物之中有特别珍贵的文物，应按《文物保护法》的有关规定处理。

(5)法律允许公民个人所有的生产资料。如农村承包专业户的汽车、拖拉机、加工机具等，城市个体经营者、华侨和港、澳、台同胞在内地投资所拥有的各类生产资料。

(6)公民的著作权、专利权中的财产权利，即基于公民的著作被出版而获得的稿费、奖金，或者因发明被利用而取得的专利转让费和专利使用费等。

(7)公民的其他合法财产，如公民所有的国库券、债券、股票等有价证券，复员、转业军人的复员费、转业费，公民的离退休金、养老金等。

≫法条链接≫

《继承法》第三条:遗产是公民死亡时遗留的个人合法财产,包括:

(一)公民的收入;

(二)公民的房屋、储蓄和生活用品;

(三)公民的林木、牲畜和家禽;

(四)公民的文物、图书资料;

(五)法律允许公民所有的生产资料;

(六)公民的著作权、专利权中的财产权利;

(七)公民的其他合法财产。

《继承法》第四条:个人承包应得的个人收益,依照本法规定继承。个人承包,依照法律允许由继承人继续承包的,按照承包合同办理。

62. 在农村,出嫁的女儿对父母的遗产享有继承权吗?

按照法律的规定,儿子和女儿的继承权是完全一样的,如果说有什么差别,那就是谁对父母尽得义务多,谁就可以适当多分,谁不尽义务可以少分或者不分。妇女在家庭与男子享有同样的地位,同样要尊敬和赡养自己的父母,不要以为嫁出去了,就可以不赡养父母。我国法律规定继承权男女平等,同样也规定了赡养老人是每个子女应尽的义务,赡养父母也同样男女平等,这也是我们中华民族的传统美德。当然,不可否认,有一些继承纠纷的发生是因为妇女出嫁后对自己的父母不尽赡养义务。按照权利义务相一致的基本法律规则,如果嫁出门的女儿对父母没有尽赡养义务的,在分配遗产时,应当不分或少分。

≫法条链接≫

《婚姻法》第二十四条:父母和子女有相互继承遗产的权利。

《继承法》第九条:继承权男女平等。

《继承法》第十条:遗产按照下列顺序继承:

第一顺序:配偶、子女、父母。

第二顺序:兄弟姐妹、祖父母、外祖父母。

继承开始后,由第一顺序继承人继承,第二顺序继承人不继承。没有第一顺序继承人继承的,由第二顺序继承人继承。

本法所说的子女,包括婚生子女、非婚生子女、养子女和有扶养关系的继子女。

本法所说的父母,包括生父母、养父母和有扶养关系的继父母。

本法所说的兄弟姐妹,包括同父母的兄弟姐妹、同父异母或者同母异父的兄弟姐妹、养兄弟姐妹、有扶养关系的继兄弟姐妹。

《继承法》第十三条:同一顺序继承人继承遗产的份额,一般应当均等。

对生活有特殊困难的缺乏劳动能力的继承人,分配遗产时,应当予以照顾。

对被继承人尽了主要扶养义务或者与被继承人共同生活的继承人,分配遗产时,可以多分。

有扶养能力和有扶养条件的继承人,不尽扶养义务的,分配遗产时,应当不分或者少分。

继承人协商同意的,也可以不均等。

≫案例分析≫

这是一起很简单的继承纠纷案件,但却是目前社会一个典型的缩影。提起诉讼的是三个女儿,被告是母亲及儿子。

原告的父母共生有三女一男,现均已成年,独立生活,1991年原告的父亲经有关部门批准在镇上建了五间店面房,1995年因旧城改造,政府将位于县城内的两套商品房安置给原告父母。后原告父亲生病住院,母亲与女儿为家庭琐事产生矛盾。2010年7月原告的父亲去世后,原告的母亲及弟弟各居住于其中的一套商品房内,五间店面房由原告母亲以其名义出租,租金亦由其母亲收取。2010年底,女儿提出要求分割房产,母亲不同意。大女儿、二女儿遂向法院起诉,三女儿既不申请参加诉讼,又不放弃权利。

三个女儿诉称:父母有两处商品房及五间店面房,父亲去世后,房产被母亲和弟弟居住和出租收益,我们要求对房产依法进行分割,并要求分割母亲所得的租金。

母亲辩称:丈夫生病期间,女儿没有尽到责任。房产是我和丈夫多年奋斗的共有财产,子女没有份额。

儿子辩称:我同意母亲的意见,我确实居住了其中一套住房,但房子不是我的。

问题:本案应当怎样处理?

法理分析:大女儿、二女儿向法院起诉,三女儿既不申请参加诉讼,又不放弃权利,法院依法应当追加三女儿为共同原告。《继承法》第九条规定"继承权男女平等",第十条规定"遗产按照下列顺序继承:第一顺序:配偶、子女、父母",妇女享有与男子平等的继承权。本案中三个女儿均有权继承其父亲的遗产,且其父亲生前未立下遗嘱对财产进行处理,被告未能举证证明其完全享有上述财产,故应按法定继承进行处理。

63. 在分割遗产时,应当坚持哪些法律原则?

在分割遗产时,各继承人除严格按照我国《继承法》规定的男女平等、养老育幼、优先照顾缺乏劳动能力和没有生活来源的继承人的利益、提倡互谅互让、和睦团结的精神外,还必须遵循以下原则:

(1)遗嘱继承优先于法定继承的原则。按照我国法律的规定,继承开始后,按照法定继承办理;有遗嘱的,按照遗嘱继承或者遗赠办理。因此,继承人在分割遗产前要注意死者是否留有遗嘱,如果留有遗嘱,首先应按遗嘱继承方式分割被继承人的财产。虽有遗嘱,但有下列情形之一的,遗产中的有关部分按照法定继承办理:①遗嘱继承人放弃继承或者受遗赠人放弃受遗赠的;②遗嘱继承人丧失继承权的;③遗嘱继承人、受遗赠人先于遗嘱人死亡的;④遗嘱无效部分所涉及的遗产;⑤遗嘱处分的遗产。

(2)保留胎儿继承份额的原则。在分割遗产时,如死者遗有未出生的胎儿,应给胎儿保留应当继承的遗产份额,其应继承的数额一般以共同参加继承的各法定继承人的平均数额为参考数额。如果胎儿生下是活体,这份遗产由胎儿这一继承人继承;如果胎儿出生是死胎,这份遗产由被继承人的继承人继承。

(3)保留物之使用价值的原则。遗产分割应当有利于生产和生活需要,不损害遗产的效用。不宜分割的遗产,可以通过折价、适当补偿或者共有等办法处理。

≫**法条链接**≫

《继承法》第五条:继承开始后,按照法定继承办理;有遗嘱的,按照遗嘱继承或者遗赠办理;有遗赠扶养协议的,按照协议办理。

《继承法》第二十八条:遗产分割时,应当保留胎儿的继承份额。胎儿出生时是死体的,保留的份额按照法定继承办理。

《继承法》第二十九条:遗产分割应当有利于生产和生活需要,不损害遗产的效用。不宜分割的遗产,可以采取折价、适当补偿或者共有等方法处理。

64. 在遗产继承中,男女平等主要表现在哪些方面?

按照我国《继承法》的规定,男女平等主要体现在以下几个方面:

(1)所有的继承人不分男女,一律平等地处于其应在的继承顺序之中。具体包括:第一顺序继承人是指配偶、子女、父母;第二顺序继承人是指兄弟姐妹、祖父母、外祖父母等。该顺序排列不因性别之异而区别对待;丧偶儿媳对公婆、丧偶女婿对岳父母,尽了赡养义务的,作为第一顺序继承人。

(2)所有的继承人不分男女,一律平等地享有继承权。同一顺序继承人继承遗产的份额,一般应当均等。这里的"一般"是指有特殊困难、无生活来源、尽了主要赡养义务的可以多分和有能力不尽扶养、赡养义务的继承人不分或少分的以外的继承人,应当均等。

(3)代位继承中的男女平等。儿子先于父亲死亡,孙子女可代替父亲继承祖父母的遗产,女儿先于父亲去世,外孙子女可以代替母亲继承外祖父母的遗产。这些规定都体现了所有继承人无论男女均有平等享有继承遗产的权利。

≫法条链接≫

《继承法》第十一条:被继承人的子女先于被继承人死亡的,由被继承人的子女的晚辈直系血亲代位继承。代位继承人一般只能继承他的父亲或者母亲有权继承的遗产份额。

《继承法》第十二条:丧偶儿媳对公、婆,丧偶女婿对岳父、岳母,尽了主要赡养义务的,作为第一顺序继承人。

65. 在遗产继承中,如何正确地分割遗产?

按照法律的规定,正确或合理的遗产分割的方式主要有以下几种:

(1)实物分割。遗产分割在不违反分割原则的情况下,可以采取实物分割的方式。对可分物,如粮食,可划分出每个继承人应继承的数量。对不可分物不能作总体的分割,只能作个体的分割,如电视机、冰箱等。对不可分物不能作实物分割的,应当采取折价补偿的办法。

(2)变价分割。对不宜实物分割的遗产,可以将其变卖,再由各继承人按照自己应得的遗产份额的比例进行分割,各自取得与应得遗产份额相对应的价金。

(3)补偿分割。对不宜分割的遗产,如果继承人中有人愿意取得该遗产,则由该继承人取得该遗产的所有权。取得遗产所有权的继承人按照其他继承人应继承份额的比例,分别补偿给其他继承人相应的价金。

(4)保留共有的分割。遗产不宜实物分割,继承人又都愿意取得遗产,或继承人愿意继续保持遗产共有状况的,则可将其作为共同所有的财产,由各继承人按各自应得的遗产份额,确定该项财产所应享有的权利与应分担的义务。如农村中常见的牛、羊等可保持共有。

≫**法条链接**≫

《继承法》第二十九条:遗产分割应当有利于生产和生活需要,不损害遗产的效用。不宜分割的遗产,可以采取折价、适当补偿或者共有等方法处理。

66. 在农村,没有子女的人死亡后遗产由谁继承?

按照我国法律的规定,被继承人的遗产无继承人时,按下列顺序处理其遗产:①被继承人生前负有债务或欠有税款的,以其遗产清偿债务或者税款;②如果被继承人生前以遗嘱方式设定了遗赠的,以其遗产履行遗赠;③如果有继承人以外的依靠被继承人扶养的缺乏劳动能力又没有生活来源的人,或者继承人以外的对被继承人扶养较多的人,应酌情分给其适当遗产;④被继承人生前为集体组织成员的,其所遗留的遗产归该集体组织;非集体组织成员的被继承人遗产,归属国家。

≫**法条链接**≫

《继承法》第三十二条:无人继承又无人受遗赠的遗产,归国家所有;死者生前是集体所有制组织成员的,归所在集体所有制组织所有。

《继承法》第三十三条:继承遗产应当清偿被继承人依法应当缴纳的税款和债务,缴纳税款和清偿债务以他的遗产实际价值为限。超过遗产实际价值部分,继承人自愿偿还的不在此限。

继承人放弃继承的,对被继承人依法应当缴纳的税款和债务可以不负偿还责任。

67. 送养他人的子女是否有权继承亲生父母的遗产?

收养是一种民事法律行为。收养关系一经成立,即产生两个法律后果:一是确立了养子女与养父母之间的权利义务关系;二是消除了养子女与生父母之间的权利义务关系。也就说,孩子一旦送养给他人,并且送养不违反法律的规定,此时,被送养的孩子与亲生父母不再具有法律意义上的父母子女关系,因此,也不能根据继承法等法律的规定享有继承权。当然,如果亲生父母通过遗嘱赋予被送养子女继承权,以及被送养的孩子对亲生父母给予了较多的扶养,在这两种情况下,被送养的人也依法享有一定的继承权。

≫法条链接≫

《收养法》第二十三条:自收养关系成立之日起,养父母与养子女之间的权利义务关系适用法律关于父母子女关系的规定……养子女与生父母及其他近亲属间的权利义务关系,因收养关系的成立而消除。

《继承法》第十四条:对继承人以外的依靠被继承人扶养的缺乏劳动能力又没有生活来源的人,或者继承人以外的对被继承人扶养较多的人,可以分给他们适当的遗产。

≫案例分析≫

王女士小时被姨妈、姨父收养。不久前,王女士的父母因遇车祸双亡,后王女士主动回去料理了父母的后事,并要求继承生父母的遗产。但王女士生父母的兄弟认为她已送养他人,无权继承生父母的遗产。他们的说法有理吗?

法理分析:如果王女士已被伯父母收养,并且送养符合法律规定,与生父母间的权利义务关系自收养关系成立之日起已经消除,她已无权继承生父母的遗产了。

但是,继承生父母遗产有两种特例:第一种情况是,如果生父母生前立有遗嘱,将个人财产的一部分或全部赠与已是别人养子的王某,那么,王某就有权取得赠与的遗产。第二种情况是,如果王某在对养父母尽了赡养义务的同时又对生父母有较多的赡养,且生父母生前又没有以立遗嘱方式赠一定财产给王某,那么,王女士除可以按照法定继承的规定来继承养父母的遗产外,还可以根据《继承法》第十四条关于"继承人以外的对被继承人扶养较多的人,可以分给他们适当的遗产"的规定,分得生父母的适当遗产。

68. 如何撰写合法有效的遗嘱?

书面遗嘱的撰写,一般可以分为自书遗嘱和代书遗嘱两种,不同的撰写方式有不同的要求。

订立自书遗嘱的基本要求:①必须由遗嘱人亲笔书写全文。遗嘱人亲笔书写全文,既可以完全真实的表达本人的意思,又不易为他人伪造、篡改;②遗嘱人应亲笔签名。应由遗嘱人亲笔签名,以示遗嘱为何人所立,内容为书写人的真实意思表示,是遗嘱有效的决定性条件;无亲笔签名的遗嘱无效;③遗嘱人必须注明年、月、日。遗嘱上写明日期,不仅在发生纠纷时有助于辨明真伪,且能辨明遗嘱人书写遗嘱时是否有遗嘱能力;当有几项内容相矛盾的遗嘱时,还有助于判明哪个遗嘱是最后的、具有法律效力的遗嘱。年、月、日三者缺一不可,并尽量使用公历;④自书遗嘱允许遗嘱人涂改、增删、订正。如需涂改、增删、订正,应在改动处注明改动的字数、改动的时间并另行签名。如属实质性修改,应在遗嘱内容之后专段说明修改之处。遗嘱书写完毕之后,一般应由立遗嘱人自己保存,或交专门的遗嘱执行人保存,而一般不应交遗嘱继承人保存,以免对其真实性引起疑问。

代书遗嘱是指在本人不识字、或无能力书写、或不愿亲自书写的情况下,可以由他人代写遗嘱。代书遗嘱包括以下规范程序:①遗嘱人欲立遗嘱时,首先应邀请两名以上见证人到场,并请其中一人做代书人;②由立遗嘱人口述,代书人作记录;③代书完毕,代书人必须向遗嘱人和其他见证人宣读记录即遗嘱全文,或者传阅;并经遗嘱人审阅全文后,至遗嘱人完全同意和认可为止。确认无误后,代书人应注明订立遗嘱的年、月、日和地点,并记明代书人姓名;④由遗嘱人、代书人、见证人签名。如遗嘱人不会写字,应以按手印代替,由代书人在其手印前写明遗嘱人的姓名。总之,代书遗嘱必须具备两个以上见证人,年、月、日及代书人、遗嘱人、其他见证人的签名等要件,缺一不可。

≫**法条链接**≫

《继承法》第十七条第二款:自书遗嘱由遗嘱人亲笔书写,签名,注明年、月、日。

《继承法》第十七条第三款:代书遗嘱应当有两个以上见证人在场见证,由其中一人代书,注明年、月、日,并由代书人、其他见证人和遗嘱人签名。

69. 收养和寄养有哪些不同之处?

收养是一种民事法律行为,养父母和养子女的关系和亲生父母子女间的关系基本相同,收养是一种拟制血亲关系的行为,可以依法成立,也可以依法解除。寄养有多种不同的解释,从法律意义说,它是指父母因特殊原因不能直接履行对子女的抚养义务,把子女寄托在他人家中生活的一种委托代养行为。寄养不发生父母子女关系的变更。

虽然收养和寄养的对象都是未成年人,但二者的区别也是非常明显的,具体表现为:第一,收养主体和收养的对象,法律有严格的规定,而寄养则没有法律上的限制;第二,除依法解除收养关系的,由收养形成的法律关系是持久的或者永恒的,而寄养多数情况下不是永远的,具有时间上的不确定性;第三,收养关系一经成立,将形成养子女与养父母间法律关系,与之同时将消灭生父母子女法律关系。而寄养不存在父母子女关系的变化。

70. 收养应当遵循哪些法律原则?

按照我国《收养法》以及相关法律、法规的规定,收养应当坚持一下五项基本原则:

(1)有利于未成年人的抚养和成长的原则。保障未成年人的健康成长是实行收养制度的首要目的。《收养法》中许多规定体现了有利于未成年人的抚养和成长的原则,比如,《收养法》在规定被收养人的条件方面,将下列不满十四周岁的未成年人列为被收养的对象:丧失父母的孤儿,查找不到生父母的弃婴和儿童,生父母有特殊困难无力抚养的子女。为了保证被收养的未成年人的健康成长,《收养法》还特别规定收养人应当具有抚养教育被收养人的能力。同时,法律严禁借收养名义买卖儿童。

(2)保障被收养人和收养人合法权益的原则。收养关系涉及收养人和被收养人双方的利益,保障被收养人和收养人合法权益的原则体现在我国《收养法》中,例如,被收养人一般应为不满十四周岁的处于特殊生活状态下的未成年人;收养人一般需年满三十周岁,无子女,并且具备抚养教育被收养人的能力;生父母送养子女,须双方共同送养;收养人、送养人要求保守收养秘密的,其他人应当尊重其意愿,不得泄露。

(3)平等自愿的原则。收养关系属于民事法律关系的范畴,收养关系也必须遵循平等自愿原则。平等自愿原则体现在我国《收养法》中,例如,收养人收养与送养人送养,须双方自愿;收养年满十周岁以上未成年人的,应当征求被收养人的同意。收养人与送养人可以协议解除收养关系,如果养子女年满十周岁以上的,应当征得本人同意。收养关系当事人各方或者一方要求办理收养公证的,应当到有资格的公证机构办理收养公证。

(4)不得违背社会公德的原则。收养行为不仅关系着当事人的切身利益,而且还直接涉及社会公共利益,所以,有必要从维护社会公德的立场,对收养子女的行为加以必要的制约。不得违背社会公德的原则体现在我国《收养法》中,例如,无配偶的男性收养女性的,收养人与被收养人年龄应相差四十周岁以上。收养人不履行收养义务,有虐待、遗弃等侵害未成年人养子女合法权益行为的,送养人有权要求解除养父母与养子女的收养关系。因养子女成年后虐待、遗弃养父母而解除收养关系的,养父母可以要求养子女补偿期间支出的生活费和教育费。

(5)不得违背计划生育的法律和法规的原则。我国《收养法》特别规定,收养人一般应为无子女者。送养人不得以送养子女为理由违反计划生育的规定再生育子女。收养人只能收养一名子女。

≫**法条链接**≫

《收养法》第二条:收养应当有利于被收养的未成年人的抚养、成长,保障被收养人和收养人的合法权益,遵循平等自愿的原则,并不得违背社会公德。

《收养法》第三条:收养不得违背计划生育的法律、法规。

71. 哪些人可以作送养人?

送养人是指依法有权利将被收养人送养他人的人。按照法律、法规的规定,有资格作为作送养人的人既包括自然人,也包括法定的社会组织,具体包括:①孤儿的监护人;②社会福利机构;③有特殊困难无力抚养子女的生父母。

上述公民或组织作为送养人,都是被送养人的监护人或监护教养机关。由于有关当事人的合意是收养成立的重要条件,作为当事人一方的送养人,只有是被送养人的父母、其他监护人或监护教养机关时,他们有权与收养人约定收养事宜。而法律规定的可以作送养人的公民、组织正好符合这一要求。

根据我国《民法通则》的规定,未成年人的监护人包括:①父母;②祖父母、外祖父母;③兄、姐;④关系密切的其他亲属、朋友愿意承担监护责任,经未成年人的父母的所在单位或者未成年人住所在地的居民委员会、村民委员会同意的。也就是说,只有这些人才有资格依法送养由其监护的未成年人。

≫**法条链接**≫

《收养法》第五条:下列公民、组织可以作送养人:

(一)孤儿的监护人;

(二)社会福利机构;

(三)有特殊困难无力抚养子女的生父母。

《民法通则》第十六条：未成年人的父母是未成年人的监护人。

未成年人的父母已经死亡或者没有监护能力的，由下列人员中有监护能力的人担任监护人：

(一)祖父母、外祖父母；

(二)兄、姐；

(三)关系密切的其他亲属、朋友愿意承担监护责任，经未成年人的父、母的所在单位或者未成年人住所地的居民委员会、村民委员会同意的。

72. 哪些人可以被他人收养？

虽然监护人有权利送养未成年人，但是，这种权利不得随意行使，首先法律限定了可以被送养的对象。按照法律规定，可以被送养的未成年人必须是十四周岁以下，而且还必须具备下列情形之一：一是丧失父母的孤儿；二是查找不到生父母的弃婴和儿童；三是生父母有特殊困难无力抚养的子女。有特殊困难无力抚养的子女，是指有生父母或生父母一方死亡，但其生父母或生父、生母有特殊困难不能抚养教育的未满十四周岁的子女，如生父母重病、重残，无力抚养教育的子女，或由于自然灾害等原因造成其生父母无力抚养的子女，以及非婚生子女等。

法律作出这种限制性规定的原因在于：第一，有利于收养关系的稳定。因为收养人与被收养人之间本无自然血缘关系，如果被收养人年龄过大，很难消除他们与其生父母已经形成的父母子女之情，也不易与养父母之间建立起浓厚感情，以致影响收养关系的稳定；第二，符合收养的目的。收养的本意就是为了使那些无人抚养或父母无力抚养的孩子，在养父母的抚养教育下，享受家庭的温暖，得以健康成长。另外，考虑到我国民间习惯，《收养法》还规定收养三代以内同辈旁系血亲的子女可以不受被收养人不满十四周岁的限制。

≫法条链接≫

《收养法》第四条：下列不满十四周岁的未成年人可以被收养：

(一)丧失父母的孤儿；

(二)查找不到生父母的弃婴和儿童；

(三)生父母有特殊困难无力抚养的子女。

73. 收养他人未成年的孩子应当具备哪些条件？

收养他人的孩子必须要具备收养人的法定条件。收养人需要具备一定的条件才可以收养被收养人。收养所引起的法律关系的变化包括：一是在收养人和被收养人之间产生法定的父母子女关系；二是被收养人与其生父母之间的父母子女关系以及基于此的其他亲属关系同时消灭。符合条件的当事人在自愿、平等、协商的基础上，达成收养协议，按照法律规定的程序报主管机关进行收养登记后，收养关系便产生法律效力。

收养人应当同时具备三个条件：第一，无子女，主要是指夫妇一方或双方已无生育能力和无配偶者无子女；第二，有抚养教育被收养人的能力，主要包括经济条件、健康条件和教育子女的能力等；第三，年满三十五周岁。《收养法》规定无配偶的男性收养女性的，收养人与被收养人的年龄应当相差四十周岁以上。

另外，按照法律规定，收养人还应当具有一定条件的证明，包括收养人的收养申请；收养人所在街道居委会或村委会的证明，证明是当地居民，有收养要求；收养人的体检，证明身体健康，有条件抚养孩子；收养人的身份证和户口簿；收养人所在地派出所的证明，证明收养人无犯罪记录；如果收养福利院的孩子，需要给福利院交一定的孩子抚养费。

≫法条链接≫

《收养法》第六条：收养人应当同时具备下列条件：

（一）无子女；

（二）有抚养教育被收养人的能力；

（三）未患有在医学上认为不应当收养子女的疾病；

（四）年满三十周岁。

《收养法》第七条：收养三代以内同辈旁系血亲的子女，可以不受本法第四条第三项、第五条第三项、第九条和被收养人不满十四周岁的限制。

华侨收养三代以内同辈旁系血亲的子女，还可以不受收养人无子女的限制。

《收养法》第九条：无配偶的男性收养女性的，收养人与被收养人的年龄应当相差四十周岁以上。

《收养法》第十四条：继父或者继母经继子女的生父母同意，可以收养继子女，并可以不受本法第四条第三项、第五条第三项、第六条和被收养人不满十四周岁以及收养一名的限制。

《收养法》第十五条：收养应当向县级以上人民政府民政部门登记。收养关系自登记之日起成立。收养查找不到生父母的弃婴和儿童的，办理登记的民政部门应当在登记前予以公告。

74. 收养人可以收养几个子女？

按照法律的规定，有法定资格的收养人只能收养一名子女。这种制度设计主要是考虑到实行收养不能违背"一对夫妇只能生育一个孩子"的计划生育原则。另外，收养人只收养一名子女，也有利于被收养人的健康成长。但是，孤儿或者残疾儿童可以不受收养人无子女和年满三十五周岁以及收养一名的限制。这主要是考虑到孤儿和残疾儿童的特殊情况，如孤儿可能有兄弟姐妹，并且愿意在一起生活；残疾儿童难于找到收养人等。所以，适当放宽收养人的条件，既可为国家减轻负责，也有利于孤儿和残疾儿童的生活和成长。

≫法条链接≫

《收养法》第八条：收养人只能收养一名子女。

收养孤儿、残疾儿童或者社会福利机构抚养的查找不到生父母的弃婴和儿童，可以不受收养人无子女和收养一名的限制。

75. 合法的收养从什么时间正式确立？

按照法律的规定，合法收养的正式确立因为收养人和送养人国籍身份的不同而有所不同，大致有以下三种方式：

(1)中国公民(包括港澳同胞、台湾居民和华侨)收养查找不到生父母的弃婴和儿童以及社会福利机构抚养的孤儿，应当亲自向民政部门办理收养登记。收养关系自登记之日起成立。

(2)中国公民(包括港澳同胞、台湾居民和华侨)收养生父母有特殊困难无力抚养的子女、收养未经社会福利机构抚养的孤儿以及继父(母)收养继子女的，应当由收养人、送养人依照《收养法》规定的收养、送养条件订立书面协议，并可以办理收养公证。收养人或者送养人要求办理收养公证的，应当办理收养公证。收养关系自协议生效之日起成立。

(3)外国人(包括外籍华人)在中华人民共和国收养子女，应当亲自向民政部门登记，并到指定的公证处办理收养公证。收养关系自公证证明之日起成立。

≫**法条链接**≫

《收养法》第二十一条:外国人依照本法可以在中华人民共和国收养子女。

外国人在中华人民共和国收养子女,应当经其所在国主管机关依照该国法律审查同意。收养人应当提供由其所在国有权机构出具的有关收养人的年龄、婚姻、职业、财产、健康、有无受过刑事处罚等状况的证明材料,该证明材料应当经其所在国外交机关或者外交机关授权的机构认证,并经中华人民共和国驻该国使领馆认证。该收养人应当与送养人订立书面协议,亲自向省级人民政府民政部门登记。

收养关系当事人各方或者一方要求办理收养公证的,应当到国务院司法行政部门认定的具有办理涉外公证资格的公证机构办理收养公证。

《中国公民收养子女登记办法》第七条:收养登记机关收到收养登记申请书及有关材料后,应当自次日起三十日内进行审查。对符合收养法规定条件的,为当事人办理收养登记,发给收养登记证,收养关系自登记之日起成立;对不符合收养法规定条件的,不予登记,并对当事人说明理由。

76. 办理收养登记的主体和参与人有哪些?

按照相关法规、规章的规定,办理收养登记机关是县级以上人民政府的民政部门;收养查找不到生父母的弃婴和儿童,在弃婴和儿童被发现地民政部门的收养登记机关办理收养登记;收养福利机构抚养的孤儿,在社会福利机构所在地民政部门的收养登记机关办理收养登记。根据民政部的相关规定,申请收养人是外国人(包括外籍华人),须亲自到被收养人户籍所在地省级人民政府的民政部门及其指定的收养登记机关办理收养登记。

另外,按照法律的规定,有配偶者收养子女,须夫妻共同收养;收养人收养与送养人送养须双方自愿;收养年满十周岁以上未成年人的,应当征得被收养人的同意。因此,在办理收养登记时,收养人应当亲自到收养登记机关。有配偶者双方都应亲自到场,一方不能亲自到场的,须出具经公证的委托收养书。年满十周岁以上未成年的被收养人,也须亲自到场。外国人收养中国子女,送养人是公民的,也必须亲自到收养登记机关办理收养登记。

≫**法条链接**≫

《中国公民收养子女登记办法》第二条:中国公民在中国境内收养子女

或者协议解除收养关系的,应当依照本办法的规定办理登记。办理收养登记的机关是县级人民政府民政部门。

《中国公民收养子女登记办法》第四条:收养关系当事人应当亲自到收养登记机关办理成立收养关系的登记手续。

夫妻共同收养子女的,应当共同到收养登记机关办理登记手续;一方因故不能亲自前往的,应当书面委托另一方办理登记手续,委托书应当经过村民委员会或者居民委员会证明或者经过公证。

77. 收养人申请办理收养登记时应带齐哪些证件和材料?

按照相关法规、规章的规定,申请收养人到收养登记机关申请办理收养登记时,应向收养登记机关提交本人的居民身份证和户口簿,写有本人年龄、婚姻、家庭成员、健康、有无抚养教育被收养人的能力等状况的有效证明。

申请收养社会福利机构抚养的孤儿,须提供该社会福利机构出具的同意送养的证明;申请收养弃婴须提供有关主管机关出具的查找不到其生父母的证明;申请收养有残疾的儿童,还须提供县级医疗单位出具的残疾状况的证明;此外,申请人还应向登记机关提交写明其收养目的、不虐待、不遗弃被收养人和抚育被收养人健康成长的书面保证。

申请收养人是职工的,须由其所在单位的人事部门为其出具写明本人年龄、婚姻、家庭成员等情况的证明;申请收养人如无工作单位,所需证明材料应由其所在居民委员会为其出具,并加盖街道办事处公章;申请收养人是农民的,由其所在地的村民委员会出具证明材料并须加盖乡、镇人民政府公章。

≫ **法条链接** ≫

《中国公民收养子女登记办法》第五条:收养人应当向收养登记机关提交收养申请书和下列证件、证明材料:

(一)收养人的居民户口簿和居民身份证;

(二)由收养人所在单位或者村民委员会、居民委员会出具的本人婚姻状况、有无子女和抚养教育被收养人的能力等情况的证明;

(三)县级以上医疗机构出具的未患有在医学上认为不应当收养子女的疾病的身体健康检查证明。

收养查找不到生父母的弃婴、儿童的,并应当提交收养人经常居住地计划生育部门出具的收养人生育情况证明;其中收养非社会福利机构抚养的查找不到生父母的弃婴、儿童的,收养人还应当提交下列证明材料:(1)收养人经常居住地计划生育部门出具的收养人无子女的证明;(2)公安机关出具的捡拾弃婴、儿童报案的证明。

78. 收养登记离不开送养人到场配合,送养子女时应当向收养登记机关提交哪些材料?

按照相关法规、规章的规定,收养登记离不开送养人的到场配合,而且还必须依法提交相关书面材料,否则,登记无法进行或者登记无效。送养人应当向收养登记机关提交下列证件和证明材料:①送养人的身份证明;②送养人自愿送养未成年人孩子的书面意见;③社会福利机构、计划生育主管部门出具的相关证明材料等。

≫ **法条链接** ≫

《中国公民收养子女登记办法》第六条:送养人应当向收养登记机关提交下列证件和证明材料:

(1)送养人的居民户口簿和居民身份证(组织作监护人的,提交其负责人的身份证件);

(2)收养法规定送养时应当征得其他有抚养义务的人同意的,并提交其他有抚养义务的人同意送养的书面意见。

社会福利机构为送养人的,并应当提交弃婴、儿童进入社会福利机构的原始记录,公安机关出具的捡拾弃婴、儿童报案的证明,或者孤儿的生父母死亡或者宣告死亡的证明。

监护人为送养人的,并应当提交实际承担监护责任的证明,孤儿的父母死亡或者宣告死亡的证明,或者被收养人生父母无完全民事行为能力并对被收养人有严重危害的证明。

生父母为送养人的,并应当提交与当地计划生育部门签订的不违反计划生育规定的协议;有特殊困难无力抚养子女的,还应当提交其所在单位或者村民委员会、居民委员会出具的送养人有特殊困难的证明。其中,因丧偶或者一方下落不明由单方送养的,还应当提交配偶死亡或者下落不明的证明;子女由三代以内同辈旁系血亲收养的,还应当提交公安机关出具的或者经过公证的与收养人有亲属关系的证明。

被收养人是残疾儿童的,并应当提交县级以上医疗机构出具的该儿童的残疾证明。

79. 收养关系在什么情况下可以解除？

根据法律的规定，收养人在被收养人成年以前，不得解除收养关系，但收养人、送养人双方协议解除的除外，养子女年满十周岁的，还应征得被养人同意，才能解除收养关系。

另外，有下列情况的也可解除收养关系：①收养人不履行抚养义务，有虐待、遗弃等侵害未成年养子女合法权益行为的，送养人要求解除收养关系的，可以解除。这里的送养人是指由养子女的生父母或其他有抚养义务的人作为送养人的和社会福利机构作为送养人的两种；②养父母与成年养子女关系恶化，无法共同生活的，可以解除收养关系。

》法条链接》

《收养法》第二十六条：收养人在被收养人成年以前，不得解除收养关系，但收养人、送养人双方协议解除的除外，养子女年满十周岁以上的，应当征得本人同意。

收养人不履行抚养义务，有虐待、遗弃等侵害未成年养子女合法权益行为的，送养人有权要求解除养父母与养子女间的收养关系。送养人、收养人不能达成解除收养关系协议的，可以向人民法院起诉。

《收养法》第二十七条：养父母与成年养子女关系恶化、无法共同生活的，可以协议解除收养关系。

80. 如何解除收养关系？

按照法律的规定，当事人解除收养关系应当达成书面协议。收养关系是经民政部门登记成立的，应当到民政部门办理解除收养关系的登记。另外，收养关系是经公证证明的，应当到公证处办理解除收养关系的公证证明。据此，当事人协议解除收养关系有三种情况：①依照《收养法》不需要到民政部门登记，也未到公证处公证，而是由当事人双方协议成立的收养关系，解除时只要收养人、送养人双方依法达成协议（养子女年满十周岁以上的，应当征得本人同意）即可；②收养关系是经民政部门登记成立的，也就是说，被收养人在收养关系成立前是弃婴或社会福利院抚养的孤儿，应当到民政部门的收养登记机关办理解除收养关系的登记；③收养关系是依当事人协议成立的，并依当事人自愿到当地公证处办理收养关系公证证明的,当事人达成解除收养关系的协议后,还应当到公证处办理解除收养关系的公证证明。

除上述情形外,还一种判决解除的形式,即收养关系人经协议不成,可依法向人民法院提起诉讼,提起诉讼的当事人可以是收养人,也可以是送养人,还可以是成年的被送养人。

≫ **法条链接** ≫

《收养法》第二十八条:当事人协议解除收养关系的,应当到民政部门办理解除收养关系的登记。

《中国公民收养子女登记办法》第十二条:申请办理解除收养关系的登记时,申请人须向收养登记机关提交收养人和被收养人的居民身份证和户籍证明、《收养证》、解除收养关系协议书。

《中国公民收养子女登记办法》第十三条:收养登记机关经审查,对符合《收养法》规定的解除收养关系条件的,准予解除,收回《收养证》,发给《解除收养证》。

合同和担保法律制度

81. 任何合同或协议都可以适用《合同法》来规范和调整吗？

并不是任何种类或形式的合同都可以适用《合同法》来规范和调整。对这个问题的把握，首先应当正确理解《合同法》及其所规定的合同的性质。合同法是调整平等主体的自然人、法人、其他组织之间设立、变更、终止民事权利义务关系的法律规范的总称。中国现行《合同法》，于1999年3月15日第九届全国人民代表大会第二次会议通过，1999年10月1日正式实施。

合同是指平等主体的双方或多方当事人(自然人或法人)关于建立、变更、终止民事法律关系的协议，也有人将其称为协议、协约、约定等。它具有如下几方面的特征：①合同是双方的法律行为，即需要两个或两个以上的当事人互为意思表示；②双方当事人意思表示须达成协议，即意思表示要一致；③合同以发生、变更、终止民事法律关系为目的；④合同是当事人在符合法律规范要求条件下而达成的协议，故应为合法行为。

以下几类合同或协议不适用《合同法》：

(1)劳动合同。劳动合同是劳动者与用人单位确立劳动关系，明确双方权利与义务的协议。由于劳动合同不同于传统民法上的雇佣关系，它具有较强的国家干预色彩，所以，不能依照《合同法》予以调整，必须依照《劳动法》和《劳动合同法》加以调整。

(2)行政合同。行政合同是行政主体在政府管理过程中依法与相对人签订的有关权利义务协议。它是一种政府借助合同手段实现行政职能的法律行为，目的是为了实现公共利益。所以，它也不适用合同法调整，而适用行政法调整。

(3)婚姻、收养、继承、监护等有关身份关系所签订的合同或协议，也不属于《合同法》调整的范围，而适用婚姻法、继承法、收养法等法律来调整。

(4)国家之间签订的协议、协定、条约或公约等。这些合同适用国际法来调整。

>> **法条链接** >>

《合同法》第二条:本法所称合同是平等主体的自然人、法人、其他组织之间设立、变更、终止民事权利义务关系的协议。

婚姻、收养、监护等有关身份关系的协议,适用其他法律的规定。

82. 与农民关系密切的合同有哪几种?

与农民关系密切的合同主要有以下几种:

第一,购销合同。所谓购销合同,也叫买卖合同,是指当事人双方约定一方给付标的物并转移所有权,而另一方支付价款并接受标的物的合同。农民交售定购粮、购买农业生产资料、出售果品等都属于购销合同范畴。

第二,加工承揽合同。所谓加工承揽合同,是指承揽方按照定作方提出的要求完成一定的工作,定作方接受承揽方完成的工作成果并支付约定的报酬的合同。

第三,货物运输合同。所谓货物运输合同,是指承运人按照托运人的要求将货物运送到目的地并收取运输费用的合同,包括铁路货物运输合同、公路货物运输合同、水路货物运输合同和航空货物运输合同。

第四,借款合同。所谓借款合同,是指贷款方将一定的数量的货币交付给借款方,借款方按照约定的时间归还货币并支付利息的合同。

第五,财产保险合同。所谓财产保险合同,是指投保人交付保险费,保险人在保险的财产发生自然灾害或者意外事故遭受损失时予以补偿的合同。

83. 如何正确理解《合同法》的平等原则?

平等原则是指地位平等的合同当事人,在权利义务对等的基础上,经充分协商达成一致,以实现互利互惠的经济利益目的的原则。这一原则包括以下三个方面的内容:

(1)合同当事人的法律地位一律平等。在法律上,合同当事人是平等主体,没有高低、从属之分,不存在命令者与被命令者、管理者与被管理者。这意味着不论所有制性质,也不问单位大小和经济实力的强弱,其地位都是平等的。

(2)合同中的权利义务对等。所谓"对等",是指享有权利,同时就应承担义务,而且,彼此的权利、义务是相应的。这要求当事人所取得财产、劳务或工作成果与其履行的义务大体相当;要求一方不得无偿占有另一方的财产,侵犯他人权益;要求禁止平调和无偿调拨。

（3）合同当事人必须就合同条款充分协商,取得一致,合同才能成立。合同是双方当事人意思表示一致的结果,是在互利互惠基础上充分表达各自意见,并就合同条款取得一致后达成的协议。因此,任何一方都不得凌驾于另一方之上,不得把自己的意志强加给另一方,更不得以强迫命令、胁迫等手段签订合同。平等还意味着在协商的过程中,任何单位和个人不得非法干涉。

≫**法条链接**≫

《合同法》第三条:合同当事人的法律地位平等,一方不得将自己的意志强加给另一方。

84. 如何正确理解《合同法》的自愿原则?

自愿原则是《合同法》的重要基本原则,合同当事人通过协商,自愿决定和调整相互权利义务关系。自愿原则体现了民事活动的基本特征,是民事关系区别于行政法律关系的重要表现。民事活动除法律强制性的规定外,由当事人自愿约定。自愿原则也是发展社会主义市场经济的要求,随着社会主义市场经济的发展,合同自愿原则就越来越显得重要。

自愿原则意味着合同当事人即市场主体自主、自愿地进行交易活动,让合同当事人根据自己的知识、认识和判断以及直接所处的相关环境去自主选择自己所需要的合同,去追求自己最大的利益。合同当事人在法定范围内就自己的交易自主选择和判断,不受非法干预。自愿原则保障了合同当事人在交易活动中的主动性、积极性和创造性,而市场主体越活跃,活动越频繁,市场经济才越能真正得到发展,从而提高效率,增进社会财富积累。

自愿原则贯彻于合同活动全过程具体表现为:第一,订不订立合同自愿。当事人依自己意愿自主决定是否签订合同;第二,与谁订合同自愿。在签订合同时,有权选择对方当事人;第三,合同内容由当事人在不违法的情况下自愿约定;第四,在合同履行过程中,当事人可以协议补充、协议变更有关内容;第五,双方也可以协议解除合同;第六,可以约定违约责任,在发生争议时,当事人可以自愿选择解决争议的方式。总之,只要不违背法律、行政法规强制性的规定,合同当事人有权自愿决定。

当然,自愿也不是绝对的。当事人订立合同、履行合同,应当遵守法律、行政法规,尊重社会公德,不得扰乱社会经济秩序,损害社会公共利益。

≫**法条链接**≫

《合同法》第四条：当事人依法享有自愿订立合同的权利，任何单位和个人不得非法干预。

85. 如何正确理解《合同法》的诚实信用原则？

诚实信用原则要求当事人在订立、履行合同，以及合同终止后的全过程中，都要诚实，讲信用，相互协作。诚实信用原则具体包括三个方面的内容：第一，在订立合同时，不得有欺诈或其他违背诚实信用的行为；第二，在履行合同义务时，当事人应当遵循诚实信用的原则，根据合同的性质、目的和交易习惯，履行及时通知、协助、提供必要的条件、防止损失扩大、保密等义务；第三，合同终止后，当事人也应当遵循诚实信用的原则，根据交易习惯，履行通知、协助、保密等义务，称为"后契约义务"。

诚实信用原则作为《合同法》基本原则的意义和作用，主要有以下两个方面：第一，将诚实信用原则作为指导合同当事人订立合同、履行合同的行为准则，有利于保护合同当事人的合法权益，更好地履行合同义务；第二，合同没有约定或约定不明确而法律又没有规定的，可以根据诚实信用原则进行解释。

≫**法条链接**≫

《合同法》第六条：当事人行使权利、履行义务应当遵循诚实信用原则。

86. 为什么《合同法》确立不得损害社会公共利益原则？

遵守法律，尊重公德，不得扰乱社会经济秩序，损害社会公共利益，是《合同法》的重要基本原则。一般来讲，合同的订立和履行，属于合同当事人之间的民事权利义务关系，主要涉及当事人的利益，只要当事人的意思不与强制性规范、社会公共利益和社会公德相抵触，就承认合同的法律效力，国家及法律尽可能尊重合同当事人的意思，一般不予干预，由当事人自主约定，采取自愿的原则。但是，合同绝不仅仅是当事人之间的问题，有时可能涉及社会公共利益和社会公德，涉及维护经济秩序，合同当事人的意思应当在法律允许的范围内表示，不是想怎么样就怎么样。为了维护社会公共利益，维护正常的社会经济秩序，对于损害社会公共利益、扰乱社会经济秩序的行为，国家应当予以干预。至于干预的内容范围和干预的方式，都要依法进行，由法律、行政法规作出规定。

不得损害社会公共利益原则与自愿原则看似矛盾，实则是一致的。一方面，自愿原则鼓励交易,促进交易的开展,发挥当事人的主动性、积极性和创造性,以活跃市场经济;另一方面,当事人必须遵守法律的原则,保证交易在遵守公共秩序和善良风俗的前提下进行,使市场经济有一个健康、正常的道德秩序和法律秩序。所以说,遵守法律原则和自愿原则是不矛盾的,自愿是以遵守法律、不损害社会公共利益为前提;同时,只有遵守《合同法》,依法订立合同、履行合同,才能更好地体现和保护当事人在合同活动中的自愿原则。依法保护当事人的合法权益同依法禁止滥用民事权利是统一的。

在法律、行政法规有关合同条文的规定中,有强制性的规定,也有非强制性规定。对强制性规定,当事人在合同活动中是必须执行的。例如,禁止非法借贷,不得恶意串通损害国家、集体或者第三人利益等。对非强制性规定,由当事人自愿选择。例如,合同法规定,合同内容由当事人约定,合同生效后当事人对质量、价款或者报酬、履行地点等内容没有约定或者约定不明确的,由当事人协议补充。正确认识以上两种不同的规定,有助于指导当事人在遵守法律、行政法规的前提下,自主、自愿地从事订立合同、履行合同等合同活动。

≫**法条链接**≫

《合同法》第七条:当事人订立、履行合同,应当遵守法律、行政法规,尊重社会公德,不得扰乱社会经济秩序,损害社会公共利益。

87. 合同订立需要哪几个阶段?

按照《合同法》的规定,订立合同需要经过要约与承诺两个阶段。

所谓的要约,是指希望和他人订立合同的意思表示。要约可以是书面的,也可以是口头的。要约的成立应当具备以下几方面的构成要件:①要约人应是具有缔约能力的特定人;②要约的内容须具体、确定;③要约具有缔结合同的目的,并表示要约人受其约束;④要约必须发给希望与其订立合同的受要约人;⑤要约应以明示方式发出;⑥要约必须送达于受要约人。

所谓的承诺,是指受要约人同意要约的意思表示。承诺应以明示方式作出,而且要在要约规定的期限内到达要约人才发生效力。承诺应当具备下列条件:

(1)承诺必须由受要约人作出。要约和承诺都是相对人的行为,要约只对要约人和受要约人有拘束力,因此,只有受要约人才有承诺的能力。受要约人的承诺,可以由其本人或其代理人作出,无行为能力人由其监护人作出。其他人作出的承诺的意思表示,不产生合同成立的法律效果,但可以视为一项要约。

（2）承诺必须向要约人作出。承诺是对要约的同意,只对要约人和受要约人有拘束力。对要约人以外的人作出的承诺,合同不能成立。向要约人的代理人进行承诺,与向要约人本人承诺具有相同的法律效力。

（3）承诺的内容须与要约的内容一致。承诺是受要约人愿意按照要约的全部内容与要约人订立合同的意思表示,所以,承诺欲取得成立合同的法律效果,就必须在内容上与要约的内容一致,否则,便不能成立合同。如果受要约人在承诺中对要约的内容作出实质变更的,便不构成承诺,而应视为对原要约的拒绝所作出的一项新的要约,或称反要约。

（4）承诺应在要约有效期内作出。承诺的这一要件,依要约是否规定承诺期限分为两种情况:定有承诺期限的要约,承诺须于期限内作出方为有效承诺;未定有承诺期限的要约,如口头要约的,承诺须由受要约人立即作出才有效,但当事人另有约定的除外;如是以非对话方式作出的,则应由受要约人在合理期限内作出承诺。有效期间经过后作出的承诺,称为迟到承诺,不能发生承诺的效力,应视为新要约。

>>**法条链接**>>

《合同法》第十三条:当事人订立合同,采取要约、承诺方式。

《合同法》第十四条:要约是希望和他人订立合同的意思表示,该意思表示应当符合下列规定:

（一）内容具体确定;

（二）表明经受要约人承诺,要约人即受该意思表示约束。

《合同法》第二十一条:承诺是受要约人同意要约的意思表示。

《合同法》第二十二条:承诺应当以通知的方式作出,但根据交易习惯或者要约表明可以通过行为作出承诺的除外。

88. 《合同法》中规定的"要约撤回"、"要约撤销"、"要约消灭"三个法律术语分别是什么意思?

这三个法律概念看似相同,但其含义和法律规定均不相同。要约的撤回是指在要约发生法律效力之前,要约人使其不发生法律效力而取消要约的行为。要约的撤销是指在要约发生法律效力之后,要约人使其丧失法律效力而取消要约的行为。要约的撤回与要约的撤销在本质上是一样的,都是否定了已经发出去的要约。其区别在于:要约的撤回发生在要约生效之前,而要约的撤销则是发生在要约生效之后。

而要约的消灭实际上就是要约失效,它是指要约生效后,因特定事由而使其丧失法律效力,要约人和受要约人均不受其约束。要约因如下原因而消灭:①要约人依法撤销要约。要约因要约人依法撤销而丧失效力;②拒绝要约的通知到达要约人。受要约人拒绝要约的方式通常有通知、保持沉默等。要约因被拒绝而消灭,一般发生在受要约人为特定的情况下。对不特定人所作的要约,并不因某特定人表示拒绝而丧失效力;③承诺期限届满,受要约人未作出承诺。若要约人在要约中确定了承诺期间,则该期间届满要约丧失效力;若要约人未确定承诺期间,则在经过合理期间后要约丧失效力;④受要约人对要约内容作出实质性变更。在受要约人回复时,对要约的内容作实质性变更的,视为新要约,原要约失效。

≫**法条链接**≫

《合同法》第十七条:要约可以撤回。撤回要约的通知应当在要约到达受要约人之前或者与要约同时到达受要约人。

《合同法》第十八条:要约可以撤销。撤销要约的通知应当在受要约人发出承诺通知之前到达受要约人。

《合同法》第十九条:有下列情形之一的,要约不得撤销:

(一)要约人确定了承诺期限或者以其他形式明示要约不可撤销;

(二)受要约人有理由认为要约是不可撤销的,并已经为履行合同作了准备工作。

《合同法》第二十条:有下列情形之一的,要约失效:

(一)拒绝要约的通知到达要约人;

(二)要约人依法撤销要约;

(三)承诺期限届满,受要约人未作出承诺;

(四)受要约人对要约的内容作出实质性变更。

89. 什么是"要约邀请"?它与要约有哪些区别?

要约邀请也被称为"要约引诱",是指行为人作出的邀请他方向自己发出要约的意思表示。要约邀请虽然也是为订立合同作准备,但其目的是为了引发要约,其本身不是要约,如招标公告、拍卖公告、一般商业广告、寄送价目表、招股说明书等。但商业广告的内容符合要约规定的,视为要约。

从法律性质上看,要约是当事人旨在订立合同的意思表示,一经承诺,就有产生合同的可能性,所以,要约在发生以后,对要约人和受约人都应生一定的拘束力。如果要约人违反了有效的要约,应承担法律责任。但要约邀请不是一种意思表示,而是一种事实行为,也就是说,要约邀请是当事人为了避免和减少因要约内容不全、市场环境变化等各种因素可能造成的对要约人的损害,而向潜在的、不特定的合同对方当事人发出信息,希望他们和自己就订立合同事宜,进行具体的谈判和磋商。

≫法条链接≫

《合同法》第十五条:要约邀请是希望他人向自己发出要约的意思表示。寄送的价目表、拍卖公告、招标公告、招股说明书、商业广告等为要约邀请。

商业广告的内容符合要约规定的,视为要约。

90. 承诺何时发生法律效力?如果出现承诺超期与承诺延误,合同还能生效吗?

按照《合同法》规定,承诺应当在要约确定的期限内到达要约人。承诺不需要通知的,根据交易习惯或者要约的要求作出承诺的行为时生效。

采用数据电文形式订立合同的,收件人指定特定系统接收数据电文的,该数据电文进入该特定系统的时间,视为到达时间;未指定特定系统的,该数据电文进入收件人的任何系统的首次时间,视为到达时间。要约没有确定承诺期限的,承诺应当依照下列规定到达:

(1)要约以对话方式作出的,应当即时作出承诺,但当事人另有约定的除外;

(2)要约以非对话方式作出的,承诺应当在合理期限内到达。

承诺超期是指受要约人因主观上的原因超过承诺期限而发出承诺,导致承诺迟延到达要约人。受要约人超过承诺期限发出承诺的,除要约人及时通知受要约人该承诺有效的以外,为新要约。

承诺延误是指受要约人发出的承诺由于外界原因而延迟到达要约人。受要约人在承诺期限内发出承诺,按照通常情形能够及时到达要约人,但因其他原因承诺到达要约人时超过承诺期限的,除要约人及时通知受要约人因承诺超过期限不接受该承诺的以外,该承诺有效。

≫法条链接≫

《合同法》第二十五条:承诺生效时合同成立。

《合同法》第二十六条:承诺通知到达要约人时生效。承诺不需要通知的,根据交易习惯或者要约的要求作出承诺的行为时生效。

采用数据电文形式订立合同的,承诺到达的时间适用本法第十六条第二款的规定。

《合同法》第二十八条:受要约人超过承诺期限发出承诺的,除要约人及时通知受要约人该承诺有效的以外,为新要约。

《合同法》第二十九条:受要约人在承诺期限内发出承诺,按照通常情形能够及时到达要约人,但因其他原因承诺到达要约人时超过承诺期限的,除要约人及时通知受要约人因承诺超过期限不接受该承诺的以外,该承诺有效。

91. 按照《合同法》的规定,当事人订立的合同一般应包括哪些内容?

按照《合同法》的规定,当事人订立的合同一般应包括以下几项内容:

(1)当事人的名称或姓名和住所。该条款主要反映合同当事人基本情况。自然人的姓名是指经户籍登记管理机关核准登记的正式用名,自然人的户口所在地为住所地,若其经常居住地与户口所在地不一致的,以其经常居住地作为住所地。法人、其他组织的名称是指经登记主管机关核准登记的名称,如公司必须以营业执照上的名称为准,法人和其他组织的住所是指它们的主要办事机构所在地或主要营业地为住所地。

(2)合同标的。标的是合同当事人权利义务指向的对象。法律禁止的行为或者禁止流通物不得作为合同标的。按合同标的内容可以分为财产、行为、工作成果。财产包括有形财产和无形财产。所谓有形财产,是具有一定实物形态且具备价值及使用价值的客观实体,如货币、房产等。所谓无形财产,是不具实物形态但具备价值及使用价值的财产,如电力、著作权、发明专利权等。物资采购合同、设备租赁合同、借款合同都是以财产为标的的合同。

(3)数量。数量是以数字和计量单位来衡量合同标的的尺度。以物为标的的合同,其数量主要表现为一定的长度、体积或者重量;以行为为标的的合同,其数量主要表现为一定的工作量;以智力成果为标的的合同,其数量主要表现为智力成果的多少、价值。

(4)质量。质量是标的内在质的规定性和外观形态的综合,包括标的内在的物理、化学、机械、生物等性质的规定性,以及性能、稳定性、能耗指标、工艺要求等。例如,在建设工程施工合同中,质量条款是通过适用的标准或者规范要求、图纸标示或者描述、合同条款来界定的。

(5)合同价款或酬金。合同价款或酬金是指取得标的物或接受劳务的当事人所支付的对价。在以财产为标的的合同中,这一对价称为"价款",如买卖合同中的价金、租赁合同中的租金、借款合同中的利息等;在以劳务和工作成果为标的的合同中,这一对价称为"酬金",如建设工程合同中的工程费、保管合同中的保管费、运输合同中的运费等。

(6)履行合同的期限、地点和方式。合同的履行期限,是指享有权利的一方要求义务相对方履行义务的时间范围。它是权利方要求义务方履行合同的依据,也是检验义务方是否按期履行或迟延履行的标准。合同履行地点是合同当事人履行和接受履行合同义务的地点。例如,建设工程施工合同的主要履行地点条款内容相对容易确定,即项目土地所在地。履行方式是指当事人采取什么办法来履行合同规定的义务。

(7)违约责任。违约责任是指违反合同义务应当承担的责任。违约责任条款设定的意义在于督促当事人自觉适当地履行合同,保护非违约方的合法权利。但是,违约责任的承担不一定通过合同约定。即使合同未约定违约条款,只要一方违约并造成他方损失且无合法免责事由,就应依法承担违约责任。

(8)合同解决争议的方法。解决争议的方法是指当事人之间发生纠纷后,解决纠纷的具体方式和程序步骤。合同当事人可以在合同中约定争议解决方式。约定争议解决方式,主要是在仲裁与法院诉讼之间作选择。和解与调解并非争议解决的必经阶段。

>>**法条链接**>>

《合同法》第十二条:合同的内容由当事人约定,一般包括以下条款:

(一)当事人的名称或者姓名和住所;

(二)标的;

(三)数量;

(四)质量;

(五)价款或者报酬;

(六)履行期限、地点和方式;

(七)违约责任;

(八)解决争议的方法。

92. 订立合同可以采用哪些形式？

所谓合同形式，是指订立合同的当事人达成一致意思表示的表现形式。许多人将合同理解为合同书，这是不妥当的，合同是当事人的民事权利义务关系，合同形式是当事人权利义务关系的体现，根据我国《合同法》规定，合同形式可以以口头形式、书面形式和其他形式来体现。这也是合同自愿原则的体现。

(1)口头形式。口头形式合同是当事人以言语而不以文字形式作出意思表示订立的合同。口头合同在现实生活中广泛应用，凡当事人无约定或法律未规定特定形式的合同，均可采取口头形式，如买卖合同、租赁合同等。

(2)书面形式。书面形式是指合同书、信件和数据电文(包括电报、电传、传真、电子数据交换和电子邮件)等可以有形地表现所载内容的形式。《合同法》第十条规定："法律、行政法规规定采用书面形式的，应当采用书面形式。当事人约定采用书面形式的，应当采用书面形式。"例如，房屋买卖合同、建设工程施工合同等依法应当采用书面形式。

(3)其他形式。其他形式，是口头形式、书面形式之外的合同形式，即行为推定形式。行为推定方式只适用于法律明确规定、交易习惯许可时或者要约明确表明时，并不能普遍适用。

≫法条链接≫

《合同法》第十条：当事人订立合同，有书面形式、口头形式和其他形式。

法律、行政法规规定采用书面形式的，应当采用书面形式。当事人约定采用书面形式的，应当采用书面形式。

《合同法》第十一条：书面形式是指合同书、信件和数据电文(包括电报、电传、传真、电子数据交换和电子邮件)等可以有形地表现所载内容的形式。

《合同法》第三十六条：法律、行政法规规定或者当事人约定采用书面形式订立合同，当事人未采用书面形式但一方已经履行主要义务，对方接受的，该合同成立。

≫案例分析≫

某乡村的甲施工企业与乙建筑设备租赁站订立了一年的脚手架书面租赁合同，合同到期后，甲继续使用，并向乙缴纳租金，乙也接受了甲缴纳的脚手架设备租金。问：甲乙的行为在法律上有何效力？

法理分析：甲乙的行为属于有效的法律行为，即属于有效的后续合同行为,它属于合同形式中的其他形式之一。

93. 签订合同应注意哪些问题?

签订合同时,应注意以下几个方面的问题:

(1)合同条款应齐全。一份完整的合同,应当包括以下基本的内容:标题,即合同双方权利义务所指的对象,如货物、劳务、工程项目等;数量和质量;价款或者酬金;履行期限、地点和方式;违约责任;争议的解决办法等。

(2)合同内容要合法。签订合同,一定要注意合同内容符合法律、法规的规定。如果违反了法律、法规的强制性规定,一方面合同本身无效,另一方面还要受到有关机关的查处。

(3)签订合同的方式要合法。当事人之间签订合同,必须遵循自愿、平等的原则,胁迫的手段迫使对方与自己签订合同。当事人如果采取欺诈、胁迫的手段签订合同,该合同就是不能得到法律保护的无效合同。

(4)委托他人代订合同要注意明确委托权限和事项。当事人可以委托他人代订合同,但是,应当出具写明委托人和被委托姓名、授权委托事项、委托期限等内容的授权委托书,如果委托事项不明确的,就要承担相应的法律责任。

此外,农民在签订合同时,还应当调查对方当事人的资信状况、履行合同的能力等情况,以免受骗上当,造成不必要的损失。

94. 什么是格式合同和格式条款,如何认定它们的合法性?

格式合同,又被称为"定式合同"、"附和合同"。在一般交易条件下,它是当事人一方为与不特定的多数人进行交易而预先拟定的,且不允许相对人对其内容作任何变更的合同,其中的固定化、格式化的条款被称为"格式条款"。反之,为非格式合同和非格式条款。为了保护弱者的利益,达到公平的目标,《合同法》对格式合同的相关条款进行了限制:

第一,采用格式条款订立合同的,提供格式条款的一方应当遵循公平原则确定当事人之间的权利和义务,并采取合理的方式提请对方注意免除或者限制其责任的条款,按照对方的要求,对该条款予以说明。提供格式条款一方免除其责任、加重对方责任、排除对方主要权利的,该条款无效。

第二,对格式条款的理解发生争议的,应当按照通常理解予以解释。对格式条款有两种以上解释的,应当作出不利于提供格式条款一方的解释。格式条款和非格式条款不一致的,应当采用非格式条款。

第三,经营者不得以格式合同、通知、声明、店堂告示等方式作出对消费者不公平、不合理的规定,或者减轻免除其损害消费者合同权益应当承担的民事责任。

> **法条链接**

《合同法》第三十九条:采用格式条款订立合同的,提供格式条款的一方应当遵循公平原则确定当事人之间的权利和义务,并采取合理的方式提请对方注意免除或者限制其责任的条款,按照对方的要求,对该条款予以说明。

格式条款是当事人为了重复使用而预先拟定,并在订立合同时未与对方协商的条款。

《合同法》第四十条:格式条款具有本法第五十二条和第五十三条规定情形的,或者提供格式条款一方免除其责任、加重对方责任、排除对方主要权利的,该条款无效。

《合同法》第四十一条:对格式条款的理解发生争议的,应当按照通常理解予以解释。对格式条款有两种以上解释的,应当作出不利于提供格式条款一方的解释。格式条款和非格式条款不一致的,应当采用非格式条款。

95. 什么是缔约过失责任,它有哪些表现形式?

(1)缔约过失责任的含义

缔约过失责任是指一方因违背诚实信用原则所要求的义务而致使合同不成立,或者虽已成立但被确认无效或被撤销时,造成确信该合同有效成立的当事人信赖利益损失,而依法应承担的民事责任。这种责任主要表现为赔偿责任,一般发生在订立合同阶段。这是违约责任与缔约过失责任的显著区别。

(2)构成缔约过失责任应具备的条件

①该责任发生在订立合同的过程中。这是违约责任与缔约过失责任的根本区别。只有合同尚未生效,或者虽已生效但被确认无效或被撤销时,才可能发生缔约过失责任。合同是否有效存在,是判定是否存在缔约过失责任的关键。

②当事人违反了诚实信用原则所要求的义务。因为合同未成立,所以,当事人并不承担合同义务。但是,在订约阶段,依据诚实信用原则,当事人人负有保密、诚实等法定义务,这种义务也称先合同义务。若当事人因过错违反此义务,

则可能产生缔约过失责任。

③受害方的信赖利益遭受损失。信赖利益损失是指一方实施某种行为(如订约建议)后,另一方对此产生信赖(如相信对方可能与自己立约),并为此发生了费用,后因前者违反诚实信用原则导致合同未成立或者无效,该费用未得到补偿而受到的损失。

(3)缔约过失责任适用情形

①假借订立合同,恶意进行磋商。恶意磋商是在缺乏订立合同真实意愿情况下,以订立合同为名目与他人磋商。其真实目的可能是破坏对方与第三方订立合同,也可能是贻误竞争对手商机。

②故意隐瞒与订立合同有关的重要事实或者提供虚假情况。依诚实信用原则,缔约当事人负有如实告知义务,例如,告知自身财务状况和履约能力、告知标的物真实状况等。

③违反有效要约或要约邀请,违反初步协议,未尽保护、照顾、通知、保密等附随义务,违反强制缔约义务。

④泄露或不正当使用商业秘密。当事人在订立合同过程中知悉的商业秘密,无论合同是否成立,都不得泄露或者不正当地使用。泄露或者不正当地使用该商业秘密给对方造成损失的,应当承担损害赔偿责任。

≫**法条链接**≫

《合同法》第四十二条:当事人在订立合同过程中有下列情形之一,给对方造成损失的,应当承担损害赔偿责任:

(一)假借订立合同,恶意进行磋商;

(二)故意隐瞒与订立合同有关的重要事实或者提供虚假情况;

(三)有其他违背诚实信用原则的行为。

《合同法》第四十三条:当事人在订立合同过程中知悉的商业秘密,无论合同是否成立,不得泄露或者不正当地使用。泄露或者不正当地使用该商业秘密给对方造成损失的,应当承担损害赔偿责任。

96. 合同成立应具备哪些条件?

合同成立是指当事人完成了签订合同过程,并就合同内容协商一致。合同成立不同于合同生效。合同生效是法律认可合同效力,强调合同内容合法性。因此,合同成立体现了当事人的意志,而合同生效体现的是国家意志。合同成立是合同生效的前提条件,如果合同不成立,是不可能生效的。但是,合同成立也并不意味着合同就生效了。

(1)合同成立的一般要件

①存在订约当事人。合同成立首先应具备双方或者多方订约当事人,只有一方当事人不可能成立合同。例如,某人以某公司的名义与某团体订立合同,若该公司根本不存在,则可认为只有一方当事人,合同不能成立。

②订约当事人对主要条款达成一致。合同成立的根本标志是订约双方或者多方经协商,就合同主要条款达成一致意见。

③经历要约与承诺两个阶段。缔约当事人就订立合同达成合意,一般应经过要约、承诺阶段。若只停留在要约阶段,合同根本无法成立。

(2)合同成立时间

合同成立时间关系到当事人何时受合同关系拘束,因此,合同成立时间具有重要意义。确定合同成立时间,应遵守如下规则:

①当事人采用合同书形式订立合同的,自双方当事人签字或者盖章时合同成立。各方当事人签字或者盖章的时间不在同一时间的,最后一方签字或者盖章时合同成立。

②当事人采用信件、数据电文等形式订立合同的,可以在合同成立之前要求签订确认书。签订确认书时合同成立。此时,确认书具有最终正式承诺的意义。

(3)合同成立地点

合同成立地点可能成为确定法院管辖的依据,因此,具有重要意义。承诺生效的地点为合同成立的地点。确定合同成立地点应当遵守如下规则:采用数据电文形式订立合同的,收件人的主营业地为合同成立的地点;没有主营业地的,其经常居住地为合同成立的地点。当事人另有约定的,按照其约定执行。当事人采用合同书形式订立合同的,双方当事人签字或者盖章的地点为合同成立的地点。

97. 合同成立意味着合同生效了吗?

合同成立并不意味着合同发生法律效力。合同成立与合同生效是两个不同的法律概念。合同生效是指法律按照一定标准对合同评价后而赋予其合法性和强制力。已经成立的合同,必须具备一定的生效要件,才能产生法律拘束力。生效的条件包括以下几方面:

(1)订立合同的当事人必须具有相应的民事权利能力和民事行为能力。即通常情况下是年满十八周岁并且精神状况正常的自然人或者依法成立的社会组织。对于十八周岁以下的未成年人,其合同行为必须和其智力、年龄相当。

(2)意思表示真实。所谓意思表示真实,是指表意人的表示行为真实反映其内心的效果意思,即表示行为应当与效果意思相一致。意思表示真实是合同生效的重要构成要件。在意思表示不真实的情况下,合同可能无效,如在被欺诈、胁迫致使行为人表示的意思与其内心真意不符,且涉及国家利益受损的情况;意思表示不真实的合同也可能被撤销或者变更,如在被欺诈、胁迫致使行为人表示出来的意思与其内心真意不符,但未违反法律和行政法规强制性规定及社会公共利益的情况。

(3)不违反法律、行政法规的强制性规定,不损害社会公共利益。此处所提及的"法律"是狭义的法律,即全国人民代表大会及其常务委员会依法通过的规范性文件。这里的"行政法规"是国务院依法制定的规范性文件。所谓强制性规定是指当事人必须遵守的,不得通过协议加以改变的规定。有效合同不仅不得违反法律、行政法规的强制性规定,而且不得损害社会公共利益。

(4)具备法律所要求的形式。即订立合同的程序与合同的表现形式都必须符合法律要求。否则,不能发生法律效力。例如,房屋买卖合同必须采用书面形式,并且还必须到房地产管理部门办理产权过户登记手续。

≫法条链接≫

《民法通则》第五十五条:民事法律行为应当具备下列条件:

(一)行为人具有相应的民事行为能力;

(二)意思表示真实;

(三)不违反法律或者社会公共利益。

《民法通则》第五十六条:民事法律行为可以采取书面形式、口头形式或者其他形式。法律规定用特定形式的,应当依照法律规定。

《合同法》第四十四条:依法成立的合同,自成立时生效。法律、行政法规规定应当办理批准、登记等手续生效的,依照其规定。

《合同法》第四十五条:当事人对合同的效力可以约定附条件。附生效条件的合同,自条件成就时生效。附解除条件的合同,自条件成就时失效。

当事人为自己的利益不正当地阻止条件成就的,视为条件已成就;不正当地促成条件成就的,视为条件不成就。

《合同法》第四十六条：当事人对合同的效力可以约定附期限。附生效期限的合同，自期限届至时生效。附终止期限的合同，自期限届满时失效。

98. 什么是无效合同，它有哪些特征？

无效合同是指合同虽然已经成立，但因不符合法律要求的要件而不予承认和保护的合同。无效合同具有以下特征：

(1)合同自始无效。无效合同自订立时起就不具有法律效力，而不是从合同无效原因发现之日或合同无效确认之日起，合同才失去效力。

(2)合同绝对无效。合同自订立时起就无效，当事人不能通过同意或追认使其生效。

(3)合同当然无效。无论当事人是否知道其无效情况，无论当事人是否提出主张无效，法院或仲裁机构可以主动审查决定该合同无效。

(4)合同无效，可能是全部无效，也可能是部分无效。如果合同部分无效，不影响其他部分效力的，其他部分仍然有效。

(5)合同无效，不影响合同中独立存在的有关解决争议方法的条款的效力。例如，合同事先约定彼此一旦发生合同纠纷时，通过仲裁的方式解决纠纷，该条款继续有效。这就意味着，如果某一方当事人因为合同无效而造成损失的，其认为是对方造成这种结果的，可以要求对方赔偿，对方不接受的，则可以按照仲裁的方式请求仲裁机关裁决纠纷。

99. 哪些合同属于无效合同？

按照《合同法》的规定，无效合同有以下几种情形：

(1)一方以欺诈手段订立合同，损害国家利益。所谓欺诈是指一方当事人故意告知对方虚假情况，或者故意隐瞒真实情况，诱使对方当事人作出错误意思表示的行为。其构成条件有：①欺诈方具有欺诈的故意；②欺诈方实施了欺诈行为；③被欺诈方因欺诈行为陷入错误的认识；④由于错误认识而作出了违反其真实意思表示的行为，并且欺诈行为损害了国家利益。

(2)一方以胁迫手段订立合同，损害国家利益。所谓胁迫是指以给公民及其亲友的生命、健康、荣誉、名誉、财产等造成损害或者以给法人的荣誉、名誉、财产等造成损害为要挟，迫使对方作出违背真实的意思表示的行为。其构成条件有：①胁迫人具有胁迫的故意；②胁迫人实施了胁迫行为；③胁迫行为非法或不当；

④受胁迫者因胁迫而订立合同以及胁迫行为损害了国家利益。

(3)恶意串通,损害国家、集体或第三人利益的合同。恶意串通的合同是指当事人同谋,共同订立某种合同,造成国家、集体或者第三人利益损害的合同。其构成要件有:①主观因素。主观上行为人明知或者应知某种行为将造成对国家、集体或者第三者的损害而故意为之。当事人之间相互串通既可以表现为当事人事先达成的合谋,也可表现为一方明确表示意思,另一方与其达成默契进行接受;②客观因素。客观上损害了国家、集体或第三人利益。

(4)以合法形式掩盖非法目的。以合法形式掩盖非法目的是指当事人实施的行为在形式上是合法的,但在内容上或者目的上是非法的。

(5)损害社会公共利益。将损害社会公共利益的合同规定为无效合同,有助于弥补现行法律、行政法规规定的缺失。

(6)违反法律、行政法规的强制性规定。这里仅限于全国人大及其常委会制定的法律和国务院制定的行政法规,不得以地方性法规、行政规章为依据主张合同无效。同时,必须是违反了法律、行政法规的强制性规范才导致合同无效,违反其中任意性规范并不导致合同无效。

>> **法条链接** >>

《合同法》第五十二条:有下列情形之一的,合同无效:

(一)一方以欺诈、胁迫的手段订立合同,损害国家利益;

(二)恶意串通,损害国家、集体或者第三人利益;

(三)以合法形式掩盖非法目的;

(四)损害社会公共利益;

(五)违反法律、行政法规的强制性规定。

>> **案例分析** >>

2008年9月1日,原告林某与被告孙某签订一份房屋买卖协议,约定孙某将其一套50平方米的住房卖给林某。协议约定:房屋价格为15万元;由买方在签订协议之日支付13万元,余款在过户时一次性付清;卖方在2008年9月30日前协助买方办理相关的产权过户手续,同年10月底卖方交付房屋给买方。该协议还约定了其他事项。协议签订后,买方依约于协议订立的当日向卖方支付了购房款13万元。但直到2009年3月底卖方孙某仍然不交付房屋,也不同意办理房屋产权过户手续。林某起诉到法院,要求法院认定双方的房屋买卖协议有效并判令被告履行协议。

法院判决：法院审理后认定双方协议无效并判决驳回了原告林某的诉讼请求。

法理分析：本案的关键是原、被告双方订立的房屋买卖协议是否有效。要认定协议的有效，除了协议签订的双方当事人具有完全民事行为能力和双方意思表示真实之外，还要看协议的内容是否违反法律、法规的强制性规定等。由于法律规定房产交易应当办理产权过户登记手续，由于本案中的房屋买卖协议没有办理过户手续，因此，林某的诉讼请求得不到法院的支持。

100. 合同被认定为无效，应如何处理？

合同一旦被确认为无效，依法应当按照以下方式处理：

(1)返还财产。合同被确认无效后，因该合同取得的财产，应当予以返还。

(2)折价补偿。不能返还或者没有必要返还的，应当折价补偿。例如，建设工程施工合同无效，但是，工程已经竣工验收合格，如果采用返还财产、恢复原状处理规则，就要将工程拆除使之恢复到缔约之前。这样既不利于保护当事人权益，对社会利益也是一种损失。

(3)赔偿损失。赔偿损失以过错为要件，有过错的一方应当赔偿对方因此所受到的损失，双方都有过错的，应当各自承担相应的责任。

(4)收归国库所有。当事人恶意串通，损害国家、集体或者第三者利益的，因此取得的财产收归国家所有或者返还集体、第三人。收归国有又称为追缴。追缴的财产包括已经取得的财产和约定取得的财产。对于施工合同而言，违法分包或转包就属恶意串通，损害国家、集体或者第三人利益的，人民法院可以根据《民法通则》收缴当事人已经取得的非法所得。

≫法条链接≫

《合同法》第五十八条：合同无效或者被撤销后，因该合同取得的财产，应当予以返还；不能返还或者没有必要返还的，应当折价补偿。有过错的一方应当赔偿对方因此所受到的损失，双方都有过错的，应当各自承担相应的责任。

《合同法》第五十九条：当事人恶意串通，损害国家、集体或者第三人利益的，因此取得的财产收归国家所有或者返还集体、第三人。

101. 当事人在合同中约定的哪些免除责任的条款是无效的？

免责条款是指当事人在合同中确立的排除或限制其未来责任的条款。免责条款常被合同一方当事人写入合同或格式合同之中，作为明确或隐含的意思要约，以获得另一方当事人的承诺，使其发生法律效力。它是指合同中双方当事人在订立合同或格式合同提供者提供格式合同时，为免除或限制一方或者双方当事人责任而设立的条款。合同中的下列免责条款无效：

(1) 造成对方人身伤害的。生命健康权是不可转让、不可放弃的权利，因此不允许当事人以免责条款的方式事先约定免除这种责任。

(2) 因故意或者重大过失造成对方财产损失的。财产权是一种重要的民事权利，不允许当事人预先约定免除一方故意或重大过失而给对方造成损失，否则，会给一方当事人提供滥用权利的机会。

≫法条链接≫

《合同法》第五十三条：合同中的下列免责条款无效：

(一) 造成对方人身伤害的；

(二) 因故意或者重大过失造成对方财产损失的。

102. 什么是可变更、可撤销合同？

合同的变更、撤销，是指因意思表示不真实，法律允许撤销权人通过行使撤销权，使已经生效的合同效力归于消灭或使合同内容变更。它的特点有：①订立合同时存在意思表示不真实的情况；②在提出变更或撤销前，合同已经成立，但因欠缺某些对社会，对他人无影响的有效要件，如果当事人无异议，则可以正常履行，视为有效合同；③意思表示不真实的一方对合同的变更或撤销有选择权；④经当事人变更符合生效条件的，合同自变更协议达成后生效。

可变更、可撤销合同与无效合同存在显著区别。无效合同是自始无效、当然无效，即从订立起就是无效的，且不必取决于当事人是否主张无效。但是，可变更、可撤销合同在被撤销之前存在效力，尤其是对无撤销权的一方具有完全拘束力；而且，其效力取决于撤销权人是否向法院或者仲裁机构主张行使撤销权以及撤销主张是否被支持。

103. 哪些合同属于可变更、可撤销合同？

按照《合同法》的规定，可变更、可撤销合同包括以下几种情形：

(1) 重大误解订立的合同。所谓重大误解，是指合同当事人因自己过错（例如不知情等）对合同的内容发生错误认识而订立了合同，并造成了重大损失的情形。重大误解的构成条件有：①表意人因为误解作出了意思表示；②表意人的误解是重大的。当行为人因为对行为的性质、对方当事人、标的物的品种、质量、规格和数量等的错误认识，使行为的后果与自己的意思相悖，并造成较大损失的，可以认定为重大误解；③误解是由表意人自己的过失造成的。误解是由表意人自己过失造成，如不注意、不谨慎，而不是受他人欺诈或者其他不正当影响；④误解不应是表意人故意发生的。法律不允许当事人在故意发生错误的情况下，借重大误解为由，规避对其不利的后果。如果表意思人在缔约时故意发生错误（如保留其真实意思），则表明其追求其意思表示产生的效果，不存在意思表示不真实的情况，不应按重大误解处理。

(2) 显失公平订立的合同。显失公平是指一方当事人利用优势或利用对方没有经验，致使双方的权利、义务明显不对等，使对方遭受重大不利，而自己获得不平衡的重大利益。其构成要件为：①合同在订立时就显失公平。可撤销的显失公平的合同，要求这种明显失衡的利益安排在合同订立时就已形成，而不是在合同订立以后形成。如果在合同订立之后因为非当事人原因导致合同对一方当事人很不公平，不应当按照显失公平合同来处理；②合同的内容在客观上利益严重失衡。某当事人一方获得的利益超过法律允许的限度，而其他方获得的利益与其义务不相称。在我国法律实践中，就显失公平的判断，绝大多数情况下，并未规定具体的数量标准，而由法院裁量；③受有过高利益的当事人在主观上具有利用对方的故意。一般认为，在显失公平合同下，遭受不利后果的一方当事人存在轻率、无经验等不利因素，而受益一方故意利用了对方的这种轻率、无经验，或者利用了自身交易优势。

(3) 因欺诈、胁迫而订立的未损害国家利益的合同。欺诈是指以使人发生错误认识为目的的故意行为。当事人由于他人的故意的错误陈述，发生认识上的错误而为意思表示，即构成因受欺诈而为的民事行为。为了保护受欺诈的当事人的合法利益，使其不受因欺诈而为的意思表示的约束，法律允许受欺诈的一方当事人撤销该项民事行为。胁迫是指为达到非法的目的，采用某种方法造成他人精神上的巨大的压力或直接对他人肉体施加暴力强制的行为。

(4)乘人之危而订立的未损害国家利益的合同。乘人之危是指一方当事人乘对方处于危难之机,为牟取不正当利益,迫使对方作出不真实的意思表示,从而严重损害对方利益的行为。其构成要件为:①不法行为人乘对方危难或者急迫之际逼迫对方。这里的危难是指受害人出现了财产、生命、健康、名誉等方面的危机状况。这里的急迫,是指受害人出现生活、身体或者经济等方面的紧急需要。同时,行为人为订立不公平的合同而故意利用受害人的这种危难或者急迫;②受害人因为自身危难或者急迫而订立合同。受害人明知该合同将使自身利益受到重大损害,但因陷于危难或者急迫而订立该合同;③不法行为人所获得的利益超出了法律允许的程度,即明显违背了合同公平原则。

≫**法条链接**≫

《合同法》第五十四条:下列合同,当事人一方有权请求人民法院或者仲裁机构变更或者撤销:

(一)因重大误解订立的;

(二)在订立合同时显失公平的。

一方以欺诈、胁迫的手段或者乘人之危,使对方在违背真实意思的情况下订立的合同,受损害方有权请求人民法院或者仲裁机构变更或者撤销。

当事人请求变更的,人民法院或者仲裁机构不得撤销。

≫**案例分析**≫

某乡村农家乐电器超市采购到一批以前未经营过的节能冰箱,价格定为1880元。售货员误将标价牌制作为880元。一天,顾客张涛来逛农家乐电器超市,发现近2000元的节能冰箱在此只卖880元,看到这么便宜,便一下买了两台。此后售货员去库房再次提货时才发现实际价格为1880元。农家乐超市在得知这一情况后,经多方查找,总算找到张涛。但张涛讲,这两台节能冰箱已被他先后都转让出去了,共得款2000元,他已用此款买了一部录像机。如果农家乐电器超市要追回节能冰箱,得去找另外两位买这台节能冰箱的人。农家乐电器超市迫于无奈,只好起诉到区人民法院,请求对这一买卖关系予以撤销。

法理分析:在本案中,农家乐电器超市的内心意思是要以1880元的价格出售节能冰箱,但由于标价错误,仅卖了880元。这是要约过程中的意思表示错误。顾客张涛在不知情的情况下,与售货员达成了标的价格有重大误解的口头买卖合同。这符合重大误解的民事行为的法律特征。

104. 如果当事人认为合同属于可撤销的合同,如何行使撤销权?

(1)由谁来行使撤销权问题。任何一方当事人认为合同是由重大误解订立的或者显失公平订立的,都可以向法院提出变更或撤销的请求。而以欺诈、胁迫或者乘人之危订立合同的,请求变更、撤销权只有受损害方才能行使。

(2)向谁来行使撤销权问题。法律规定向法院或者仲裁机构行使撤销权都可以,由当事人自行选择。

(3)撤销权行使的基本要求。对于可变更、可撤销合同,撤销权人可以申请法院或者仲裁机构撤销合同,也可以申请法院或者仲裁机构变更合同,当然,还可以不行使撤销权,继续认可该合同效力。如果撤销权人请求变更的,法院或者仲裁机构不得撤销。当事人请求撤销的,人民法院可以变更。也就是说,如果请求撤销,就要看具体情况决定是否允许撤销了。因为,在不必要撤销的情况下撤销了合同,对另一方当事人也会造成损失。出于公平起见,需要对申请撤销的事由进行具体分析,以作出是否允许当事人撤销的决定。

≫法条链接≫

《合同法》第五十四条:下列合同,当事人一方有权请求人民法院或者仲裁机构变更或者撤销……当事人请求变更的,人民法院或者仲裁机构不得撤销。

《最高人民法院关于贯彻执行〈中华人民共和国民法通则〉若干问题的意见(试行)》第七十三条规定:对于重大误解或者显失公平的民事行为,当事人请求变更的,人民法院应当予以变更;当事人请求撤销的,人民法院可以酌情予以变更或者撤销。

≫案例分析≫

2009年11月1日,农电工小马到电机销售公司购买农用发电机,看中了一款新式发电机,上面标价158元,觉得十分便宜。因为小马是电工,他知道发电机仅主件都得近2000元,便要求购买。但新来的营业员小刘说货刚到,店主不在,价格尚未确定,建议小马改日再来。小马便质疑地说:"发电机上不是贴着158元的价格标签吗?"很快小刘以158元的价格将发电机卖给了小马。第二天,店主突然发现1580元的农用发电机误标成158元,便立即要求小刘将158元卖出的发电机找回来。小刘找到电工小马后说明了缘由,但小马谎称:"发电机使用时不慎受损,已低价卖给了他人。"并说

"错标价格是销售公司的责任,与我无关。"交涉未果后,电机销售公司向人民法院起诉,要求追回原物或者补足货款。

法理分析:就本案而言,电工小马的行为属显失公平的民事行为或者合同行为。因为他明知发电机价格绝对低不到158元,利用错标的价格和营业员小刘对发电机价格缺乏经验,而执意买卖,当事人双方权利义务明显违反了公平、等价有偿的原则。按照法律的规定,电机销售公司有权按照可撤销的合同向法院主张正当权利。

105. 什么是效力待定合同?它与无效合同、可撤销合同有哪些区别?

效力待定合同是指合同成立之后,是否具有效力还未确定,有待于其他行为或者事实使之确定的合同。

效力待定合同不同于无效合同。二者主要区别在于:无效合同具有违法性,其不具有效力是自始确定的,不会因其他行为而产生法律效力;效力待定合同并无违法性,只是效力尚不确定,法律并不强行干预,而将选择合同效力的权利赋予相关当事人或者真正权利人。

效力待定合同不同于可撤销合同。二者主要区别在于:可撤销合同在未被撤销前是有效的,效力待定合同是欠缺某种生效要件,是否有效未确定;可撤销合同只能通过法院或者仲裁机构进行撤销,效力待定合同不必通过法院或者仲裁机构,而是通过私人之间的行为(例如追认、催告)或者一定事实来确定合同效力。

106. 哪些合同属于效力待定合同?

根据《合同法》的规定,下列几类合同属于效力待定的合同:

(1)限制民事行为能力人依法不能独立签订的合同。若限制民事行为能力人未经其法定代理人事先同意,独立签订了其依法不能独立签订的合同,则构成效力待定合同,但是,纯获利益的合同除外。

这种效力待定合同须经过限制民事行为能力人的法定代理人行使追认权予以追认后才有效。相对人可以催告法定代理人在一个月内予以追认;法定代理人未作表示的,视为拒绝追认,合同没有效力。合同被追认之前,善意相对人有撤销的权利,撤销应当以通知的方式作出。

(2)无权代理人以被代理人名义订立的合同。行为人没有代理权或代理权终止后仍以被代理人的名义与相对人订立合同,未经被代理人追认的,对被代理人不发生效力,由行为人承担责任。相对人可以催告被代理人在一个月内予以追认;被代理人未作表示的,视为拒绝追认,合同没有效力。合同被追认之前,善意相对人有撤销的权利,撤销应当以通知的方式作出。

(3)越权订立的合同。法人或者其他组织的法定代表人、负责人超越权限订立的合同,除相对人知道或者应当知道其超越权限的以外,该代表行为有效。任何一个单位都有自己的组织结构,组织设计里面都包含组织权限分工。每个岗位都有自己的责任和权利。如果超越了自己的权力范围而为民事行为,其行为就不是必然有效的行为了。这种行为是否有效,需要结合其他因素确定。

超越权限订立的合同是否有效取决于相对人是否知道行为人超越权限。如果明知其超越权限还依然与之签订合同,合同就是无效的;如果不知道其越权而与之签订合同,则合同就是有效的,属于效力待定合同。

(4)无处分权人所订立合同。所有权人或法律授权的人有权对财产行使处分权,如财产的转让、赠与等。无处分权人只能对财产享有占有、使用权。无处分权人处分他人财产与相对人订立的合同,经权利人追认或者无处分权人订立合同后取得处分权的,该合同有效。无处分权人与相对人订立的合同,若未获追认或者无权处分人在订立合同后未获处分权,则该合同不生效。

≫法条链接≫

《合同法》第四十七条:限制民事行为能力人订立的合同,经法定代理人追认后,该合同有效,但纯获利益的合同或者与其年龄、智力、精神健康状况相适应而订立的合同,不必经法定代理人追认。

相对人可以催告法定代理人在一个月内予以追认。法定代理人未作表示的,视为拒绝追认。合同被追认之前,善意相对人有撤销的权利。撤销应当以通知的方式作出。

《合同法》第四十八条:行为人没有代理权、超越代理权或者代理权终止后以被代理人名义订立的合同,未经被代理人追认,对被代理人不发生效力,由行为人承担责任。

相对人可以催告被代理人在一个月内予以追认。被代理人未作表示的,视为拒绝追认。合同被追认之前,善意相对人有撤销的权利。撤销应当以通知的方式作出。

《合同法》第四十九条：行为人没有代理权、超越代理权或者代理权终止后以被代理人名义订立合同，相对人有理由相信行为人有代理权的，该代理行为有效。

《合同法》第五十条：法人或者其他组织的法定代表人、负责人超越权限订立的合同，除相对人知道或者应当知道其超越权限的以外，该代表行为有效。

《合同法》第五十一条：无处分权的人处分他人财产，经权利人追认或者无处分权的人订立合同后取得处分权的，该合同有效。

107. 什么是附条件的合同？

附条件的合同是指在合同中约定了一定的条件，并且把该条件的成就或者不成就作为合同效力发生或者消灭的根据的合同。根据条件对合同效力的影响情况，可将所附条件分为生效条件和解除条件。

在附条件合同的条件成就之前，当事人不应违背法律或者诚实信用原则，为自己利益不当促成或者阻止条件的成就，而应听任条件的自然发生，否则，应承担不利后果。按照《合同法》的规定，当事人为自己的利益不正当地阻止条件成就的，视为条件已成就；不正当地促成条件成就的，视为条件不成就。

当事人对合同的效力可以约定附条件。附生效条件的合同，自条件成就时生效。附解除条件的合同，自条件成就时失效。对附生效条件的合同而言，在条件成就之前，合同虽然已经成立，但暂时未发生效力，此时，权利人不能行使权利，义务人无须履行义务；但是，条件一旦成就，当事人即受合同约束。对附解除条件的合同而言，在条件成就之前，合同已经发生效力，且正持续约束当事人；当条件成就以后，合同效力消灭，不再约束当事人。

》**法条链接**》

《合同法》第四十五条：当事人对合同的效力可以约定附条件。附生效条件的合同，自条件成就时生效。附解除条件的合同，自条件成就时失效。

当事人为自己的利益不正当地阻止条件成就的，视为条件已成就；不正当地促成条件成就的，视为条件不成就。

108. 什么是附期限的合同？

附期限合同是指当事人在合同中设定一定的期限，并把未来期限的到来作为合同效力发生或者效力消灭的根据的合同。根据期限对合同效力的影响，可将所附期限分为生效期限和终止期限。

按照《合同法》的规定，当事人对合同的效力可以约定附期限。附生效期限的合同，自期限届至时生效。附终止期限的合同，自期限届满时失效。对附生效期限的合同而言，在期限到来之前，合同虽然已经成立，但暂时未发生效力，此时，权利人不能行使权利，义务人无须履行义务；但是，期限一旦届至，当事人即受合同约束。对附终止期限的合同而言，在期限到来之前，合同已经发生效力，且正持续约束当事人；当期限届满，合同效力消灭，不再约束当事人。

≫法条链接≫

《合同法》第四十六条：当事人对合同的效力可以约定附期限。附生效期限的合同，自期限届至时生效。附终止期限的合同，自期限届满时失效。

109. 合同当事人履行合同应当坚持哪些原则？

按照《合同法》的规定，合同当事人履行合同时，应遵循以下原则：

（1）全面、适当履行的原则。全面、适当履行是指合同当事人按照合同约定全面履行自己的义务，包括履行义务的主体、标的、数量、质量、价款或者报酬以及履行的方式、地点、期限等，都应当按照合同的约定全面履行。

（2）遵循诚实信用的原则。诚实信用原则既是我国《民法通则》的基本原则，也是《合同法》的一项十分重要的原则，它贯穿于合同的订立、履行、变更、终止等全过程。因此，当事人在订立合同时，要讲诚实，要守信用，要善意，当事人双方要互相协作，合同才能得到够正确地履行。

（3）公平合理，促进合同履行的原则。合同当事人双方自订立合同起，直到合同的履行、变更、转让以及发生争议时对纠纷的解决，都应当依据公平合理的原则，按照《合同法》的规定，根据合同的性质、目的和交易习惯善意地履行通知、协助和保密等附随义务。

（4）当事人一方不得擅自变更合同的原则。合同依法成立，即具有法律约束力，因此，合同当事人任何一方均不得擅自变更合同。《合同法》在若干条款中根据不同的情况对合同的变更，分别作了专门的规定。这些规定更加完善了我国的合同法律制度，并有利于促进我国社会主义市场经济的发展和保护合同当事人的合法权益。

> **法条链接**
>
> 《合同法》第六十条：当事人应当按照约定全面履行自己的义务。
>
> 当事人应当遵循诚实信用原则，根据合同的性质、目的和交易习惯履行通知、协助、保密等义务。

110. 解决合同条款空缺或者瑕疵的原则有哪些？

合同条款空缺是指所签订的合同中约定的条款存在缺陷或者空白点，使得当事人无法按照所签订的合同履约的法律事实。解决合同条款空缺的原则包括一般原则和具体原则。

(1) 解决合同条款空缺的一般原则。按照《合同法》的规定，解决合同条款空缺的一般原则是：第一，协议补充；第二，在不能达成补充协议的，按照合同有关条款或者交易习惯确定。

(2) 解决合同条款空缺的具体规定。按照《合同法》第六十二条的规定，具体内容如下：

第一，适用于普通商品的具体规定：①质量要求不明确的，按照国家标准、行业标准履行；没有国家标准、行业标准的，按照通常标准或者符合合同目的的特定标准履行。②价款或者报酬不明确的，按照订立合同时履行地的市场价格履行；依法应当执行政府定价或者政府指导价的，按照规定履行。③履行地点不明确，给付货币的，在接受货币一方所在地履行；交付不动产的，在不动产所在地履行；其他标的，在履行义务一方所在地履行。④履行期限不明确的，债务人可以随时履行，债权人也可以随时要求履行，但应当给对方必要的准备时间。⑤履行方式不明确的，按照有利于实现合同目的的方式履行。⑥履行费用的负担不明确的，由履行义务一方负担。

第二，适用于政府定价或者政府指导价商品的具体规定。政府定价是指对于一些特殊的商品，政府不允许当事人根据供给和需求自行决定价格，而是由政府直接为该商品确定价格。政府指导价是指对于一些特殊的商品，政府不允许当事人根据供给和需求自行决定价格，而是由政府直接为该商品确定价格的浮动区间。按照法律的规定，执行政府定价或者政府指导价的，在合同约定的交付期限内政府价格调整时，按照交付时的价格计价。逾期交付标的物的，遇价格上涨时，按照原价格执行；价格下降时，按照新价格执行。逾期提取标的物或者逾期付款的,遇价格上涨时,按照新价格执行;价格下降时,按照原价格执行。总体原则是:谁过错,谁不利。即谁过错在先,价格执行依据就对其不利,或者说,不准许有过错的一方当事人利用政府价格的变化而占便宜。

>> **法条链接** >>

《合同法》第六十一条:合同生效后,当事人就质量、价款或者报酬、履行地点等内容没有约定或者约定不明确的,可以协议补充;不能达成补充协议的,按照合同有关条款或者交易习惯确定。

《合同法》第六十三条:执行政府定价或者政府指导价的,在合同约定的交付期限内政府价格调整时,按照交付时的价格计价。逾期交付标的物的,遇价格上涨时,按照原价格执行;价格下降时,按照新价格执行。逾期提取标的物或者逾期付款的,遇价格上涨时,按照新价格执行;价格下降时,按照原价格执行。

111. 在农村地区签订的建设工程合同履行中,当事人在什么条件下可以解除合同?

按照《合同法》和最高人民法院相关司法解释的规定,在合同履行过程中,由于一些条件的出现会导致合同当事人解除合同,具体条件如下:

(1)发包人请求解除合同的条件。承包人具有下列情形之一,发包人请求解除建设工程施工合同的,应予支持:①明确表示或者以行为表明不履行合同主要义务的;②合同约定的期限内没有完工,且在发包人催告的合理期限内仍未完工的;③已经完成的建设工程质量不合格,并拒绝修复的;④将承包的建设工程非法转包、违法分包的。

(2)承包人请求解除合同的条件。发包人具有下列情形之一,致使承包人无法施工,且在催告的合理期限内仍未履行相应义务,承包人请求解除建设工程施工合同的,应予支持:①未按约定支付工程价款的;②提供的主要建筑材料、建筑构配件和设备不符合强制性标准的;③不履行合同约定的协助义务的。

上述三种情形均属于发包人违约。因此,合同解除后,发包人还要承担违约责任。

>> **法条链接** >>

《合同法》第九十三条:当事人协商一致,可以解除合同。当事人可以约定一方解除合同的条件。解除合同的条件成就时,解除权人可以解除合同。

《合同法》第九十四条:有下列情形之一的,当事人可以解除合同:

(一)因不可抗力致使不能实现合同目的;

(二)在履行期限届满之前,当事人一方明确表示或者以自己的行为表明不履行主要债务;

(三)当事人一方迟延履行主要债务,经催告后在合理期限内仍未履行;

(四)当事人一方迟延履行债务或者有其他违约行为致使不能实现合同目的;

(五)法律规定的其他情形。

《最高人民法院关于审理建设工程施工合同纠纷案件适用法律问题的解释》第八条、第九条(略)

112. 建设工程合同解除后的法律后果有哪些?

(1)《合同法》关于合同解除的相关法律规定

按照《合同法》的规定,一旦合同解除之后,对于还没有履行的合同,终止履行合同,即合同不必履行;对于已经履行的合同,则应当根据履行情况和合同性质,由当事人决定要么要求对方当事人恢复原状,或者要求对方采取其他补救措施,或者要求对方赔偿损失。

另外,按照《合同法》的规定,合同被解除之后,并不影响合同中事前约定的有关如何结算和清理合同款的条款的法律效力。

(2)司法解释中关于合同解除的相关规定

按照《最高人民法院关于审理建设工程施工合同纠纷案件适用法律问题的解释》第十条规定,合同解除后的法律后果分以下三种情况:

第一,建设工程施工合同解除后,已经完成的建设工程质量合格的,发包人应当按照约定支付相应的工程价款。

第二,已经完成的建设工程质量不合格的,按照下列情况处理:①修复后的建设工程经竣工验收合格,发包人请求承包人承担修复费用的,应予支持;②修复后的建设工程经竣工验收不合格,承包人请求支付工程价款的,不予支持。因建设工程不合格造成的损失,发包人有过错的,也应承担相应的民事责任。

第三,因一方违约导致合同解除的,违约方应当赔偿因此而给对方造成的损失。

≫**法条链接**≫

《合同法》第九十七条:合同解除后,尚未履行的,终止履行;已经履行的,根据履行情况和合同性质,当事人可以要求恢复原状、采取其他补救措施,并有权要求赔偿损失。

《合同法》第九十八条:合同的权利义务终止,不影响合同中结算和清理条款的效力。

113. 什么是合同履行中的同时履行抗辩权?

同时履行抗辩权是指在没有规定履行顺序的双务合同中,当事人一方在当事人另一方未为对待给付以前,有权拒绝先为给付的权力。同时履行抗辩权的条件包括以下几点:

(1)双方基于同一双务合同且互负债务。同时履行抗辩权存在于双务合同,而非单务合同。同时履行抗辩权的双方债务应基于同一合同。

(2)在合同中未约定履行顺序。如果约定了履行顺序,其抗辩权就不是同时履行抗辩权,而是后文要介绍的先履行抗辩权或不安抗辩权了。

(3)当事人另一方未履行债务。只有一方未履行其义务,另一方才具有行使抗辩权的基本条件。

(4)对方的对待给付是可能履行的义务。如果对方所负债务已经没有履行的可能性,即同时履行的目的已不可能实现时,则不发生同时履行抗辩问题,当事人可依照法律规定解除合同。

在同时履行抗辩权的行使与效力问题上,同时履行抗辩权只能由当事人行使,法院不能依职权主动适用。同时履行抗辩权有阻却对方请求权的效力,没有消灭对方请求权的效力。即在对方没有履行或提出履行前,可以拒绝履行;当对方履行或提出履行时,应当恢复履行。

>>**法条链接**>>

《合同法》第六十六条:当事人互负债务,没有先后履行顺序的,应当同时履行。一方在对方履行之前有权拒绝其履行要求。一方在对方履行债务不符合约定时,有权拒绝其相应的履行要求。

>>**案例分析**>>

2012年4月,市民王先生夫妇通过番禺区一家房地产中介公司,看中了张小姐在番禺区海滨花园的一套房子。双方一拍即合,于当月3日签订了《房屋订购合同》,约定王先生以34万元(包括转名税费)的价格买下张小姐的这套房,合同有效期到2013年6月3日止。在合同期内,张先生必须筹足房款,并协同中介公司和张小姐到房屋管理部门办好更名手续。他们还约定,除了空调,张小姐需将房子里的其他家电物品搬走。

合同一签,王先生就按约定交了3万元定金给张小姐,可令双方意外的是,因为相互不信任,各种麻烦接踵而来:张小姐说,她在合同签订后的第3天就搬走了约定搬走的设备物件,算是积极履行了义务,王先生却说,张小姐将不该搬走的东西也一股脑儿搬走了,不够诚意;正因为这样,王先生没有付清房款,而张小姐也因此没在合同期里跟他去办房产证更名手续。

合同约定的义务清清楚楚,可是一涉及交钱、办证这样的关键问题,买卖双方变得你推我、我怨你,谁也不肯先"吃亏"了。王先生称,他和中介公司在合同届满之前多次催促张小姐办证、交房,均遭拒绝。为此,买房泡汤的王先生一气之下把卖主张小姐告上了法院,要求解除这份恼人的合同,并要收取了定金的张小姐双倍返还他定金6万元。

法院判决:法院经过审理后,认定双方的行为构成同时履行抗辩权,都不构成违约,购房合同则因效力终止期的到来而终止效力。因此,法院判决张小姐返还3万元定金,驳回了王先生的其他请求。

法理分析:在法院的判决书中,出现了"同时履行抗辩权"这一字眼,这看着有点深奥,说起来也很简单,是指如果一方没有按合同约定先履行义务,对方就有暂时停止自己履行合同义务的权利。同时履行抗辩权的法理根据,是双务合同的牵连性,也就是说,合同双方在双务合同中,一方的权利与另一方的义务之间具有相互依存、互为因果的关系,其所依赖的法律基础是诚实信用原则。

在本案中,王、张两人本来应该以诚信为原则认真履行合同约定的义务,但双方却在履行合同期间缺乏相互信任和有效沟通,导致合同付款、交房、办证等主要内容未得履行。这也就是说,他们行使了同时履行抗辩权的行为,交易泡了汤,谁也不能怪谁。正是在这一基础上,法院只判决张小姐返还3万元,而驳回了王先生的其他请求。

114. 什么是合同履行中的先履行抗辩权?

先履行抗辩权是指当事人互负债务,有先后履行顺序,先履行一方未履行或者履行债务不符合约定的,后履行一方有权拒绝先履行一方的履行要求。先履行抗辩权需要具备如下构成要件:

(1)双方基于同一双务合同且互负债务。先履行抗辩权存在于双务合同,而非单务合同。先履行抗辩权的双方债务应基于同一合同。

(2)履行债务有先后顺序。债务履行的顺序可能基于法律规定,也可能基于当事人约定。如果债务没有先后履行顺序,就应适用同时履行抗辩权而非先履行抗辩权。

(3)有义务先履行债务的一方未履行或者履行不符合约定。如果先履行一方已经适当、全面地履行债务,则后履行一方就没有先履行抗辩权,而应当依约履行自身义务,否则,可能承担违约责任。

在先履行抗辩权的行使与效力问题上,应注意两点:第一,先履行抗辩权在当事人行使时,可以明示,也可以默示。第二,行使先履行抗辩权,在他方未先履行义务前,可拒绝自己履行义务,而且不承担违约责任。行使先履行抗辩权没有消除合同的效力,在先履行方适当履行后,先履行抗辩权消灭。

≫法条链接≫

《合同法》第六十七条:当事人互负债务,有先后履行顺序,先履行一方未履行的,后履行一方有权拒绝其履行要求。先履行一方履行债务不符合约定的,后履行一方有权拒绝其相应的履行要求。

≫案例分析≫

案情回放: 2011年8月8日,甲乡镇养鸡场与乙孵化设备销售公司签订了一份产品供货合同,价值60万元。甲乡镇养鸡场应于合同签字后首付货款15万元;于10月9日付款30万元,同时乙孵化设备销售公司向甲乡镇养鸡场交付设备;下欠15万元于年底付清。合同签订后,乙孵化设备销售公司按约定时间交付了设备,甲乡镇养鸡场也按约定支付了前两批货款45万元。甲乡镇养鸡场在使用设备过程中,发现机器设备存在质量问题无法正常运行。乙孵化设备销售公司于11月15日将机器设备运回维修,11月20日维修完毕,但以甲乡镇养鸡场未按约支付下欠15万元货款为由拒不返还设备。甲乡镇养鸡场遂向法院起诉,要求乙孵化设备销售公司返还设备。

案件争点: 本案如何处理,存在两种不同意见:有人认为:被告乙孵化设备销售公司因甲乡镇养鸡场未付款,而不返还机器设备行为是在行使先履行抗辩权,且亦是在行使留置权,原告甲乡镇养鸡场诉讼请求不应得到支持。有人认为:原告甲乡镇养鸡场未付款行为是在行使先履行抗辩权,而被告乙孵化设备销售公司不具备行使先履行抗辩权和留置权的条件,其拒不返还设备的行为实为侵权,应当返还设备。

法理分析:首先,根据《合同法》第六十七条规定,先履行抗辩权是指合同中约定了债务履行的先后顺序,在按约定应先履行的一方当事人未履行之前,后履行一方有权拒绝其履行请求;先履行一方履行债务是不符合约定的,后履行一方有权拒绝其相应的履行请求。从上可看出履行抗辩权的使用条件有三:第一,须有同一双务合同互负债务。第二,须双方互负的债务有先后顺序,后履行一方的债务已届清债期。第三,须先履行一方未履行或履行不适当。本案中,原、被告双方所订立的供货合同约定,原告在向被告支付45万元货款后,被告即按要求向原告交付设备,被告履行交付设备义务应在原告支付15万元货款义务履行之前。但因被告所交付的设备存在质量缺陷,使原告的合同目的不能实现,原告以被告所交付的设备有质量缺陷,债务履行不适当,而未支付到期款15万元。其行为符合先履行抗辩权的行使条件,行为是正当的。而被告交付的设备不符合质量要求,实属违约。其对不符合质量约定的设备进行维修,是其承担违约责任的一种方式,也是对其先履行债务不符合约定的一种救济。因此,其不能以原告未履行期限在后的货款交付行为为其行使履行抗辩权的前提。另外,被告称原告未履行支付下欠货款义务在先,而其维修并返还设备义务在后,故其不返还设备是在行使先履行抗辩权。虽然被告返还设备义务在原告支付下欠货款义务之后,但两个义务并非因同一双务合同产生,不符合先履行抗辩权行使要件。故被告亦不能将原告未履行付款义务作为其不履行返还设备义务的抗辩理由。

其次,原告甲乡镇养鸡场按照合同约定支付了两期货款,被告乙孵化设备销售公司按约定交付了设备。根据《合同法》第一百三十三条"标的物的所有权自标的物交付时起转移"的规定,且原被告双方无其他约定,故甲乡镇养鸡场自设备交付之日起,已取得了该设备的所有权。

最后,被告拒不返还原告设备的行为亦不符合留置权行使的基本要件。根据《最高人民法院关于适用〈担保法〉若干问题的解释》第一百零九条规定,留置权的行使要求债权人对动产的占有与其债权的发生必须有牵连关系。本案中被告对原告设备的占有是基于对其进行维修,以弥补自己义务履行的瑕疵;而被告对原告债权的发生是基于买卖合同关系。故被告对原告设备的占有与其享有的债权并无牵连关系,因此被告对原告设备并无留置权。基于上述,被告拒不返还原告设备的行为实属侵权。

115. 什么是合同履行中的不安抗辩权?

不安抗辩权是指先履行合同的当事人一方因后履行合同一方当事人欠缺履行债务能力或信用,此时,先履行义务的当事人认为自己如果按合同先履行义务,会有一种不安全感,从而拒绝履行合同的权利。不安抗辩权的成立应当具备如下要件:

(1)双方当事人基于同一双务合同而互负债务。不安抗辩权存在于双务合同,而非单务合同。不安抗辩权的双方债务应基于同一合同。

(2)债务履行有先后顺序,且由履行顺序在先的当事人行使。如果债务履行没有先后顺序,则只能适用同时履行抗辩权。在履行债务有先后顺序的情况下,先履行一方可能行使不安抗辩权,后履行一方只可能行使先履行抗辩权。

(3)履行顺序在后的一方履行能力明显下降,有丧失或者可能丧失履行债务能力的情形。不安抗辩权制度在于保护履行顺序在先的当事人,但不是无条件的,而是以该当事人的债权实现受到存在于对方当事人的现实危险威胁为条件。根据《合同法》第六十八条规定,应当先履行债务的当事人,有确切证据证明对方有下列情形之一的,可以中止履行:①经营状况严重恶化;②转移财产、抽逃资金以逃避债务;③丧失商业信誉;④有丧失或者可能丧失履行债务能力的其他情形。

当事人没有确切证据中止履行的,应当承担违约责任。

(4)履行顺序在后的当事人未提供适当担保。履行顺序在后的当事人履行能力明显下降,可能严重危及履行顺序在先当事人的债权。但是,如果后履行方提供适当担保,则先履行方的债权不会受到损害,所以,就不得行使不安抗辩权。

在不安抗辩权行使与效力上,中止履行的一方,即行使不安抗辩权的一方负有对相对人欠缺信用、欠缺履行能力的举证责任。当事人中止履行的,应当及时通知对方。对方提供适当担保时,应当恢复履行。中止履行后,对方在合理期限内未恢复履行能力并且未提供适当担保的,中止履行的一方可以解除合同。

≫ **法条链接** ≫

《合同法》第六十八条:应当先履行债务的当事人,有确切证据证明对方有下列情形之一的,可以中止履行:

(一)经营状况严重恶化;

(二)转移财产、抽逃资金,以逃避债务;

(三)丧失商业信誉;

(四)有丧失或者可能丧失履行债务能力的其他情形。

当事人没有确切证据中止履行的,应当承担违约责任。

》案例分析》

案情回放:2008年8月20日,甲私营家具厂和乙乡镇中心小学订立加工教室桌椅合同一份。合同约定,甲私营家具厂按乙乡镇中心小学要求,为乙乡镇中心小学加工300套桌椅,交货时间为10月1日。乙乡镇中心小学应在合同成立之日起10日内支付加工费10万元人民币。合同成立后,甲私营家具厂积极组织加工。但乙乡镇中心小学没有按约定期限支付加工费。同年9月2日,当地消防部门认为甲私营家具厂生产车间存在严重的安全隐患,要求其停工整顿。甲私营家具厂因此将无法按合同约定期限交货。乙乡镇中心小学在得知这一情形后,遂于同年9月10日向人民法院提起诉讼,要求甲私营家具厂承担违约责任。甲私营家具厂答辩称,合同尚未到履行期限,其行为不构成违约。即使其在合同履行期限届满时不能交货,也不是其责任,而是因为消防部分要求其停工。并且乙乡镇中心小学至今未能按合同约定支付加工费,其行为已构成违约,因此提起反诉,要求乙乡镇中心小学承担违约责任。

法理分析:本案主要涉及不安抗辩权的行使,以及《合同法》对不安抗辩权和预期违约制度的区分问题。

在本案中,乙乡镇中心小学作为先履行合同的一方当事人未按合同约定支付加工款,其行为应属违约,但是,甲私营家具厂在乙乡镇中心小学未能按合同约定期限支付加工费时,并没有提出解除合同,因此,加工合同仍然对双方存在法律拘束力,乙乡镇中心小学仍应先行支付加工费,而甲私营家具厂也有义务交付货物。但由于当地消防部门认为甲私营家具厂生产车间存在严重的安全隐患,要求其停工整顿,因此,可明知甲私营家具厂将无法按合同约定期限交货,根据《合同法》第六十八条的规定,乙乡镇中心小学有权主张不安抗辩,中止履行其义务。反之,如果要求乙乡镇中心小学先行支付加工费,由于甲私营家具厂已明显不能履行合同,乙乡镇中心小学利益将受到严重损害。

但是,乙乡镇中心小学并不能请求甲私营家具厂承担违约责任。因为根据我国《合同法》第六十九的规定，当事人一方在丧失履行债务能力的时候，另一方当事人只能中止履行其义务，并且在中止履行后，还应当立即通知对方，在对方提供适当担保时，应当恢复履行。在中止履行后，对方在合同期限内未恢复履行能力并且未提供适当担保的，中止履行的一方才可以解除合同。因此，乙乡镇中心小学在得知甲私营家具厂将不能履行合同时，只能中止履行其支付加工费的义务，而不能直接请求乙乡镇中心小学承担违约责任。

116. 什么是合同履行中的代位权？

代位权是指因债务人怠于行使其对第三人享有的到期债权，对债权人造成损害的，债权人为保全其债权，可以向人民法院请求以自己的名义代位行使债务人的债权。简单说，代位权是指债权人为了保障其债权不受损害，而以自己的名义代替债务人行使债权的权利。例如，甲欠乙五万元，丙欠甲五万元，均已届清偿期。甲一直不行使对丙的五万元债权，致使其自身无力向乙清偿五万元债务，则乙可以代位行使甲对丙的债权。在本例中，乙为债权人，甲为债务人，丙为次债务人。

债权人行使代位权应具备以下几方面的条件：

(1)债权人对债务人的债权合法。债权人与债务人之间的债权债务关系必须合法存在，否则，代位权就失去其存在的基础。因此，如果合同未成立、合同被宣告无效或者合同被撤销，或者合同关系已经被解除，则不存在行使代位权的可能。

(2)债务人怠于行使其到期债权，对债权人造成损害。即债务人不行使自己已经到期的债权，在此情形下，该债务人就没有能力偿还他人的钱财，从而导致债权人的到期债权未能实现。

(3)债务人的债权已到期。债务人的债权已到期是债务人可以对次债务人行使债权的条件，而债权人的代位权是代位行使本属于债务人的债权，因此，债务人债权已到期也是债权人行使代位权的条件。

(4)债务人的债权不是专属于债务人自身的债权。按照法律和司法解释的规定，基于扶养关系、抚养关系、赡养关系、继承关系产生的给付请求权和劳动报酬、退休金、养老金、抚恤金、安置费、人寿保险、人身伤害赔偿请求权等权利就是专属债务人自身的债权。

>> **法条链接** >>

《合同法》第七十三条:因债务人怠于行使到期债权,对债权人造成损害的,债权人可以向人民法院请求以自己的名义代位行使债务人的债权,但该债权专属于债务人自身的除外。代位权的行使范围以债权人的债权为限。债权人行使代位权的必要费用,由债务人负担。

117. 如何行使合同中的代位权?

按照《合同法》的规定,有关代位权行使的内容解读如下:

(1)代位权行使的主体与方式。债权人行使代位权的,必须以自己的名义提起诉讼,因此,代位权诉讼的原告只能是债权人。代位权必须通过诉讼程序行使。

(2)代位权的行使范围。代位权的行使范围以债权人的债权为限,其含义包括如下两方面:第一,债权人行使代位权,只能以自身的债权为基础,而不应以债务人的其他债权人的债权为基础。第二,债权人代位行使的债权数额应当与其对债务人享有的债权数额为上限。即债务人所享有的债权超过了债权人所享有的债权,债权人不得就超过的部分行使代位权。

(3)代位权行使的效力。在债务链中,如果原债务人的债务人向原债务人履行债务,原债务人拒绝受领时,则债权人有权代原债务人受领。但在接受之后,应当将该财产交给原债务人,而不能直接独占财产。然后,再由原债务人向债权人履行其债务。如原债务人不主动履行债务时,债权人可请求强制履行受偿。

>> **案例分析** >>

案情回放:李某于2005年10月5日借款35000元给胡某,约定借款期限为1年,借款期限届满后,胡某未按约定还款。经了解,因胡某生意资金周转紧张,暂时无钱还款,但王某尚欠胡某到期货款2.7万元。2007年4月李某向法院提起代位权之诉,要求王某向其履行偿付义务,同时李某担心王某不一定有清偿能力,要求胡某承担连带责任。

审理观点:代位权制度的设立目的在于拓展债权人债权实现的责任财产范围,充实债权人一般担保的实力,使得在债务人既不清偿到期债务而又怠于行使其到期债权给债权人造成损害的情况下,债权人代位行使权利,使所受到的损害得以补救。但次债务人并不一定就具有履行能力,所以,为了充分地、最大化地保障债权人的权利,在债权人进行代位权诉讼确认次债务人就债务数额向债权人负有清偿责任的同时,应确定债务人对该债款数额负有连带清偿责任。所以应支持李某要求胡某承担连带责任的请求。

法理分析:由于债权人进行代位权诉讼,并不是一经判决确认即可得到债权必然实现的效果,即次债务人并不一定具备用于清偿债务的责任财产和能力。所以,为了充分地、最大化地保障债权人的权利,在债权人进行代位权诉讼,确认次债务人就债务数额向债权人负有清偿责任的同时,应确定债务人对该债款数额负有连带清偿责任。也就是说,债权人在取得次债务人向其清偿债务的权利同时,债务人对其原本所负有的清偿责任并不丧失,这才符合代位权诉讼制度的立法本意。所以,在代位诉讼中,债务人对代位要诉讼确认数额应负连带清偿责任。债务人不能以法院就代位权诉讼所作的由次债务人代位清偿为由,推卸其原本既有的债务清偿责任。

118. 什么是合同中的撤销权?

合同中的撤销权并不是解除合同的权利,它是指因债务人实施了减少自身财产的行为,对债权人的债权造成损害,债权人可以请求法院撤销债务人该行为的权利。

撤销权的成立必须要具备以下要件:

(1)债务人实施了处分财产的行为。可能导致债权人行使撤销权的债务人行为包括如下三种情形:①债务人放弃到期债权;②债务人无偿转让财产;③债务人以明显不合理的低价转让财产。

(2)债务人处分财产的行为发生在债权人的债权成立之后。如果债务人处分财产的行为发生在债权人债权成立之前,债务人的行为不发生危及债权的可能性。

(3)债权人处分财产的行为已经发生效力。债权人的撤销权建立在债务人处分财产的行为已经生效的基础上。如果债务人的行为没有成立和生效,或者就是无效行为,就不必由债权人行使撤销权。

(4)债务人处分财产的行为侵害债权人债权。只有当债务人处分财产的行为已经或者将要严重侵害债权人的债权时,债权人才能行使撤销权。一般认为,当债务人实施处分财产后,其资产已经不足以向债权人清偿债务,就可以认定为其行为有害于债权人的债权。

≫**法条链接**≫

《合同法》第七十四条:因债务人放弃其到期债权或者无偿转让财产,对债权人造成损害的,一债权人可以请求人民法院撤销债务人的行为。债务人以明显不合理的低价转让财产,对债权人造成损害,并且受让人知道该情形的,债权人也可以请求人民法院撤销债务人的行为。撤销权的行使范围以债权人的债权为限。债权人行使撤销权的必要费用,由债务人负担。

119. 如何行使合同撤销权?

(1)撤销权行使的主体与方式。按照《合同法》的规定,由债权人行使撤销权,即撤销权诉讼的原告只能是债权人。在撤销权行使的方式上,债权人行使撤销权时,必须通过向法院起诉的方式进行,并由法院作出撤销判决才能发生撤销的效果。也就是说,撤销权并非债权人不经任何机关自我决定撤销债务人的某种对自己不利的行为。如果撤销权实现了,即撤销了债务人与第三人之间的民事行为。

(2)撤销权行使的期间。按照《合同法》的规定,撤销权的行使是有时间限制的,撤销权自债权人知道或者应当知道撤销事由之日起一年内应当行使该权利。假设债权人并不知情,自债务人的行为发生之日起五年内没有行使撤销权的,撤销权也就不复存在了,可谓有权不用,过期作废。

(3)撤销权的行使范围。根据《合同法》的规定,撤销权的行使范围以债权人的债权为限。其含义包括如下几点:其一,债权人行使撤销权,只能以自身的债权为基础,而不能以债务人的其他债权人的债权为保全对象;其二,债权人在行使撤销权时,其请求撤销的数额应当与其债权数额相一致,但不要求完全相等,而应当是大致相当。

≫**法条链接**≫

《合同法》第七十五条:撤销权自债权人知道或者应当知道撤销事由之日起一年内行使。自债务人的行为发生之日起五年内没有行使撤销权的,该撤销权消灭。

≫**案例分析**≫

案情回放:被告长期拖欠原告工程款1400万元,原告多次催要,被告提出因资金周转困难暂时无力偿还。当原告又一次找被告催要工程款时,被告答应将其办公楼出卖筹款,以偿还工程款。但原告后来得知被告低价格将其一幢办公楼卖给丙。按当时市价,办公楼估价约为1500万元。但被告却以1000万元的价格卖给了丙。原告遂到法院起诉,请求法院宣判被告与丙的房屋买卖合同无效。

法理分析:在本案中,被告故意低价转让其财产,从而使其不能有足够的资产清偿对原告的债务,导致原告的债权不能完全实现。对此,原告可以通过行使债的保全手段即撤销权,通过向法院提起诉讼,以维护其债权。

120. 合同生效之后可以转让吗?

合同生效之后是可以转让的,《合同法》对此作出了专门的规定。所谓的合同转让,是指合同当事人一方依法将合同权利、义务全部或者部分转让给他人。合同转让的实质就是合同中约定的权利、义务的转让,或者说是债权人、债务人发生变化,但合同的内容并没有任何改变。

合同转让的类型包括:①合同权利转让,又称为"债权转让"、"债权让与",它分为合同权利部分转让和合同权利全部转让;②合同义务转让,又称为"债务承担"、"债务转移",它分为合同义务部分转让和合同义务全部转让;③合同权利义务概括转让,又称为"概括承受"、"概括转移",它分为合同权利义务全部转移和合同权利义务部分转移。

合同转让具有以下几方面的特点:①合同转让只是合同主体(合同当事人)发生变化,不涉及合同权利义务内容变化;②合同转让的核心在于处理好原合同当事人之间,以及原合同当事人中的转让人与原合同当事人之外的受让人之间,因合同转让而产生的权利义务关系。

合同转让不是随心所欲的,要符合法律的规定,合同权利义务转让的事由包括:①依法律规定而产生权利转让。例如,《继承法》第三条规定,遗产包括被继承人的合同权利,该权利可以依法转让给继承人等;②依法律行为而发生转让,很普遍的情况是合同原债权人、债务人与第三人(受让人)就合同权利转让或者义务承担达成一致。

121. 合同变更与合同转让是一回事吗?

合同变更与合同转让不是一回事。合同变更是指在合同双方当事人主体稳定不变的前提下,合同内容即合同的权利义务发生一些改变。

合同变更分为约定变更和法定变更。①约定变更。当事人经过协商达成一致意见,可以变更合同;②法定变更。即法律明确规定在特定条件下,当事人可以不必经过协商而变更合同。例如,《合同法》第三百零八条规定:"在承运人将货物交付收货人之前,托运人可以要求承运人中止运输、返还货物、变更到达地或者将货物交给其他收货人,但应当赔偿承运人因此受到的损失。"

合同变更需要符合一定的条件与程序,具体内容如下:

(1)合同关系已经存在。合同变更是针对已经存在的合同,无合同关系就无从变更。合同无效、合同被撤销,视为无合同关系,也不存在合同变更的可能。

(2)合同内容需要变更。合同内容变更可能涉及合同标的变更、数量、质量、价款或者酬金、期限、地点、计价方式等。合同生效后,当事人不得因其主体名称的变更或者法定代表人、负责人、承办人的变动而主张和请求合同变更。

(3)合同变更应经合同当事人协商一致,或者法院判决、仲裁庭裁决,或者援引法律直接规定。

(4)符合法律、行政法规要求的方式。如果法律、行政法规对合同变更方式有要求,则应遵守这种要求。

关于合同变更的效力问题,《合同法》规定合同的变更效力仅及于发生变更的部分,已经发生变更的部分以变更后的为准;已经履行的部分不因合同变更而失去法律依据;未变更的部分继续原有的效力。同时,合同变更不影响当事人要求赔偿损失的权利。

≫ **法条链接** ≫

《合同法》第七十七条:当事人协商一致,可以变更合同。

法律、行政法规规定变更合同应当办理批准、登记等手续的,依照其规定。

122. 什么是合同债权或者权利的转让?它有哪些法律上的要求?

债权转让是指在不改变合同权利义务内容基础上,享有合同权利的当事人将其权利转让给第三人享有。

债权转让依法必须具备一定的条件,根据《合同法》的规定,这些条件包括:①须存在有效的债权,无效合同或者已经被终止的合同不产生有效的债权,不产生债权转让;②被转让的债权应具有可转让性。

合同债权的转让并非绝对的,下列三种债权不得转让:①根据合同性质不得转让;②按照当事人约定不得转让;③依照法律规定不得转让。

债权转让之后将会发生以下几方面的效力:

(1)受让人成为合同新债权人。有效的合同转让将使转让人(原债权人)脱离原合同,受让人取代其法律地位而成为新的债权人。但是,在债权部分转让时,只发生部分取代,而由转让人和受让人共同享有合同债权。

(2)从权利随之转移。主合同中的权利和义务称为"主权利"、"主义务",从合同中的权利和义务称为"从权利"、"从义务"。《合同法》第八十一条规定:"债权人转让权利的,受让人取得与债权有关的从权利,但该从权利专属于债权人自身的除外。"

(3)抗辩权随之转移。由于债权已经转让,原合同的债权人已经由第三人代替,所以,债务人的抗辩权就不能再向原合同的债权人行使了,而要向接受债权的第三人行使。债务人接到债权转让通知后,债务人对让与人的抗辩,可以向受让人主张。

(4)抵销权的转移。如果原合同当事人存在可以依法抵销的债务,则在债权转让后,债务人的抵销权可以向受让人主张。债务人接到债权转让通知时,债务人对让与人享有债权,并且债务人的债权先于转让的债权到期或者同时到期的,债务人可以向受让人主张抵销。

≫法条链接≫

《合同法》第七十九条:债权人可以将合同的权利全部或者部分转让给第三人,但有下列情形之一的除外:

(一)根据合同性质不得转让;

(二)按照当事人约定不得转让;

(三)依照法律规定不得转让。

《合同法》第八十条:债权人转让权利的,应当通知债务人。未经通知,该转让对债务人不发生效力。

债权人转让权利的通知不得撤销,但经受让人同意的除外。

《合同法》第八十一条:债权人转让权利的,受让人取得与债权有关的从权利,但该从权利专属于债权人自身的除外。

《合同法》第八十二条:债务人接到债权转让通知后,债务人对让与人的抗辩,可以向受让人主张。

《合同法》第八十三条:债务人接到债权转让通知时,债务人对让与人享有债权,并且债务人的债权先于转让的债权到期或者同时到期的,债务人可以向受让人主张抵销。

123. 什么是债务转移？法律对其有哪些规定？

所谓的债务转移，是指在不改变合同权利义务内容基础上，承担合同义务的当事人将其义务转由第三人承担。

债务转移涉及合同中债权人权益问题，因此，债务转移必须符合以下法定条件：

(1)被转移的债务有效存在。本来不存在的债务、无效的债务或者已经终止的债务，不能成为债务转移的对象。

(2)被转移的债务应具有可转移性。和债权转让一样，债务转移也不是随心所欲的，有些债务依法不具有可转移性，具体包括：①某些合同债务与债务人的人身有密切联系，例如，以特别人身信任为基础的合同（例如，委托监理合同）；②当事人特别约定合同债务不得转移；③法律强制性规范规定不得转让债务，例如，建设工程施工合同中主体结构不得分包。

(3)须经债权人同意。按照《合同法》的规定，债务人将合同的义务全部或者部分转移给第三人的，应当经债权人同意。债权人同意是债务转移的重要生效条件。合同关系通常是建立在债权人对债务人信任（最主要是对其履行能力的信任）的基础上，如果债务未经债权人同意转移给第三人，则很可能损害债权人利益。

关于债务转移的法律效力问题，主要体现在以下三个方面：

(1)承担人成为合同新债务人。就合同义务全部转移而言，承担人取代债务人成为新的合同债务人，如果承担人不履行债务，将由承担人直接向债权人承担违约责任，原债务人脱离合同关系。

(2)抗辩权随之转移。由于债务已经转移，原合同的债务人已经由第三人代替，所以，债务人的抗辩权就只能由接受债务的第三人行使了。

(3)从债务随之转移。债务人转移义务的，新债务人应当承担与主债务有关的从债务，但该从债务专属于原债务人自身的除外。

≫法条链接≫

《合同法》第八十四条：债务人将合同的义务全部或者部分转移给第三人的，应当经债权人同意。

《合同法》第八十五条：债务人转移义务的，新债务人可以主张原债务人对债权人的抗辩。

《合同法》第八十六条：债务人转移义务的,新债务人应当承担与主债务有关的从债务,但该从债务专属于原债务人自身的除外。

124. 合同中的权利义务能否全部转让给他人？

合同中的权利和义务可以全部转让他人,这在合同法理论上称为合同权利义务概括转让或一并转让,它是指合同当事人一方将其合同权利义务一并转让给第三方,由该第三方继受这些权利义务。

债权债务的概括转让应当具备如下要件：

(1)转让人与承受人达成合同转让协议。这是债权债务概括转移的关键。如果承受人不接受该债权债务,则无法发生债权债务的转让。

(2)原合同必须有效。原合同无效不能产生法律效力,更不能转让。

(3)原合同为双务合同。只有双务合同才可能将债权债务一并转移,否则,只能为债权转让或者是债务转移。

(4)符合法定的程序。当事人一方经对方同意,可以将自己在合同中的权利和义务一并转让给第三人。也就是说,经对方同意是概括转让的一个必要条件。

≫**法条链接**≫

《合同法》第八十八条：当事人一方经对方同意,可以将自己在合同中的权利和义务一并转让给第三人。

《合同法》第八十九条：权利和义务一并转让的,适用本法第七十九条、第八十一条至第八十三条、第八十五条至第八十七条的规定。

125. 合同当事人单方面解除合同应当具备哪些条件？

单方解除条件是当事人在订立合同时可以预先设定的,解除合同的条件成就时,解除权人可以通知对方解除合同。单方解除合同既要具备法定的实质性条件,也应履行相应的程序性行为,否则,单方解除不受法律保护。

按照《合同法》的规定,合同当事人有权单方解除合同的情形有以下几种：①因不可抗力致使不能实现合同目的;②在履行期限届满之前,当事人一方明确表示或者以自己的行为表明不履行主要债务,这种行为称为"预期违约";③当事人一方迟延履行主要债务,经催告后在合理期限内仍未履行;④当事人一方迟延履行债务或者有其他违约行为致使不能实现合同目的。

在单方解除合同的程序上,法律规定或者当事人约定解除权行使期限,期限届满当事人不行使的,该权利消灭。法律没有规定或者当事人没有约定解除权行使期限,经对方催告后在合理期限内不行使的,该权利消灭。当事人一方依照规定主张解除合同的,应当通知对方。合同自通知到达对方时解除。对方有异议的,可以请求人民法院或者仲裁机构确认解除合同的效力。解除人和相对人均有权请求法院或者仲裁机构确认解除合同的效力。法律、行政法规规定解除合同应当办理批准、登记等手续的,依照其规定。

≫法条链接≫

《合同法》第九十三条:当事人协商一致,可以解除合同。

当事人可以约定一方解除合同的条件。解除合同的条件成就时,解除权人可以解除合同。

《合同法》第九十四条:有下列情形之一的,当事人可以解除合同:

(一)因不可抗力致使不能实现合同目的;

(二)在履行期限届满之前,当事人一方明确表示或者以自己的行为表明不履行主要债务;

(三)当事人一方迟延履行主要债务,经催告后在合理期限内仍未履行;

(四)当事人一方迟延履行债务或者有其他违约行为致使不能实现合同目的;

(五)法律规定的其他情形。

126. 如何认定合同履行中的违约责任?

所谓的违约责任,是指合同当事人不履行合同或者履行合同不符合双方当事人合同约定而依法应当承担的民事法律责任。

判断是否存在违约责任,应当从主观要件和客观要件两个方面加以判断:

(1)主观要件。主观要件是指作为合同当事人,在履行合同中不论其主观上是否有过错,即主观上有无故意或过失,只要造成违约的事实,均应承担违约法律责任。不论合同当事人主观上是否有过错以及过错的状态如何,只要存在违约的事实,就将产生违约责任。

(2)客观要件。客观要件是指合同依法成立、生效后,合同当事人一方或者双方未按照法定或约定全面地履行应尽的义务,即出现了客观地违约事实,此时就应承担违约的法律责任。违约责任实行严格责任原则。严格责任原则是指有违约行为即构成违约责任,只有存在免责事由的时候,才可以免除违约责任。所谓违约行为,是指合同当事人不履行合同义务或者履行合同义务不符合约定条件的行为。

127. 合同当事人违约,应当如何承担违约责任?

按照《合同法》的规定,当事人违约的,应当承担继续履行、采取补救措施或者赔偿损失等违约责任。现就这些法律责任阐释如下:

(1)继续履行。在某合同当事人违反合同后,非违约方有权要求其依照合同约定继续履行合同,也称"强制实际履行"。例如,按照《合同法》的规定,当事人一方未支付价款或者报酬的,对方可以要求其支付价款或者报酬。

继续履行必须建立在能够并应该实际履行的基础上,但也有法定的例外,包括:①法律上或者事实上不能履行;②债务的标的不适于强制履行或者履行费用过高;③债权人在合理期限内未要求履行。

(2)采取补救措施。违约方采取补救措施可以减少非违约方所受的损失。对违约责任没有约定或者约定不明确,或不能确定的,受损害方根据标的性质以及损失的大小,可以合理选择要求对方承担修理、更换、重作、退货、减少价款或者报酬等违约责任。

(3)赔偿损失。当事人一方不履行合同义务或者履行合同义务不符合约定的,在履行义务或者采取补救措施后,对方还有其他损失的,应当赔偿损失。当事人一方不履行合同义务或者履行合同义务不符合约定,给对方造成损失的,损失赔偿额应当相当于因违约所造成的损失,包括合同履行后可以获得的利益,但不得超过违反合同一方订立合同时预见到或者应当预见到的因违反合同可能造成的损失。

>>法条链接>>

《合同法》第一百零七条:当事人一方不履行合同义务或者履行合同义务不符合约定的,应当承担继续履行、采取补救措施或者赔偿损失等违约责任。

《合同法》第一百零九条:当事人一方未支付价款或者报酬的,对方可以要求其支付价款或者报酬。

《合同法》第一百一十条:当事人一方不履行非金钱债务或者履行非金钱债务不符合约定的,对方可以要求履行,但有下列情形之一的除外:

(一)法律上或者事实上不能履行;
(二)债务的标的不适于强制履行或者履行费用过高;
(三)债权人在合理期限内未要求履行。

《合同法》第一百一十一条:质量不符合约定的,应当按照当事人的约定承担违约责任。对违约责任没有约定或者约定不明确,或不能确定的,受损害方根据标的的性质以及损失的大小,可以合理选择要求对方承担修理、更换、重作、退货、减少价款或者报酬等违约责任。

128. 定金和违约金是一回事吗?

定金和违约金不是一个概念。定金是指合同当事人一方预先支付给对方的款项,其目的在于担保合同债权的实现。定金是债权担保的一种形式,定金之债是从债务,因此,合同当事人对定金的约定是一种从属于被担保债权所依附的合同的从合同。按照法律的规定,债务人履行债务后,定金应当抵作价款或者收回。给付定金的一方不履行约定的债务的,无权要求返还定金;收受定金的一方不履行约定的债务的,应当双倍返还定金。

而违约金则是指当事人在合同中或合同订立后约定因一方违约而应向另一方支付一定数额的金钱。违约金可分为约定违约金和法定违约金。当事人可以约定一方违约时应当根据违约情况向对方支付一定数额的违约金,也可以约定因违约产生的损失赔偿额的计算方法。约定的违约金低于造成的损失的,当事人可以请求人民法院或者仲裁机构予以增加;约定的违约金过分高于造成的损失的,当事人可以请求人民法院或者仲裁机构予以适当减少。当事人就迟延履行约定违约金的,违约方支付违约金后,还应当履行债务。

定金和违约金虽然都是一方应给付给对方的一定款项,都有督促当事人履行合同的作用,但二者区别也较为明显:①定金须于合同履行前交付,而违约金只能发生违约行为以后交付;②定金有证约和预先给付的作用,而违约金没有;③定金主要起担保作用,而违约金主要是违反合同的民事责任形式;④定金一般是约定的,而违约金既可以是约定的,也可以是法定的。

另外,当事人既约定违约金,又约定定金的,一方违约时,对方可以选择适用违约金或者定金条款,也就是说,二者只能选择其一。

≫法条链接≫

《合同法》第一百一十四条:当事人可以约定一方违约时应当根据违约

情况向对方支付一定数额的违约金,也可以约定因违约产生的损失赔偿额的计算方法。

约定的违约金低于造成的损失的,当事人可以请求人民法院或者仲裁机构予以增加;约定的违约金过分高于造成的损失的,当事人可以请求人民法院或者仲裁机构予以适当减少。

当事人就迟延履行约定违约金的,违约方支付违约金后,还应当履行债务。

《合同法》第一百一十五条:当事人可以依照《中华人民共和国担保法》约定一方向对方给付定金作为债权的担保。债务人履行债务后,定金应当抵作价款或者收回。给付定金的

一方不履行约定的债务的,无权要求返还定金;收受定金的一方不履行约定的债务的,应当双倍返还定金。

《合同法》第一百一十六条:当事人既约定违约金,又约定定金的,一方违约时,对方可以选择适用违约金或者定金条款。

≫案例分析≫

案情回放:A房地产公司(下称A公司)与B建筑公司(下称B公司)达成一项协议,由B公司为A公司承建一栋商品房。合同约定,标的总额6000万元,8个月交工,任何一方违约,按合同总标的额20%支付违约金。合同签订后,为筹集工程建设资金,A公司用其建设用地使用权作抵押向甲银行贷款3000万元,乙公司为此笔贷款承担保证责任,但对保证方式未作约定。

B公司经A公司同意,将部分施工任务交给丙建筑公司施工,该公司由张、李、王三人合伙出资组成。施工中,工人刘某不慎掉落手中的砖头,将路过工地的行人陈某砸成重伤,花去医药费5000元。

问题一:如果B公司延期交付工程半个月,A公司以此提起仲裁,要求支付合同总标的额20%即1200万元违约金,B公司可以请求减少违约金吗?

法理分析:B公司可以请求仲裁机构适当减少违约金。按照《合同法》第一百一十四条第二款的规定,约定的违约金低于造成的损失的,当事人可以请求人民法院或者仲裁机构予以增加;约定的违约金过分高于造成的损失的,当事人可以请求人民法院或者仲裁机构予以适当减少。

问题二：对于陈某的损害应当由谁赔偿？

法理分析：应该由施工人丙建筑公司赔偿。按照《民法通则》第一百二十五条的规定："在公共场所、道旁或者通道上挖坑、修缮安装地下设施等，没有设置明显标志和采取安全措施造成他人损害的，施工人应当承担民事责任。"

问题三：对于乙公司的保证责任，其性质应如何认定？理由是什么？

法理分析：乙公司的保证责任性质属于连带责任保证。因为按照《担保法》第十九条："当事人对保证方式没有约定或者约定不明确的，按照连带责任保证承担保证责任。"

129. 什么是不可抗力？它对合同履行有什么影响？

《合同法》上所说的不可抗力是指不能预见、不能避免并不能克服的客观情况。不可抗力包括如下情况：

(1) 自然事件，如地震、洪水、火山爆发、海啸等；

(2) 社会事件，如战争、暴乱、骚乱、特定的政府行为等。

在不可抗力的适用上，有以下问题值得注意：

(1) 合同中是否约定不可抗力条款，不影响直接援用法律规定。

(2) 不可抗力条款是法定免责条款，约定不可抗力条款如果小于法定范围，当事人仍可援用法律规定主张免责；如果大于法定范围，超出部分应视为另外成立了免责条款。

(3) 不可抗力作为免责条款具有强制性，当事人不得约定将不可抗力排除在免责事由之外。

(4) 不可抗力的免责效力。因不可抗力不能履行合同的，根据不可抗力的影响，部分或全部免除责任。但有以下列外：①金钱债务的迟延责任不得因不可抗力而免除；②迟延履行期间发生的不可抗力不具有免责效力。

≫**法条链接**≫

《合同法》第一百一十七条：因不可抗力不能履行合同的，根据不可抗力的影响，部分或者全部免除责任，但法律另有规定的除外。当事人迟延履行后发生不可抗力的，不能免除责任。

本法所称不可抗力，是指不能预见、不能避免并不能克服的客观情况。

《合同法》第一百一十八条：当事人一方因不可抗力不能履行合同的，应当及时通知对方,以减轻可能给对方造成的损失,并应当在合理期限内提供证明。

130. 在哪些情形下,违约责任可以免除?

违约责任免责是指在履行合同的过程中,因出现法定的免责条件或者合同约定的免责事由导致合同不履行的,合同债务人将被免除合同履行义务。按照法律的规定,违约责任免除主要有以下两种情形:

(1)约定的免责。合同中可以约定在一方违约的情况下免除其责任的条件,这个条款称为"免责条款"。免责条款并非全部有效,法定的例外情形包括:①造成对方人身伤害的;②因故意或者重大过失造成对方财产损失的。造成对方人身伤害,侵犯了对方的人身权,造成对方财产损失,侵犯了对方的财产权,均属于违法行为,因而,这样的免责条款是无效的。

(2)法定的免责。即出现了法律规定的特定情形,即使当事人违约也可以免除违约责任。例如,因不可抗力不能履行合同的,根据不可抗力的影响,部分或者全部免除责任,但法律另有规定的除外。当事人迟延履行后发生不可抗力的,不能免除责任。

131. 签订买卖合同应注意哪些特殊事项?

买卖合同是一方转移标的物的所有权给另一方,另一方支付价款的合同。转移所有权的一方为出卖人或卖方,支付价款而取得所有权的一方为买受人或者买方。在买卖合同,应注意以下几种特别规定:

第一,买卖合同自双方当事人意思表示一致就可以成立,不需要交付标的物。但也应注意一些特殊的成立方式,具体包括以下两种:

(1)买卖合同成立的证明与认定。①当事人之间没有书面合同,一方以送货单、收货单、结算单、发票等主张存在买卖合同关系的,人民法院应当结合当事人之间的交易方式、交易习惯以及其他相关证据,对买卖合同是否成立作出认定。②对账确认函、债权确认书等函件、凭证没有记载债权人名称,买卖合同当事人一方以此证明存在买卖合同关系的,人民法院应予以支持,但有相反证据足以推翻的除外。

(2)预约合同。当事人签订认购书、订购书、预定书、意向书、备忘录等预约合同,约定在将来一定期限内订立买卖合同,一方不履行订立买卖合同的义务,对方请求其承担预约合同违约责任或者要求解除预约合同并主张损害赔偿的,人民法院应予支持。

第一,分期付款买卖问题。根据《合同法》规定,分期付款买卖的买受人未支付到期价款的金额达到全部价款的五分之一,出卖人可以要求买受人支付全部价款或者解除合同。出卖人解除合同的,可以向买受人要求支付该标的物的使用费。

第二,样品买卖问题。当事人约定依样品买卖的,视为出卖人保证交付的货物与样品具有同一品质,其意义是出卖人提供一种质量担保。样品买卖的当事人应当封存样品,并可对样品质量作出说明。出卖人交付的标的物应当与样品及其说明的质量相同。样品买卖的买受人不知道样品有隐蔽瑕疵的,即使出卖人交付的标的物与样品相同,买受人仍有权要求其交付符合同种物通常质量标准的标的物。

第三,试用买卖问题。试用买卖合同属于附停止条件的买卖合同,即在所附买卖条件成就前,出卖人应将标的物交付给买受人试验使用,最终是否同意购买取决于买受人的意愿。试用期间届满,买受人对是否购买标的物未作表示的,视为购买。

第四,房屋买卖问题。对于房屋买卖合同,法律的特殊规定包括:①房屋买卖合同需要采用书面形式,买卖双方需将买卖房屋的位置、面积、价金等约定于书面;②在城镇买卖房屋之所有权须经房屋登记机构登记后,才发生转移,如未登记,即使交付,也不发生权利转移效果;③出卖共有房屋或出租房屋时,其他共有人或承租人享有同等条件下的优先购买权。

最后,为了体现合同的规范性与完整性,在买卖合同的条款约定上,要注意尽可能地将如下内容写进合同:①合同名称(产品名称),例如采购合同(适用于原料、设备采购);②合同签订的目的(为了增强买卖双方的责任感,实现各自的经济目的,经双方充分协商,特订立本合同,以便共同遵守);③合同主体。甲方(买方):(公司名称)、乙方(卖方):(公司名称);④合同主要内容。在合同实践中,主要内容的基本顺序是:第一条,产品的名称、品种、规格和质量。第二条,产品的数量和计量单位、计量方法。第三条,产品的包装标准和包装物的供应与回收。第四条,产品的交货单位,交货方法、运输方式、到发地点。第五条,产品的交(提)货期限。第六条,产品的价格与货款的结算。第七条,验收方法。第八条,对产品提出异议的时间和办法。第九条,乙方的违约责任。第十条,甲方的违约责任。第十一条,合同争议的解决方式。第十二条,合同生效时间;⑤双方签字(盖章)。

≫法条链接≫

《合同法》第一百三十一条:买卖合同的内容除依照本法第十二条的规定以外,还可以包括包装方式、检验标准和方法、结算方式、合同使用的文字及其效力等条款。

≫买卖合同范本≫

出卖人:(以下简称甲方)
住所地:
法定代表人:
买受人:(以下简称乙方)
住所地:
法定代表人:

甲、乙双方根据《中华人民共和国合同法》等有关法律规定,在平等、自愿的基础上,经充分协商,就乙方购买甲方产品达成以下买卖合同条款。

一、产品名称、型号、数量

二、产品质量

1. 质量标准:

2. 乙方对产品质量的特殊要求:

3. 乙方对产品包装的特殊要求:

4. 乙方对产品质量有异议的,应当在收到产品后5日内提出确有证据的书面异议并通知到甲方;逾期不提出异议的,视为甲方产品质量符合本合同约定要求。但乙方使用甲方产品的,不受上述期限限制,视为甲方产品符合合同约定要求。

三、产品价款

1. 产品的单价与总价:_____
上述货物的含税价为:_____ 总价款为:_____

2. 甲方产品的包装费用、运输费用、保险费用及交付时的上下列支费用等按下列约定承担:

甲方产品的包装物由_____提供,包装费用由_____承担。
甲主产品的运输由_____办理,运输费用由_____承担。
甲方产品的保险由_____办理,保险费用由_____承担。

甲方产品交付时的上下列支费用由_____承担。
乙方承担的上述费用,乙方应当在甲方交货前一次性给付甲方。

四、产品交付

甲方产品交付方式为:乙方提货/甲方送货/甲方代办托运。

产品交付地点为甲方所在地,交货时间为合同生效后_____天,若乙方对甲方产品有特殊要求的,甲方应当在乙方提供相关确认文件后_____天内交货。但乙方未能按约定付款,甲方有权拒绝交货,乙方未能及时提供相应文件的,甲方有权延期交货。

在合同约定期限内甲方违约未能及时交货的,产品的灭失、毁损的风险由甲方承担;产品交付后或乙方违约致使甲方拒绝交货、延期交货的,产品的灭失、毁损的风险由乙方承担。

五、价款结算

乙方应在本合同书签订____日内向甲方预付货款_____元,甲方交付前给付价款_____元,余款由乙方在收到甲方产品之日起____天内付清。

乙方应当以现金、支票或即期银行承兑汇票方式支付甲方价款。

双方同意乙方未能付清所有价款之前,甲方产品的所有权仍属于甲方所有。

六、合同的解除与终止

双方协商一致的,可以终止合同的履行。一方根本性违约的,另一方有权解除合同,但应当及时书面通知到对方。

七、商业秘密

乙方在签订和履行本合同中知悉的甲方的全部信息(包括技术信息和经营信息等)均为甲方的商业秘密。

无论何种原因终止、解除本合同的,乙方同意对在签订和履行本合同中知悉的甲方的商业秘密承担保密义务。非经甲方书面同意或为履行本合同义务之需要,乙方不得使用、披露甲方的商业秘密。

乙方违反上述约定的,应当赔偿由此给甲方造成的全部损失。

八、违约责任

本合同签订后,任何一方违约,都应当承担违约金_____元。若违约金不足以弥补守约方损失的,违约方应当赔偿给守约方造成的一切损失(包括直接损失、可得利益损失及主张权利的费用等)。

九、不可抗力

因火灾、战争、罢工、自然灾害等不可抗力因素而致本合同不能履行的,双方终止合同的履行,各自的损失各自承担。不可抗力因素消失后,双方需要继续履行合同的,由双方另行协商。

因不可抗力终止合同履行的一方,应当于事件发生后____日内向对方提供有权部门出具的发生不可抗力事件的证明文件并及时通知对方。未履行通知义务而致损失扩大的,过错方应当承担赔偿责任。

十、其他约定事项

1.乙方联系人或授权代表在履行合同过程中对甲方所作的任何承诺、通知等,都对乙方具有约束力,具有不可撤销性。

2.签订或履行合同过程中,非经甲方书面同意或确认,乙方对甲方任何人员的个人借款,均不构成乙方对甲方的预付款或已付款款项。

3.乙方联系地址、电话等发生变化的,应当及时通知到甲方,在乙方通知到甲方前,甲方按本合同列明的联系方式无法与乙方联系的,由乙方承担相应的责任。

4.本合同未约定的事项,由双方另行签订补充协议,补充协议与本合同书具有同等法律效力。

5.乙方应当在签订合同时向甲方提供其合法经营的证明文件,并作为本合同的附件。

6.签订本合同时,双方确认的合同附件为本合同不可分割的组成部分,与本合同具有同,同等法律效力。

十一、争议解决

本合同履行过程中产生争议的,双方可协商解决。协商不成,应向甲方所在地人民法院提起诉讼解决。

十二、明示条款

甲、乙双方对本合同的条款已充分阅读,完全理解每一条款的真实意思表示,愿意签订并遵守本合同的全部约定。

十三、本合同经双方盖章或授权代表签字后生效。

十四、本合同书一式四份,双方各执二份。

甲　方:_____　　　　　乙　方:_____
委托代理人:_____　　　委托代理人:_____
电　话:_____　　　　　电　话:_____
传　真:_____　　　　　传　真:_____
____年__月__日　　　　　____年__月__日

132. 签订民间借款合同应当注意哪些事项？

按照法律、法规的规定，结合民间借款实践，农村地区的民间借款应当注意以下问题：

(1)借款人应当按照约定的期限支付利息。对于没有约定或者约定不明确的，可以协议补充，不能达成补充协议的，按照合同有关条款或者交易习惯确定。如果仍不能确定的，借款期间不满一年的，应当在返还借款时一并支付；借款期间一年以上的，应当在每届满一年时支付，剩余期限不满一年的，应当在返还借款时一并支付。

(2)民间借贷的利率可以高于银行利率，但最高不得超过银行利率的四倍(含利率本数)，利息约定一定要明确，没有约定利息的，视为无息借款。约定超出银行同期利率四倍的，超出部分的利息依法不予保护。出借人不得将利息计入本金谋取高利，审理中发现借款人将利息计入本金计算复利的，只返还本金。

(3)诉讼时效问题。如果借款没有约定还款期限的，债权人可以随时提出还款主张，不受两年诉讼时效的限制，但提出还款主张后两年内没有继续主张的，视为超过诉讼时效，法律不予支持。

(4)原告主张债权必须提供书面借据；无书面借据或无法提供的，应提供必要的事实根据或与自己无利害关系的两人以上的证人证言，来支持自己的主张。欠条或者借条在债务人之手时一般将被推定为该债务已经清偿。

(5)行为人以借款人的名义出具的借据代其借款，借款人不承认，行为人又不能证明的，由行为人承担民事责任。如借款系用于夫妻共同生活，则由夫妻双方共同偿还。

(6)借款的抵押如果涉及不动产，要到相关部门办理登记手续，才能有效地对抗第三人，否则，抵押没有实质意义。

(7)出借人明知是为了进行非法活动而借款的，典型的例子就是赌债，其借贷关系不予保护。对双方的违法借贷行为，可按照有关法律予以制裁。

(8)还款期满后六个月内，如果债务人仍不还款的，债权人必须向担保人主张权利，否则，担保将会过期，过期后担保人一般不承担担保责任。

≫法条链接≫

《合同法》第一百九十七条：借款合同采用书面形式，但自然人之间借款另有约定的除外。借款合同的内容包括借款种类、币种、用途、数额、利率、期限和还款方式等条款。

《合同法》第一百九十八条:订立借款合同,贷款人可以要求借款人提供担保。担保依照《中华人民共和国担保法》的规定。

《最高人民法院关于人民法院审理借贷案件的若干意见》第六条:民间借贷的利率可以适当高于银行的利率,各地人民法院可根据本地区的实际情况具体掌握,但最高不得超过银行同类贷款利率的四倍(包含利率本数)。超出此限度的,超出部分的利息不予保护。

《最高人民法院关于人民法院审理借贷案件的若干意见》第九条:公民之间的定期无息借贷,出借人要求借款人偿付逾期利息,或者不定期无息借贷经催告不还,出借人要求偿付催告后利息的,可参照银行同类贷款的利率计息。

《最高人民法院关于人民法院审理借贷案件的若干意见》第十一条:出借人明知借款人是为了进行非法活动而借款的,其借贷关系不予保护。

《最高人民法院关于人民法院审理借贷案件的若干意见》第十三条:在借贷关系中,仅起联系、介绍作用的人,不承担保证责任。对债务的履行确有保证意思表示的,应认定为保证人,承担保证责任。

《最高人民法院关于人民法院审理借贷案件的若干意见》第十四条:行为人以借款人的名义出具借据代其借款,借款人不承认,行为人又不能证明的,由行为人承担民事责任。

≫借款合同范本≫

贷款方:

借款方:

保证方:

借款方为进行生产(或经营活动),向贷款方申请借款,并聘请保证方作为保证人,贷款方也已审查批准,经三方(或双方协商),特订立本合同,以便共同遵守。

第一条:贷款种类

第二条:借款用途

第三条:借款金额

金额:人民币(大写)元整.

第四条:借款利率

借款利息为千分之____,利随本清,如遇国家调整利率,按新规定计算。

第五条:借款和还款期限

第六条:还款资金来源及还款方式

1.还款资金来源:

2.还款方式:

第七条:保证条款

1.借款方用做抵押,到期不能归还贷款方的贷款,贷款方有权处理抵押品。借款方到期如数归还贷款的,抵押品由贷款方退还给借款方。

2.借款方必须按照借款合同规定的用途使用借款,不得挪作他用,不得用借款进行违法活动。

3.借款方必须按照合同规定的期限还本付息。

4.借款方有义务接受贷款方的检查,监督贷款的使用情况,了解借款方的计划执行、经营管理、财务活动、物资库存等情况。借款方应提供有关的计划、统计、财务会计报表及资料。

5.需要有保证人担保时,保证人履行连带责任后,有向借贷方追偿的权利,借贷方有义务对保证人进行偿还。

第八条:违约责任

一、借款方的违约责任

1.借款方不按合同规定的用途使用借款,贷款方有权收回部分或全部贷款,对违约使用的部分,按银行规定的利率加收罚息。情节严重的,在一定时期内,银行可以停止发放新贷款。

2.借款方如逾期不还借款,贷款方有权追回借款,并按银行规定加收罚息。借款方提前还款的,应按规定加(减)收利息。

3.借款方使用借款造成损失浪费或利用借款合同进行违法活动的,贷款方应追回贷款本息,有关单位对直接责任人应追究行政和经济责任。情节严重的,由司法机关追究刑事责任。

二、贷款方的违约责任

1.贷款方未按期提供贷款,应按违约数额和延期天数,付给借款方违约金,违约金数额的计算应与加收借款方的罚息计算相同。

2.银行、信用合作社的工作人员,因失职行为造成贷款损失浪费或利用借款合同进行违法活动的,应追究行政和经济责任。情节严重的,应由司法机关追究刑事责任。

第九条:解决合同纠纷的方式

执行本合同发生争议,由当事人双方协商解决.协商不成,双方同意由仲裁委员会仲裁或向人民法院起诉。

第十条：其他

本合同非因《借款合同条例》规定允许变更或解除合同的情况发生,任何一方当事人不得擅自变更或解除合同。当事人一方依照《借款合同条例》要求变更或解除本借款合同时,应及时采用书面形式通知其他当事人,并达成书面协议。本合同变更或解除之后,借款方已占用的借款和应付的利息,仍应按本合同的规定偿付。

本合同如有未尽事宜,须经合同双方当事人共同协商,作出补充规定,补充规定与本合同具有同等效力。

本合同正本一式三份,贷款方、借款方、保证方各执一份；合同副本一式,报送等有关单位(如经公证或鉴证,应送公证或鉴证机关)各留存一份。

贷款方：(签字)　　　　　　　　　借款方：(签字)

地址：电话号码：　　　　　　　　地址：电话号码：

保证方：(签字)

地址：电话号码：

133. 签订合同一定需要公证吗?

不是必须的,即合同公证不是合同生效的必备要件。合同公证是指公证机关对签订合同的双方在自愿的前提下所签订的合同内容,双方代表的资格等进行认真审核后,而出具的公证书。当然,为了确保签订合同的双方履行合同义务,避免产生纠纷,对合同内容是否符合有关法律、法规及签订合同的双方代表是否具备合法资格等进行公证,具有积极作用。特别是当双方当事人发生纠纷进入诉讼程序时,经过公证的合同文本其证据资格和证明效力更强,更有利于保护合同权益。

134. 农村地区建筑施工企业如何正确定签订建设工程施工合同?

按照《合同法》和建筑法律、法规规章的规定,签订施工合同应包括工程范围、建设工期、中间交工工程的开工和竣工时间、工程质量、工程造价、技术资料交付时间、材料和设备供应责任、拨款和结算、竣工验收、质量保修范围和质量保证期、双方相互协作等条款。现就这些条款解释如下：

(1)工程范围。工程范围是指施工的界区,是施工人进行施工的工作范围。

(2)建设工期。在实践中,有的发包人常常要求缩短工期。施工人为了赶进度,往往导致严重的工程质量问题。因此,为了保证工程质量,双方当事人应当在施工合同中确定合理的建设工期。

(3)中间交工工程的开工和竣工时间。中间交工工程是指施工过程中的阶段性工程。为了保证工程各阶段的交接,顺利完成工程建设,当事人应当明确中间交工工程的开工和竣工时间。

(4)工程质量。工程质量条款是明确施工人施工要求,确定施工人责任的依据。施工人必须按照工程设计图纸和施工技术标准施工,不得擅自修改工程设计,不得偷工减料。发包人也不得明示或者暗示施工人违反工程建设强制性标准,降低建设工程质量。

(5)工程造价。工程造价是工程建设所需的全部费用,包括人工费、材料费、施工机械使用费、安全措施费等。在实践中,有的发包人为了获得更多的利益,往往压低工程造价,而施工人为了盈利或不亏本,不得不偷工减料、以次充好,结果导致工程质量不合格,甚至造成严重的工程质量事故。因此,为了保证工程质量,双方当事人应当合理确定工程造价。

(6)技术资料交付时间。技术资料主要是指勘察、设计文件以及其他施工人据以施工所必需的基础资料。当事人应当在施工合同中明确技术资料的交付时间。

(7)材料和设备供应责任。材料和设备可以由发包人负责提供,也可以由施工人负责采购。如果按照合同约定由发包人负责采购建筑材料、构配件和设备的,发包人应当保证建筑材料、构配件和设备符合设计文件和合同要求。施工人则须按照工程设计要求、施工技术标准和合同约定,对建筑材料、构配件和设备进行检验。

(8)拨款和结算。拨款和结算条款是施工人请求发包人支付工程款和报酬的依据。

(9)竣工验收。竣工验收条款一般应当包括验收范围与内容、验收标准与依据、验收人员组成、验收方式和日期等内容。

(10)质量保修范围和质量保证期。建设工程质量保修范围和质量保证期,应当按照《建设工程质量管理条例》的规定执行。

(11)双方相互协作条款。双方相互协作条款一般包括双方当事人在施工前的准备工作,施工人及时向发包人提出开工通知书、施工进度报告书、对发包人的监督检查提供必要协助等。

≫法条链接≫

《合同法》第二百七十条:建设工程合同应当采用书面形式。

《合同法》第二百七十五条:施工合同的内容包括工程范围、建设工期、中间交工工程的开工和竣工时间、工程质量、工程造价、技术资料交付时间、材料和设备供应责任、拨款和结算、竣工验收、质量保修范围和质量保证期、双方相互协作等条款。

≫建设施工合同范本≫

发包人(全称):＿＿＿＿＿＿＿＿＿＿

承包人(全称):＿＿＿＿＿＿＿＿＿＿

依照《中华人民共和国合同法》、《中华人民共和国建筑法》及其他有关法律、行政法规,遵循平等、自愿、公平和诚实信用的原则,双方就本建设工程施工事项协商一致,订立本合同。

一、工程概况

工程名称:＿＿＿＿＿＿＿＿＿＿

工程地点:＿＿＿＿＿＿＿＿＿＿

工程内容:＿＿＿＿＿＿＿＿＿＿

群体工程应附承包人承揽工程项目一览表

工程立项批准文号:＿＿＿＿＿＿＿＿＿＿

资金来源:＿＿＿＿＿＿＿＿＿＿

二、工程承包范围

承包范围:＿＿＿＿＿＿＿＿＿＿

三、合同工期

开工日期:＿＿＿＿＿＿＿＿＿＿

竣工日期:＿＿＿＿＿＿＿＿＿＿

合同工期总天数＿＿＿＿＿＿＿天

四、质量标准

工程质量标准:＿＿＿＿＿＿＿＿＿＿

五、合同价款

金额(大写):＿＿＿＿＿＿＿＿＿＿元(人民币)

$:＿＿＿＿＿＿＿＿＿＿元

六、组成合同的文件

组成本合同的文件包括：

1. 本合同协议书

2. 中标通知书

3. 投标书及其附件

4. 本合同专用条款

5. 本合同通用条款

6. 标准、规范及有关技术文件

7. 图纸

8. 工程量清单

9. 工程报价单或预算书

双方有关工程的洽商、变更等书面协议或文件视为本合同的组成部分。

七、本协议书中有关词语含义与本合同第六部分《通用条款》中分别赋予它们的定义相同。

八、承包人向发包人承诺按照合同约定进行施工、竣工并在质量保修期内承担工程质量保修责任。

九、发包人向承包人承诺按照合同约定的期限和方式支付合同价款及其他应当支付的款项。

十、合同生效

合同订立时间：_____年_____月_____日

合同订立地点：_____

本合同双方约定_____后生效。

发包人：(公章)	承包人：(公章)
住　　所：	住　　所：
法定代表人：	法定代表人：
委托代理人：	委托代理人：
电　　话：	电　　话：
传　　真：	传　　真：
开户银行：	开户银行：
账　　号：	账　　号：
邮政编码：	邮政编码：

135. 我国法律规定了几种担保形式?

所谓的担保,是指法律为确保特定的债权人实现债权,以债务人或第三人的信用或者特定财产来督促债务人履行债务的制度。据法律规定,担保有五种方式,即保证、抵押、质押、留置、定金。

(1)保证。保证是以保证人的保证承诺作为担保的,签订保证合同时并不涉及具体的财物。当债务人不能依主合同的约定清偿债务时,保证人负有代为清偿债务责任。

(2)抵押。抵押是以抵押人提供的抵押物作为担保的,债务履行期届满,抵押权人未受清偿的,可以与抵押人协议以抵押物折价或者以拍卖、变卖该抵押物所得的价款受偿。抵押不转移对抵押物的占有,这是其与质押的显著区别。

(3)质押。质押是以出质人所提供的质物作为担保的,债务履行期届满,质权人未受清偿的,可以与出质人协议以质物折价,也可以依法拍卖、变卖质物。质押转移对质押物的占有,出质人要将质物交由质权人保管。

(4)留置。留置是以留置权人业已占有的债务人的动产作为担保物,债权人留置财产后,债务人应当在不少于两个月的期限内履行债务。债权人与债务人在合同中未约定的,债权人留置债务人财产后,应当确定两个月以上的期限,通知债务人在该期限内履行债务。债务人逾期仍不履行的,债权人可以与债务人协议以留置物折价,也可以依法拍卖、变卖留置物。

(5)定金。定金是指以债务人提交给债权人一定数额的金钱作为担保。

≫**法条链接**≫

《担保法》第二条:在借贷、买卖、货物运输、加工承揽等经济活动中,债权人需要以担保方式保障其债权实现的,可以依照本法规定设定担保。

本法规定的担保方式为保证、抵押、质押、留置和定金。

136. 在保证担保方式中,法律对保证人的资格是如何规定的?

保证人是指与债权人约定,为主合同债务提供担保,当债务人不能履行债务时,由其按照约定履行债务或承担责任的一方当事人。按照法律的规定,具有担保能力的法人、其他组织或者公民可以作为保证人的。根据最高法院的司法解释,其他组织主要包括:

(1)依法登记领取营业执照的独资企业、合伙企业;

(2)依法登记领取营业执照的联营企业;

(3)依法登记领取营业执照的中外合作经营企业;
(4)经民政部门核准登记的社会团体;
(5)经核准登记领取营业执照的乡镇、街道、村办企业。

≫**法条链接**≫

《担保法》第七条:具有代为清偿债务能力的法人、其他组织或者公民,可以作保证人。

137. 哪些组织不能作为担保人?

按照《担保法》第八条至第九条的规定,以下几类组织不能作为保证人:

(1)国家机关不得为保证人,但经国务院批准为使用外国政府或者国际经济组织贷款进行转贷的除外。

(2)学校、幼儿园、医院等以公益为目的的事业单位、社会团体不得为保证人。

(3)企业法人的分支机构、职能部门不得为保证人。企业法人的分支机构有法人书面授权的,可以在授权范围内提供保证。

138. 保证担保的形式有哪几种?

要正确适用保证这种担保形式,关键要掌握好保证的种类、保证范围以及保证期间的法律规定。

(1)保证方式的分类。保证的方式分为一般保证和连带责任保证。当事人对保证方式没有约定或者约定不明确的,按照连带责任保证承担保证责任。①一般保证。一般保证是指债权人和保证人约定,首先由债务人清偿债务,当债务人不能清偿债务时,才由保证人代为清偿债务的保证方式。一般保证的保证人在主合同纠纷未经审判或者仲裁,并就债务人财产依法强制执行仍不能履行债务前,对债权人可以拒绝承担保证责任;②连带责任保证。连带责任保证是指当事人在保证合同中约定保证人与债务人对债务承担连带责任的保证方式。连带责任保证的债务人在主合同规定的债务履行期届满没有履行债务的,债权人可以要求债务人履行债务,也可以要求保证人在其保证范围内承担保证责任。

≫**法条链接**≫

《担保法》第十七条:当事人在保证合同中约定,债务人不能履行债务时,由保证人承担保证责任的,为一般保证。

一般保证的保证人在主合同纠纷未经审判或者仲裁,并就债务人财产依法强制执行仍不能履行债务前,对债权人可以拒绝承担保证责任。

139. 法律对保证担保的范围和时间是如何规定的?

按照《担保法》的规定,保证担保的范围和时间有以下要求:

(1)保证担保的范围或者事项。具体包括主债权及其利息、违约金、损害赔偿金和实现债权的费用。

(2)保证期间。保证期间是指保证人承担保证责任的期间。一般保证的保证人与债权人未约定保证期间的,保证期间为主债务履行期届满之日起六个月。在合同约定的保证期间和前款规定的保证期间,债权人未对债务人提起诉讼或者申请仲裁的,保证人免除保证责任;债权人已提起诉讼或者申请仲裁的,保证期间适用诉讼时效中断的规定。

连带责任保证的保证人与债权人未约定保证期间的,债权人有权自主债务履行期届满之日起六个月内要求保证人承担保证责任。在合同约定的保证期间和前款规定的保证期间,债权人未要求保证人承担保证责任的,保证人免除保证责任。

≫法条链接≫

《担保法》第二十一条:保证担保的范围包括主债权及利息、违约金、损害赔偿金和实现债权的费用。保证合同另有约定的,按照约定。

当事人对保证担保的范围没有约定或者约定不明确的,保证人应当对全部债务承担责任。

≫保证担保合同范本≫

合同编号:_____

保证人:_____

法定住址:_____

法定代表人:_____

职务:_____

委托代理人:_____

身份证号码:_____

通讯地址:_____

邮政编码：_____

联系人：_____

电话：_____

传真：_____

账号：_____

电子信箱：_____

开户金融机构及账号：_____

债权人：_____

法定住址：_____

法定代表人：_____

职务：_____

委托代理人：_____

身份证号码：_____

通讯地址：_____

邮政编码：_____

联系人：_____

电话：_____

传真：_____

账号：_____

电子信箱：_____

为确保_____合同（以下称主合同）的履行，在债务人不履行债务时，保证人_____愿意按照约定履行债务或者承担责任，债权人经审查，同意接受_____作为保证人，双方经协商一致，按以下条款订立本合同。

第一条 保证担保的范围

1.保证担保的范围包括：主债权及利息、债务人应支付的违约金（包括罚息）和损害赔偿金以及实现债权的费用（包括诉讼费、律师费等）。

被保证的主债权种类、数额：_____。

2.合同双方对保证担保的范围没有约定或者约定不明确的，保证人应当对全部债务承担责任。

3.合同双方在保证合同中约定的保证责任范围超过法定的保证责任范围的，对保证合同的效力没有影响，但超过法定保证责任范围的部分没有强制执行的效力。保证人自愿履行的,法律不禁止;保证人在自愿履行后又反悔的,不予支持。

第二条 保证担保方式

1. 本合同的保证方式为:

(1)一般保证;

(2)连带责任保证。

2. 本合同当事人对保证方式没有约定或者约定不明确的,按照连带责任保证承担保证责任。

3. 保证人对主合同中的债务人的债务承担连带责任,如债务人没有按主合同约定履行或者没有全部履行其债务,债权人有权直接要求保证人承担保证责任。

4. 两个以上保证人对同一债务同时或者分别提供保证时,各保证人与债权人没有约定保证份额的,应当认定为连带共同保证。

5. 连带共同保证的债务人在主合同规定的债务履行期届满没有履行债务的,债权人可以要求债务人履行债务,也可以要求任何一个保证人承担全部保证责任。

6. 连带共同保证的保证人承担保证责任后,向债务人不能追偿的部分,由各连带保证人按其内部约定的比例分担。没有约定的,平均分担。

第三条 保证责任

1. 保证期间自本合同生效之日起至主合同履行期限届满之日后_____止。

2. 保证期间,债权人依法将主债权转让给第三人的,保证人在原保证担保的范围内继续承担保证责任。

3. 保证期间,债权人许可债务人转让债务的,应当取得保证人书面同意,保证人对未经其同意转让的债务,不再承担保证责任。

4. 保证期间,主合同的当事人双方协议变更主合同除_____以外的其他内容,应当事先取得本合同保证人的书面同意。未经保证人书面同意的,保证人不再承担保证责任。

5. 保证期间,债权人与债务人对主合同数量、价款、币种、等内容作了变动,未经保证人书面同意的,如果减轻债务人的债务的,保证人仍应当对变更后的合同承担保证责任;如果加重债务人的债务的,保证人对加重的部分不承担保证责任。

6. 债权人与债务人对主合同履行期限作了变动,未经保证人书面同意的,保证期间为原合同约定的或者法律规定的期间。

7.债权人与债务人协议变动主合同内容,但并未实际履行的,保证人仍应当承担保证责任。

8.在本合同规定的保证期间,债权人未要求保证人承担保证责任的,保证人免除保证责任。

9.同一债权既有保证又有第三人提供物的担保的,债权人可以请求保证人或者物的担保人承担担保责任。当事人对保证担保的范围或者物的担保的范围没有约定或者约定不明的,承担了担保责任的担保人,可以向债务人追偿,也可以要求其他担保人清偿其应当分担的份额。

10.同一债权既有保证又有物的担保的,物的担保合同被确认无效或者被撤销,或者担保物因不可抗力的原因灭失而没有代位物的,保证人仍应当按合同的约定或者法律的规定承担保证责任。

11.债权人在主合同履行期届满后怠于行使担保物权,致使担保物的价值减少或者毁损、灭失的,视为债权人放弃部分或者全部物的担保。保证人在债权人放弃权利的范围内减轻或者免除保证责任。

第四条　保证人权利义务

1.保证期间,保证人发生机构变更、撤销或其他足以影响其保证能力的变故,保证人应提前_____天书面通知债权人,本合同项下的全部义务由变更后的机构承担或由保证人在_____日之内落实为债权人所接受的新的保证人。

2.保证期间,保证人不得向第三方提供超出其自身负担能力的担保。

3.本合同的主合同既有保证又有物的担保的,保证人对物的担保以外的债权承担保证责任。债权人放弃物的担保的,保证人在债权人放弃权利的范围内免除保证责任。

4.有下列情形之一的,保证人不承担民事责任:

(1)主合同当事人双方串通,骗取保证人提供保证的;

(2)主合同债权人采取欺诈、胁迫等手段,使保证人在违背真实意思的情况下提供保证的。

5.保证人承担保证责任后,有权向债务人追偿。

6.人民法院受理债务人破产案件后,债权人未申报债权的,保证人可以参加破产财产分配,预先行使追偿权。

7.在本合同保证期间内,保证人如再向他人提供担保,不得损害债权人的利益,并须征得债权人的同意。

第五条 债权人权利义务

1. 保证期间,债权人有权对保证人的资金和财产状况进行监督,有权要求保证人提供其财务报表等资料,保证人应如实提供。

2. 发生下列情况之一,债权人有权要求保证人提前承担保证责任,保证人同意提前承担保证责任:

(1)保证人违反本合同的约定或者发生其他严重违约行为;

(2)主合同履行期间,债务人死亡、宣告失踪或丧失民事行为能力致使债权人债权落空,或者债务人有违约情形等。

3. 在订立保证合同之前,债权人有权以债务人提供的保证人不具备清偿能力为由拒绝与其签订保证合同;但保证合同一经订立,保证人是否具有清偿能力并不影响保证合同的有效性。

第六条 保证人违约责任

1. 保证人不承担保证责任或者违反本合同约定的其他义务的,应向债权人支付被保证的主合同项下金额_____%的违约金,因此给债权人造成经济损失且违约金数额不足以弥补所受损失的,应赔偿债权人的实际经济损失。对上述违约金、赔偿金以及保证人未承担保证责任的金额、利息和其他费用,债权人有权直接用保证人存款账户中的资金予以抵销。

2. 债务人与保证人共同欺骗债权人,订立主合同和保证合同的,债权人可以请求人民法院予以撤销。因此给债权人造成损失的,由保证人与债务人承担连带赔偿责任。

第七条 保证人在此向债权人作出以下声明和保证:

1. 保证人是依照_____法律正式成立及有效存在的_____,具有独立法人地位,能够以其本身名义起诉和应诉及拥有其资产和经营其现在或计划经营的业务。

2. 保证人有充分的法定的权利、权力和权限签订本担保书和履行本保证书下的责任。

3. 本保证书在主合同生效时同时生效,即对保证人构成合法、有效和具约束力的义务,可以按其条款付诸实施,并可以随时在_____法庭执行。

4. 保证人在签署及/或履行本保证书都不会:①违反或触犯任何法律或条例,或保证人的章程或成立文件;②违反或触犯保证人签订的任何契约或协议或对保证人本身或其任何资产有约束力的文件;③超越保证人保证的权限(不论是受保证人的章程或其他协议所限制的),或超越保证人董事会的权限;④导致或迫使在其本身的任何资产上设置任何抵押。

　　5.保证人没有拖欠任何应付之其他债务,也不存在任何契约、信托契约、协议或其他文件中所约定的保证人不得实施的违约行为。

　　6.没有人正在任何法院、裁判所、仲裁处或政府机关对保证人或其资产提出诉讼,此诉讼将会严重影响保证人的财务、业务、资产及其他状况。

　　7.除法定的优先债务以外,保证人在本保证书下所承担的责任为直接的及无条件的,而其付款责任均在任何时间与其他无抵押的债务享有同等地位。

　　8.保证人在本保证书签署之日时并未违反任何有关债务履行的协议,或不履行或违反任何其他协议。

　　第八条　保证人免责范围

　　1.保证合同约定,债权人转让其债权,保证责任免除的。

　　2.保证期间,债务人虽然得到债权人许可,将其债务移转第三人,但未经保证人同意。

　　3.债权人与债务人协议变更主合同,但未经保证人同意(除非当事人有相反的约定外)。

　　4.在连带责任保证,保证期间届满,债权人未要求保证人承担保证责任的。

　　5.在同一债权既有保证又有物的担保的情况下,债权人放弃物的担保的,保证人在债权人放弃权利的范围内免责。

　　第九条　通知

　　1.根据本合同需要一方向另一方发出的全部通知以及双方的文件往来及与本合同有关的通知和要求等,必须用书面形式,可采用_____(书信、传真、电报、当面送交等)方式传递。以上方式无法送达的,方可采取公告送达的方式。

　　2.各方通讯地址如下:_____。

　　3.一方变更通知或通讯地址,应自变更之日起_____日内,以书面形式通知对方;否则,由未通知方承担由此而引起的相关责任。

　　第十条　争议的处理

　　1.本合同受中华人民共和国法律管辖并按其进行解释。

　　2.本合同在履行过程中发生的争议,由双方当事人协商解决,也可由有关部门调解;协商或调解不成的,按下列第_____种方式解决:

　　(1)提交_____仲裁委员会仲裁;

　　(2)依法向人民法院起诉。

第十一条　不可抗力

1.如果本合同任何一方因受不可抗力事件影响而未能履行其在本合同下的全部或部分义务,该义务的履行在不可抗力事件妨碍其履行期间应予中止。

2.声称受到不可抗力事件影响的一方应尽可能在最短的时间内通过书面形式将不可抗力事件的发生通知另一方,并在该不可抗力事件发生后＿＿＿＿日内向另一方提供关于此种不可抗力事件及其持续时间的适当证据及合同不能履行或者需要延期履行的书面资料。声称不可抗力事件导致其对本合同的履行在客观上成为不可能或不实际的一方,有责任尽一切合理的努力消除或减轻此等不可抗力事件的影响。

3.不可抗力事件发生时,双方应立即通过友好协商决定如何执行本合同。不可抗力事件或其影响终止或消除后,双方须立即恢复履行各自在本合同项下的各项义务。如不可抗力及其影响无法终止或消除而致使合同任何一方丧失继续履行合同的能力,则双方可协商解除合同或暂时延迟合同的履行,且遭遇不可抗力一方无须为此承担责任。当事人迟延履行后发生不可抗力的,不能免除责任。

4.本合同所称"不可抗力"是指受影响一方不能合理控制的,无法预料或即使可预料到也不可避免且无法克服,并于本合同签订日之后出现的,使该方对本合同全部或部分的履行在客观上成为不可能或不实际的任何事件。此等事件包括但不限于自然灾害如水灾、火灾、旱灾、台风、地震,以及社会事件如战争(不论曾否宣战)、动乱、罢工,政府行为或法律规定等。

第十二条　合同变更解除

本合同有效期内,合同双方任何一方不得擅自变更或解除合同。

第十三条　合同的解释

本合同未尽事宜或条款内容不明确,合同双方当事人可以根据本合同的原则、合同的目的、交易习惯及关联条款的内容,按照通常理解对本合同作出合理解释。该解释具有约束力,除非解释与法律或本合同相抵触。

第十四条　补充与附件

本合同未尽事宜,依照有关法律、法规执行,法律、法规未作规定的,双方可以达成书面补充合同。本合同的附件和补充合同均为本合同不可分割的组成部分,与本合同具有同等的法律效力。

第十五条　保证合同效力

1.本合同的效力独立于被保证的主合同,主合同无效并不影响本合同的效力。

2.保证人(企业法人)的分支机构未经保证人书面授权或者超出授权范围与债权人订立保证合同的,本保证合同无效或者超出授权范围的部分无效;债权人和保证人有过错的,应当根据其过错各自承担相应的民事责任;债权人无过错的,由保证人承担民事责任。

3.本合同自双方或双方法定代表人或其授权代表人签字并加盖单位公章或合同专用章之日起生效。有效期为＿＿＿＿年,自＿＿＿＿年＿＿＿＿月＿＿＿＿日至＿＿＿＿年＿＿＿＿月＿＿＿＿日。

4.本合同正本一式＿＿＿＿份,双方各执＿＿＿＿份,具有同等法律效力。

保证人(盖章)：　　　　　　债权人(盖章)：＿＿＿＿

法定代表人(签字)：＿＿＿　　法定代表人(签字)：＿＿＿＿

委托代理人(签字)：＿＿＿　　委托代理人(签字)：＿＿＿＿

签订地点：＿＿＿＿　　　　　签订地点：＿＿＿＿

＿＿＿年＿＿＿月＿＿＿日　　＿＿＿年＿＿＿月＿＿＿日

140. 定金和预付款是一回事吗?

在签订和履行合同中,当事人经常既约定定金,又约定了预付款,但二者是两个不同的法律概念。它们的区别表现在以下方面:

(1)定金是合同的担保方式,主要作用是担保合同履行;而预付款的主要作用是为对方履行合同提供资金上的帮助,属于履行的一部分。

(2)交付定金的协议是从合同,而交付预付款的协议一般为合同内容的一部分。

(3)定金只有在交付后才能成立,而交付预付款的协议只要双方意思表示一致即可成立。

(4)定金合同当事人不履行主合同时,适用定金罚则,而预付款交付后当事人不履行合同的,不发生丧失预付款或双倍返还预付款的效力。

141. 定金担保生效的条件有哪些?

定金合同除具备合同成立的一般条件外,还须具备以下条件才能生效:

(1)主合同有效。因为定金合同是依附于当事人先行签订的主合同,具有从属性。

(2)发生交付定金的行为。定金合同为实践性合同,如果只有双方当事人的意思表示一致,而没有一方向另一方交付定金的交付行为,定金合同不能生效。虽然当事人在定金合同中应当约定交付定金的期限。但是,定金合同从实际交付定金之日起生效。

(3)定金的比例符合法律规定。定金的数额由当事人约定,但不得超过主合同标的额的20%。

≫法条链接≫

《担保法》第八十九条:当事人可以约定一方向对方给付定金作为债权的担保。债务人履行债务后,定金应当抵作价款或者收回。给付定金的一方不履行约定的债务的,无权要求返还定金;收受定金的一方不履行约定的债务的,应当双倍返还定金。

《担保法》第九十条:定金应当以书面形式约定。当事人在定金合同中应当约定交付定金的期限。定金合同从实际交付定金之日起生效。

《担保法》第九十一条:定金的数额由当事人约定,但不得超过主合同标的额的百分之二十。

≫定金合同范本≫【以商品房买卖定金为例】

房屋代码:＿＿＿＿＿＿＿＿＿＿＿＿

甲方(卖方):＿＿＿＿＿＿＿＿＿＿＿

住所:＿＿＿＿＿＿＿＿＿＿＿＿＿＿

邮编:＿＿＿＿＿＿＿＿＿＿＿＿＿＿

法定代表人:＿＿＿＿＿＿＿＿＿＿＿

联系电话:＿＿＿＿＿＿＿＿＿＿＿＿

乙方(预订方):＿＿＿＿＿＿＿＿＿＿

联系电话:＿＿＿＿＿＿＿＿＿＿＿＿

住所:＿＿＿＿＿＿＿＿＿＿＿＿＿＿

邮编:＿＿＿＿＿＿＿＿＿＿＿＿＿＿

证件名称:＿＿＿＿＿＿＿＿＿＿＿＿

证号:＿＿＿＿＿＿＿＿＿＿＿＿＿＿

甲、乙双方遵循平等自愿和诚实信用的原则,经协商一致,就乙方向甲方预订商品房事宜,订立本协议。

第一条　乙方预订_____区_____街(路)_____号《_____》项目_____幢_____层_____室(以下简称该房屋)。甲方已取得该房屋的商品房预售许可证(证书号：_____)，并经_____测绘机构预测，该房屋建筑面积为_____平方米，套内建筑面积为_____平方米。该房屋甲方定于_____年_____月_____日交付给乙方。

第二条　乙方预订的该房屋每平方米套内建筑面积单价为人民币_____元，总房价为人民币_____元，乙方采取[一次性][分期][按揭]方式付款。

第三条　乙方同意签订本协议时，支付定金人民币_____元，作为甲、乙方双方当事人订立商品房买卖合同的担保，签订商品房买卖合同后，乙方支付的定金转为房价款。签订商品房买卖合同时，买卖单价应以本协议第二条约定的单价为准。

第四条　甲、乙双方商定，预订期为_____天，乙方于_____年_____月_____日前到_____与甲方协商签订商品房买卖合同。

超过预订期，乙方未与甲方协商签订商品房买卖合同的，甲方有权解除本协议。甲方解除本协议的，定金不予返还。

第五条　甲方同意将发布或提供的广告、售楼书、模型、样板房所标明的房屋平面布局、结构、建筑质量、装饰标准及附属设施、配套设施等状况作为商品房买卖合同的附件。

第六条　有下列情形之一，乙方拒绝签订商品房买卖合同的，甲方应全额返还乙方已支付的定金。

1. 甲乙双方在签订商品房买卖合同时，因面积误差处理、户型结构、土地使用年限、房屋交付、房屋质量、违约责任、争议解决方式等条款存在分歧，不能协商一致的。

2. 甲乙双方签订本协议后、签订商品房买卖合同前，由司法机关、行政机关依法限制该房屋房地产权利的。

第七条　有下列情况之一，乙方拒绝签订商品房买卖合同的，甲方应双倍返还乙方已支付的定金：

1. 甲方未以本协议第二条约定的单价作为商品房买卖价格的。

2. 甲方未遵守第五条约定的。

3. 甲方未告知乙方在签订本协议前该房屋已存在抵押、预租、查封等事实的。

第八条　除本协议第六条、第七条约定的情形外,乙方在预订期内提出解除本协议的,无权要求甲方返还定金。

第九条　其他约定。

第十条　甲乙双方签订商品房买卖合同后,本协议自行终止。

本协议一式＿＿＿＿＿份,甲乙双方各持＿＿＿＿＿份,＿＿＿＿＿、＿＿＿＿＿各执一份。

第十一条　本协议在履行过程中发生争议,由双方当事人协商解决;协商不成的,按下述第＿＿＿＿＿种方式解决:

1.向＿＿＿＿＿仲裁委员会申请仲裁。

2.依法向人民法院起诉。

甲方(签章):＿＿＿＿＿＿　　　　乙方(签章):＿＿＿＿＿＿

＿＿＿＿＿年＿＿＿月＿＿＿日　　　＿＿＿＿＿年＿＿＿月＿＿＿日

142. 哪些财产不得抵押?

抵押是指债务人或者第三人不转移财产的占有,将该财产作为债权的担保。当债务人不履行债务时,债权人有权依法以该财产折价或者拍卖,并以此获得债权实现的担保方式。对于抵押物的范围问题,法律作出了禁止性的规定,即下列财产不得作为抵押物:①土地所有权;②耕地、宅基地、自留地、自留山等集体所有的土地使用权,但法律规定可以抵押的除外;③学校、幼儿园、医院等以公益为目的的事业单位、社会团体的教育设施、医疗卫生设施和其他社会公益设施;④所有权、使用权不明或者有争议的财产;⑤依法被查封、扣押、监管的财产;⑥法律、行政法规规定不得抵押的其他财产。

需要特别说明的是,按照《物权法》的规定,第②种情形实际上强调土地承包经营权不得抵押。但是,按照2014年中央一号文件的最新规定,土地承包经营权可以进行抵押。由于党的政策是立法的基本依据之一,我们认为,相关法律很快将在这个问题上作出回应性修改。

≫法条链接≫

《物权法》第一百八十四条、《担保法》第三十七条:下列财产不得抵押:

(一)土地所有权;

(二)耕地、宅基地、自留地、自留山等集体所有的土地使用权,但法律规定可以抵押的除外；

（三）学校、幼儿园、医院等以公益为目的的事业单位、社会团体的教育设施、医疗卫生设施和其他社会公益设施；

（四）所有权、使用权不明或者有争议的财产；

（五）依法被查封、扣押、监管的财产；

（六）法律、行政法规规定不得抵押的其他财产。

143. 签订抵押合同时，合同中应当约定哪些内容？

按照《担保法》第三十九条的规定，抵押合同应当包括以下内容：

(1) 被担保的主债权种类、数额；

(2) 债务人履行债务的期限；

(3) 抵押物的名称、数量、质量、状况、所在地、所有权权属或者使用权权属；

(4) 抵押担保的范围；

(5) 当事人认为需要约定的其他事项。

抵押合同不完全具备前款规定内容的，可以补正。

≫ 抵押合同范本 ≫

合同编号：＿＿＿＿＿＿

抵押权人：＿＿＿＿＿＿

法定住址：＿＿＿＿＿＿

法定代表人：＿＿＿＿＿＿

职务：＿＿＿＿＿＿

委托代理人：＿＿＿＿＿＿

身份证号码：＿＿＿＿＿＿

通讯地址：＿＿＿＿＿＿

邮政编码：＿＿＿＿＿＿

联系人：＿＿＿＿＿＿

电话：＿＿＿＿＿＿

传真：＿＿＿＿＿＿

账号：＿＿＿＿＿＿

电子信箱：＿＿＿＿＿＿

抵押人：＿＿＿＿＿＿

法定住址：_____
法定代表人：_____
职务：_____
委托代理人：_____
身份证号码：_____
通讯地址：_____
邮政编码：_____
联系人：_____
电话：_____
传真：_____
账号：_____
电子信箱：_____

为确保_____合同(以下称主合同)的履行,抵押人愿意以其有权处分的财产作抵押。抵押权人经审查,同意接受抵押人的财产抵押。双方经协商一致,按以下条款订立本合同。

第一条 抵押担保的范围

本抵押担保合同担保范围为主债权及利息、抵押人应支付的违约金和损害赔偿金以及实现债权和抵押权的费用(包括律师费和诉讼费)。抵押担保合同另有约定的,按照约定。

第二条 抵押物概况

1.抵押物名称：_____。

抵押物数量：_____。

抵押物质量：_____。

抵押物所在地：_____。

2.评估价值：抵押财产共作价(大写)人民币_____元整,抵押率为_____%,实际抵押额为_____元整。抵押人所担保的债权不得超出其抵押物的价值。财产抵押后,该财产的价值大于所担保债权的余额部分,可以再次抵押,但不得超出其余额部分。

3.抵押期限为_____年,自_____年_____月_____日起,至_____年_____月_____日止。

4.下列财产可以抵押(抵押物权属)：

(1)抵押人所有的房屋和其他地上定着物；

(2)抵押人所有的机器、交通运输工具和其他财产;

(3)抵押人依法有权处分的国有的土地使用权、房屋和其他地上定着物;

(4)抵押人依法有权处分的国有的机器、交通运输工具和其他财产;

(5)抵押人依法承包并经发包方同意抵押的荒山、荒沟、荒丘、荒滩等荒地的土地使用权;

(6)依法可以抵押的其他财产。

抵押人可以将上述所列财产一并抵押。

5.以依法取得的国有土地上的房屋抵押的,该房屋占用范围内的国有土地使用权同时抵押。

6.下列财产不得抵押:

(1)土地所有权;

(2)学校、幼儿园、医院等以公益为目的的事业单位、社会团体的教育设施、医疗卫生设施和其他社会公益设施;

(3)所有权、使用权不明或者有争议的财产;

(4)依法被查封、扣押、监管的财产;

(5)依法不得抵押的其他财产。

第三条 抵押物登记

1.抵押人授权抵押权人在本合同签订后执本合同、_____、_____及全套有关该抵押物的证明文件到有关的房地产管理机关办理抵押的登记备案手续。

2.抵押人授权抵押权人在获得该抵押物的正式产权证明后,依有关法律、法规的规定,到有关的登记管理机关办理该抵押物的正式抵押登记手续,并将该抵押物的他项权利证书及抵押登记证明交存于抵押权人。

3.办理抵押物登记的部门如下:

(1)以无地上定着物的土地使用权抵押的,为核发土地使用权证书的土地管理部门;

(2)以城市房地产或者乡(镇)、村企业的厂房等建筑物抵押的,为县级以上地方人民政府规定的部门;

(3)以林木抵押的,为县级以上林木主管部门;

(4)以航空器、船舶、车辆抵押的,为运输工具的登记部门;

(5)以企业的设备和其他动产抵押的,为财产所在地的工商行政管理部门。

4.抵押人以本合同第二条第四项规定的财产抵押的,应当办理抵押物登记,抵押合同自登记之日起生效。

5.抵押人以其他财产抵押的,可以自愿办理抵押物登记,抵押合同自签订之日起生效。

6.未办理抵押物登记的,不得对抗第三人。抵押人办理抵押物登记的,登记部门为抵押人所在地的公证部门。

7.办理抵押物登记,应当向登记部门提供下列文件或者其复印件:

(1)主合同和抵押合同;

(2)抵押物的所有权或者使用权证书。

第四条 抵押物的使用和保管

1.未经抵押权人同意,抵押人不得对该抵押物作出任何实质性结构改变。因抵押人违反本合同所作的改变而使该抵押物产生的任何增加物,自动转为本合同的抵押物。

2.抵押期间,未经抵押权人同意,抵押人不得将该抵押物转让、出租、变卖、再抵押、抵偿债务、馈赠或以任何形式处置。由此引起抵押权人的任何损失,由抵押人承担责任。

3.抵押人对该抵押物必须妥善保管,负有维修、保养、保证完好无损的责任,并随时接受抵押权人的监督检查。对该抵押物造成的任何损坏,由抵押人承担责任。

第五条 抵押物的保险

1.抵押人须在取得该抵押物_____日内,到抵押权人指定的保险公司并按抵押权人指定的保险种类为该抵押物购买保险。保险的赔偿范围应包括该抵押物遭受任何火灾、水灾、地震等自然灾害及其他意外事故所导致的破坏及损毁;投保金额不得少于重新购买该抵押物的全部金额;保险期限至主合同到期之日,如抵押人不履行到期还款的义务,抵押人应继续购买保险,直至主合同项下债务履行完毕为止。

2.抵押人需在保险手续办理完毕10日内,将保险单正本交抵押权人保管。保险单的第一受益人须为抵押权人,保险单不得附有任何损害或影响抵押权人权益的限制条件,或任何不负责赔偿的条款(除非抵押权人书面同意)。

3.抵押期内,抵押人不得以任何理由中断或撤销上述保险。否则,抵押人须无条件赔偿抵押权人因此所受的一切损失。

4.抵押人如违反上述保险条款,抵押权人可依照本合同之保险条款的规定,代为购买保险,所有费用由抵押人支付。

5.抵押期间,该抵押物发生保险责任以外的毁损,抵押人应就受损部分及时提供新的担保,并办理相应手续。

6.抵押人负责缴付涉及该抵押物的一切税费。抵押人因不履行该项义务而对抵押权人造成的一切损失,抵押人应负责赔偿。

第六条　抵押权的实现

1.发生以下情况的,抵押人同意抵押权人有权提前处分抵押物:

(1)根据主合同的约定主合同提前到期的;

(2)当有任何纠纷、诉讼、仲裁发生,可能对抵押物有不利影响的。

2.在抵押人不履行主合同约定条款时,抵押权人有权依法就处分该抵押物的价款优先受偿。抵押权人处分本抵押合同项下之款项,依下列次序处理:

(1)用于缴付因处理该抵押物而支出的一切费用;

(2)用于扣缴所欠的一切税款及抵押人应付的一切费用;

(3)扣还根据本合同抵押人应偿还抵押权人的债务及其他一切款项。

3.处分该抵押物的价款超过应偿还部分,抵押权人应退还抵押人。

4.如果抵押权人不适当行使抵押权,抵押人或者其他利害关系人可以向人民法院提出异议,造成利害关系人损失的,利害关系人可以向人民法院起诉。

5.如果债权未受清偿是因抵押权人自己的过错造成的,则抵押权人不得行使抵押权。

第七条　权利义务

(一)抵押权人的权利义务:

1.在抵押人到期还清债务后,抵押物权消失。

2.抵押权人有权检查、监督抵押财物的保管情况,了解抵押人的计划执行、经营管理、财务活动、物资库存等情况。抵押人对上述情况应完整如实地提供。对抵押人违反主合同的行为,抵押权人有权按有关规定给予信用制裁。

3.发生下列情况之一时,抵押权人有权中止主合同的履行:

(1)抵押人向抵押权人提供情况、报表和各项资料不真实;

(2)抵押人与第三者发生诉讼,经法院裁决败诉,偿付赔偿金后,无力向抵押权人履行债务;

(3)抵押人的资产总额不足抵偿其负债总额;

(4)抵押人的保证人违反或失去合同书中规定的条件。

3.抵押人的行为足以使抵押物价值减少的,抵押权人有权要求抵押人停止其行为。抵押物价值减少时,抵押权人有权要求抵押人恢复抵押物的价值,或者提供与减少的价值相当的担保。

4.抵押人对抵押物价值减少无过错的,抵押权人只能在抵押人因损害而得到的赔偿范围内要求提供担保。抵押物价值未减少的部分,仍作为债权的担保。

(二)抵押人的权利义务:

1.应严格按照住合同规定时间主动履行债务。

2.保证在抵押期间抵押物不受抵押权人破产、资产分割、转让的影响。如抵押权人发现抵押人抵押物有违反本条款的情节,抵押权人通知抵押人当即改正或可终止主合同。

3.抵押人应合理使用作为抵押物的,并负责抵押物的经营、维修、保养及有关税赋等费用。

4.抵押人因故意或过失造成抵押物毁损,应在15天内向抵押权人提供新的抵押物,若抵押人无法提供新的抵押物或担保时,抵押权人有权相应减少贷款额度,或解除本合同,追偿已贷出的贷款本息。

5.抵押人未经抵押权人同意不得将抵押物出租、出售、转让、再抵押或以其他方式处分。

6.抵押物由抵押人向中国人民保险公司分公司投保,以抵押权人为保险受益人,并将保险单交抵押权人保管,保险费由抵押人承担。投保的抵押物由于不可抗力遭受损失,抵押权人有权从保险公司的赔偿金中收回抵押人应当偿还的债务。

7.当抵押人为主抵押人时,主抵押人采取欺骗的方法,隐瞒事实真相,蒙蔽抵押权人相信其已经提供抵押担保而实质上是重复抵押的,如果抵押权人的债权受到损害,有权追偿抵押人除抵押物以外的其他财产,以清偿其债权。

第八条 违约责任

1.抵押权人如因本身责任不按合同规定履行债务,给抵押人造成经济上的损失,抵押权人应负责违约责任。

2.抵押人如未按主合同规定履行债务,一经发现,抵押权人有权终止合同并加收_____%的罚息。

3.抵押人如不按期履行债务,或有其他违约行为,抵押权人有权以抵押物折价或者以拍卖、变卖该抵押物所得的价款受偿。

第九条．抵押人声明及保证

抵押人在遵守本合同其他条款的同时还作声明及保证如下:

1.向抵押权人提供的一切资料均真实可靠,无任何伪造和隐瞒事实之处;

2.准许抵押权人或其授权人,在任何合理的时间内依法对抵押物进行检查;

3.抵押人在工作单位、联络方式等发生变化时,须在10日内书面通知抵押权人;

4.抵押人在占有该抵押物期间,应遵守管理规定,按时付清该抵押物的各项管理费用,并保证该抵押物免受扣押或涉及其他法律诉讼。

5.当有任何诉讼、仲裁发生,可能对该抵押物有不利影响时,抵押人保证在10日内以书面形式通知抵押权人。

第十条 通知

1.根据本合同需要一方向另一方发出的全部通知以及双方的文件往来及与本合同有关的通知和要求等,必须用书面形式,可采用_____(书信、传真、电报、当面送交等)方式传递。以上方式无法送达的,方可采取公告送达的方式。

2.各方通讯地址如下:_____。

3.抵押权人或抵押人任何一方要求变更合同或本合同中的某一项条款,须在事前以书面形式通知对方,在双方达成协议前,本合同中的各项条款仍然有效。

第十一条 合同的变更

本合同履行期间,发生特殊情况时,任何一方需变更本合同的,要求变更一方应及时书面通知对方,征得对方同意后,双方在规定的时限内(书面通知发出_____天内)签订书面变更协议,该协议将成为合同不可分割的部分。未经双方签署书面文件,任何一方无权变更本合同,否则,由此造成对方的经济损失,由责任方承担。

第十二条 合同的转让

1.抵押期间,抵押人转让已办理登记的抵押物的,应当通知抵押权人并告知受让人转让物已经抵押的情况;抵押人未通知抵押权人或者未告知受让人的,转让行为无效。

2.转让抵押物的价款明显低于其价值的,抵押权人可以要求抵押人提供相应的担保;抵押人不提供的,不得转让抵押物。

3.抵押人转让抵押物所得的价款,应当向抵押权人提前清偿所担保的债权或者向与抵押权人约定的第三人提存。超过债权数额的部分,归抵押人所有,不足部分由抵押人清偿。

4.抵押权不得与债权分离而单独转让或者作为其他债权的担保。

第十三条　争议的处理

1. 本合同受中华人民共和国法律管辖并按其进行解释。

2. 本合同在履行过程中发生的争议,由双方当事人协商解决,也可由有关部门调解;协商或调解不成的,按下列第_____种方式解决:

(1)提交_____仲裁委员会仲裁;

(2)依法向人民法院起诉。

3. 争议未获解决期间,除争议事项外,各方应继续履行本合同规定的其他条款。

第十四条　不可抗力

1. 如果本合同任何一方因受不可抗力事件影响而未能履行其在本合同下的全部或部分义务,该义务的履行在不可抗力事件妨碍其履行期间应予中止。

2. 声称受到不可抗力事件影响的一方应尽可能在最短的时间内通过书面形式将不可抗力事件的发生通知另一方,并在该不可抗力事件发生后_____日内向另一方提供关于此种不可抗力事件及其持续时间的适当证据及合同不能履行或者需要延期履行的书面资料。声称不可抗力事件导致其对本合同的履行在客观上成为不可能或不实际的一方,有责任尽一切合理的努力消除或减轻此等不可抗力事件的影响。

3. 不可抗力事件发生时,双方应立即通过友好协商决定如何执行本合同。不可抗力事件或其影响终止或消除后,双方须立即恢复履行各自在本合同项下的各项义务。如不可抗力及其影响无法终止或消除而致使合同任何一方丧失继续履行合同的能力,则双方可协商解除合同或暂时延迟合同的履行,且遭遇不可抗力一方无须为此承担责任。当事人迟延履行后发生不可抗力的,不能免除责任。

4. 本合同所称"不可抗力"是指受影响一方不能合理控制的,无法预料或即使可预料到也不可避免且无法克服,并于本合同签订日之后出现的,使该方对本合同全部或部分的履行在客观上成为不可能或不实际的任何事件。此等事件包括但不限于自然灾害如水灾、火灾、旱灾、台风、地震,以及社会事件如战争(不论曾否宣战)、动乱、罢工、政府行为或法律规定等。

第十五条　合同的解释

本合同未尽事宜或条款内容不明确,合同双方当事人可以根据本合同的原则、合同的目的、交易习惯及关联条款的内容,按照通常理解对本合同作出合理解释。该解释具有约束力,除非解释与法律或本合同相抵触。

第十六条 其他

1.双方商定的其他条款_____。

2.抵押人按期履行主合同的全部条款及其他所有责任后,本合同即告终止。抵押权人将协助抵押人到有关部门办理抵押注销登记手续,并将抵押财产所有权权属证明文件和收据退还抵押人。

第十七条 合同的效力

1.抵押权人提供的与合同有关的其他书面材料,均作为本合同的组成部分,与本合同具有同等法律效力。

2.本合同自双方或双方法定代表人或其授权代表人签字并加盖单位公章或合同专用章之日起生效。

3.有效期为_____年,自_____年_____月_____日至_____年_____月_____日。

4.本合同正本一式_____份,双方各执_____份,具有同等法律效力。

抵押权人(盖章):_____　　抵押人(盖章):_____

法定代表人(签字):_____　　法定代表人(签字):_____

委托代理人(签字):_____　　委托代理人(签字):_____

签订地点:_____　　　　　　签订地点:_____

____年____月____日　　　　　____年____月____日

【如果公证,在此处由公证机关和公证人员签字盖章】

144. 签订抵押合同时,如果需要对抵押物进行登记,登记机关是谁?

按照《担保法》第四十二条的规定,办理抵押物登记的部门如下:

(1)以无地上定着物的土地使用权抵押的,为核发土地使用权证书的土地管理部门;

(2)以城市房地产或者乡(镇)、村企业的厂房等建筑物抵押的,为县级以上地方人民政府规定的部门;

(3)以林木抵押的,为县级以上林木主管部门;

(4)以航空器、船舶、车辆抵押的,为运输工具的登记部门;

(5)以企业的设备和其他动产抵押的,为财产所在地的工商行政管理部门。

另外,按照《合同法》的规定,办理抵押物登记,应当向登记部门提供下列文件或者其复印件:①主合同和抵押合同;②抵押物的所有权或者使用权证书。

145. 签订抵押合同,对抵押物一定要办理登记吗?

抵押权的设定一般分由两个程序:订立抵押合同和登记。针对不同的抵押物,登记具有不同的效力。

如果抵押是以不动产、建设用地使用权及抵押人依法承包并经发包方同意抵押后的荒山、荒沟、荒丘、荒滩等荒地的土地使用权进行抵押的,就应当办理抵押登记。只有登记,抵押权才发生效力,此时,登记是设立抵押权的必需要件,无登记就无抵押权,登记是抵押权的生效要件。法律这种规定是因为不动产及土地使用权的价值都较大,其权属的变动会给相关当事人造成很大的影响,用登记这种公示的方法具有权威性,从而有利于保护交易的安全和相关当事人的利益。

如果抵押是以动产等进行抵押,从当事人订立的抵押合同生效时抵押权就发生效力。而登记在这种情况下是一个对抗要件,即当事人双方未进行登记的,不得对抗善意第三人。企业、个体工商户、农业生产经营者将动产进行抵押的,即使办理了登记,也不得对抗正常经营活动中已支付对价并取得抵押财产的买受人。

≫法条链接≫

《担保法》第四十一条:当事人以本法第四十二条规定的财产抵押的,应当办理抵押物登记,抵押合同自登记之日起生效。

《担保法》第四十二条:办理抵押物登记的部门如下:

(一)以无地上定着物的土地使用权抵押的,为核发土地使用权证书的土地管理部门;

(二)以城市房地产或者乡(镇)、村企业的厂房等建筑物抵押的,为县级以上地方人民政府规定的部门;

(三)以林木抵押的,为县级以上林木主管部门;

(四)以航空器、船舶、车辆抵押的,为运输工具的登记部门;

(五)以企业的设备和其他动产抵押的,为财产所在地的工商行政管理部门。

《担保法》第四十三条:当事人以其他财产抵押的,可以自愿办理抵押物登记,抵押合同自签订之日起生效。

146. 房屋抵押后还能够出租吗？

抵押是债权担保的一种方式，债务人或第三人并没转移对抵押物的占有，抵押权只是就抵押物的变价优先受偿的权利，抵押人仍对抵押的房产拥有所有权。关于房屋抵押后能否出租问题，法律规定，如果抵押合同有约定的，依照合同执行。没有约定此条款的，在抵押人出租房屋未使抵押房屋价值减少，不影响抵押权人的抵押权，也不与其他约定条款冲突的情况下，已经抵押的房屋是可以出租的。这样一来，既可以发挥财产的价值，也不影响抵押权的实现。

≫**法条链接**≫

《物权法》第一百九十条：订立抵押合同前抵押财产已经出租的，原租赁关系不受该抵押权的影响。抵押权设立后抵押财产出租的，该租赁关系不得对抗已登记的抵押权。

《最高人民法院关于适用〈中华人民共和国担保法〉若干问题的解释》第六十六条：抵押人将已抵押的财产出租的，抵押权实现后，租赁合同对受让人不具有约束力，即设立抵押权的房屋仍可以出租，但由于抵押权在先，实现抵押权时，承租人没有优先购买权，买受人也可以不再履行原租赁合同。

147. 出租的房屋能够抵押吗？

租赁关系直接针对的是房屋使用、收益的权利，而抵押权针对的是房屋的所有权而言的，二者并无本质冲突，出租人可以对房屋行使充分的处分权。抵押权人对已出租的房屋同意抵押的，该风险由其自行承担，抵押权人不能以该权利对抗承租权。

另外，抵押权的实现也不影响租赁合同的履行。出租人可以将出租的房屋进行抵押，租赁不影响抵押权人实现其优先受偿权。同时，抵押权的实现也不影响租赁合同的继续履行，也就是说，租赁合同对于房屋的买受人同样具有约束力。

≫**法条链接**≫

《担保法》第四十八条：抵押人将已出租的财产抵押的，应当书面告知承租人，原租赁合同继续有效。

148. 什么是质押,它与抵押有什么区别?

质押这种担保形式目前在农村地区很少适用,随着农村经济市场化程度的不断提高以及法治水平的不断提高,我们相信质押这种担保形式的适用率也会逐步提高。所谓的"质押",就是债务人或第三人将其动产移交债权人占有,将该动产作为债权的担保,当债务人不履行债务时,债权人有权依法就该动产卖得价金优先受偿。质押包括动产质押和权利质押。

质押与抵押的区别在于:质押必须转移占有质押物,否则,就不是质押而是抵押。而抵押不转移抵押物。另外,质押无法质押不动产。例如,房产不能采用质押,因为不动产的转移采用的是登记,而质押必须将质押物交给债权人占有。

≫法条链接≫

《担保法》第六十三条:本法所称动产质押,是指债务人或者第三人将其动产移交债权人占有,将该动产作为债权的担保。债务人不履行债务时,债权人有权依照本法规定以该动产折价或者以拍卖、变卖该动产的价款优先受偿。

前款规定的债务人或者第三人为出质人,债权人为质权人,移交的动产为质物。

《担保法》第六十四条:出质人和质权人应当以书面形式订立质押合同。质押合同自质物移交于质权人占有时生效。

《担保法》第六十五条:质押合同应当包括以下内容:

(一)被担保的主债权种类、数额;

(二)债务人履行债务的期限;

(三)质物的名称、数量、质量、状况;

(四)质押担保的范围;

(五)质物移交的时间;

(六)当事人认为需要约定的其他事项。

《担保法》第七十五条:下列权利可以质押:

(一)汇票、支票、本票、债券、存款单、仓单、提单;

(二)依法可以转让的股份、股票;

(三)依法可以转让的商标专用权,专利权、著作权中的财产权;

(四)依法可以质押的其他权利。

≫质押合同范本≫

合同编号:年字第号

出质人名称:(以下称甲方)

住所:电话:

法定代表人:

开户金融机构及账号:

电话:邮政编码:

传真:

质权人名称:(以下称乙方)

住所:电话:

法定代表人:

电话:邮政编码:

传真:

第一章　总则

为确保_____年_____字第_____号人民币资金借款合同(以下简称借款合同)的履行,甲方愿意以其有权处分的动产/权利作质押。乙方经审查,同意接受甲方的财产/权利质押。甲、乙双方经协商一致,订立本合同。

第二章　被担保借款的种类、金额

第一条　甲方以其自有动产/权利为借款合同项下金额为人民币(大写:)_____元(￥),期限为_____(月/年)的_____(短期贷款/中期贷款/长期贷款)作质押。

第三章　质押担保的范围

第二条　质押担保的范围包括借款合同项下贷款本金及利息、违约金、损害赔偿金、质物保管费用和乙方为实现质权而发生的费用及所有其他应付费用。

第四章　质押期限

第三条　本合同履行期限自本合同生效之日起至借款合同项下贷款本金及利息、违约金、损害赔偿金、质物保管费用和乙方为实现质权而发生的费用及所有其他应付费用全部结清之日止。

第五章　质物情况

第四条　本合同项下的质押动产名称_____数量_____,质量_____,状况_____,所有权权属或使用权权属

_____(详见动产清单及权利有效证书)。

本合同项下的质押权利为_____(详见权利清单及权利有效证书)。

第五条 本合同项下质押动产/权利共作价(大写)_____元整,质押率为百分之_____。

第六章 质押动产/权利的保管方式和保管责任

第六条 甲方在本合同签订后的_____个营业日内将质押动产移交乙方占有,并向乙方一次性支付_____元整的保管费。

甲方以权利质押的,应向乙方交付权利凭证或双方共同办理权利质押登记移交手续。

第七条 乙方应妥善保管质物。因保管不善致使质物灭失或者毁损,乙方应承担民事责任。

乙方不能妥善保管质物可能致使其灭失或者毁损的,甲方可以要求乙方将质物提存或者要求提前清偿债权而返还质物。

第七章 质权的实现

第八条 甲方应乙方要求,对质押动产中的_____办理以乙方为第一受益人的财产保险,并将保险单交乙方保存,投保期应长于借款合同约定的借款期限。若借款延期,甲方须办理延长投保期的手续,保险财产如发生灾害损失,乙方有权从保险赔偿中优先收回质押贷款。

第九条 甲方用作质押的有价证券等权利凭证,在质押期内到期的处理方式,甲、乙双方约定如下:_____
_____。

第十条 本合同项下的有关保险、公证、鉴定、评估、登记、运输及保管等费用由甲方和/或借款合同项下上述费用的义务承担人承担。

第十一条 本合同生效后,如需延长借款合同项下借款期限,或者变更借款合同其他条款,应经出质人同意并达成书面协议。

第十二条 在本合同有效期内,甲方不得出售、馈赠和遗弃质物;甲方转移、出租、再质押或以其他任何方式处理或转移本合同项下质物的,应取得乙方同意并就有关事项达成书面协议。

第十三条 在本合同有效期内,甲方如发生分立、合并,由变更后的机构承担或分别承担本合同项下义务。甲方被宣布解散或破产,乙方有权提前处分其质押动产/权利。

第十四条 质物有损坏或者价值明显减少的可能,足以危害乙方权利的,乙方有权要求甲方提供相应的担保。甲方不提供的,乙方有权拍卖或者变卖质物,并与甲方协议将拍卖或者变卖所得的价款用于提前清偿所担保的债权或者向与甲方约定的第三人提存。

第十五条 质权因质物灭失所得的赔偿金,视为出质财产。乙方有权优先抵偿甲方所担保的债权,不足以抵偿的部分,乙方有权另行追索。

第十六条 出现下列情况之一时,乙方有权按协议转让方式或其他法定方式处分质押动产/权利:

一、借款合同约定的还款期限已到,借款人未依约归还借款本息或展期期限已到,借款人仍不能归还借款本息的;

二、借款人被宣布解散或破产;

三、借款人死亡而无继承人履行合同或继承人放弃继承的。

处理质物所得价款,不足以偿还贷款本金及利息、违约金、损害赔偿金、质物保管费用和乙方为实现质权而发生的费用及所有其他应付费用的,乙方有权另行追索;价款偿还贷款本息和相应费用有余的,乙方应退还给甲方。

第十七条 本合同生效后,甲、乙任何一方不得擅自变更或解除合同,需要变更或解除合同时,应经双方协商一致,达成书面协议。协议未达成前,本合同各条款仍然有效。

第十八条 甲方为借款合同项下借款人以外的第三人,在乙方实现质权后,有权向借款合同项下借款人追偿。

第十九条 乙方对本合同项下质押动产/权利所拥有的质权不因甲方法律地位、财务状况的改变、甲方与任何单位签订任何协议或文件及本质押合同所担保的主合同的无效或解除而免除。

第八章 质权的撤销

第二十条 借款合同项下借款人按合同约定的期限归还借款本息及相关应付费用或提前归还借款本息及相关应付费用的,质权自动撤销,乙方保管的甲方动产/权利和财产保险单应退还给甲方。

第九章 违约责任

第二十一条 按照本合同约定,由乙方保管的质押动产/权利因保管不善造成毁损,甲方有权要求乙方恢复质押动产原状,或者要求乙方赔偿其因此而遭受的损失。

第二十二条 甲方因隐瞒质押动产/权利存在共有、争议、被查封、被扣押或已经设定过抵押(质)权等情况而给乙方造成经济损失的,应给予赔偿。

第二十三条　甲方违反本合同第八条,第十二条约定,乙方有权停止发放借款合同约定的贷款或视情况提前收回已发放的贷款本息。

第二十四条　在本合同有效期内,未经出质人同意,变更借款合同条款或转让借款合同项下义务的,甲方可自行解除本合同,并要求乙方退回由乙方保管的质物。

第二十五条　甲、乙任何一方违反本合同第十七条约定,应向对方支付借款合同项下贷款本金及利息总额百分之_____的违约金。

第二十六条　本合同所列违约金的支付方式,甲、乙双方商定如下:_____(主动划付对方账户/直接扣收)。

第二十七条　双方商定的其他事项:

第十章　争议的解决

第二十八条　甲、乙双方在履行本合同中发生争议,由双方协商或通过调解解决。协商或调解不成,可以向乙方所在地人民法院起诉,或者向乙方所在地的合同仲裁机构申请仲裁。

第十一章　合同的生效与终止

第二十九条　本合同由甲、乙双方法定代表人或其授权代理人签字并加盖单位公章及完备法定手续之日起生效,至借款合同项下贷款本金及利息、违约金、损害赔偿金、质物保管费用和乙方为实现质权而发生的费用及所有其他应付费用全部清偿时自动失效。

第十二章　附则

第三十条　本合同一式二份,甲、乙双方各执一份,具有同等法律效力。

第三十一条　本合同于_____年_____月_____日在_____签订。

附:质押动产/权利清单及权利有效证书一式_____份。

甲方:公章　　　　　　　　　乙方:公章
法定代表人　　　　　　　　　法定代表人
(或其授权代理人)　　　　　(或其授权代理人)
签字:　　　　　　　　　　　签字:
　年　月　日　　　　　　　　　年　月　日

149. 留置担保适用于所有的合同担保吗?

留置担保是指债权人因保管合同、运输合同、加工承揽合同依法占有债务人的动产,债务人不按照合同约定的期限履行债务的,债权人有权依照法律规定留置该财产,可以将留置财产折价或者拍卖、变卖该留置物,并以所得价款从中优先得到清偿。

按照法律的规定,留置担保仅适用于保管合同、运输合同、加工承揽合同三种合同。留置担保又被称为"法定担保",其原因在于留置担保无需债权人与债务人签订留置担保合同。在这三种合同中,债权人一方自动获得留置债务人财物的权利。

≫法条链接≫

《担保法》第八十二条:本法所称留置,是指依照本法第八十四条的规定,债权人按照合同约定占有债务人的动产,债务人不按照合同约定的期限履行债务的,债权人有权依照本法规定留置该财产,以该财产折价或者以拍卖、变卖该财产的价款优先受偿。

《担保法》第八十四条:因保管合同、运输合同、加工承揽合同发生的债权,债务人不履行债务的,债权人有留置权。

农民专业合作社法律制度

150. 什么是农民专业合作社,它有哪些特点?

所谓的农民专业合作社,就是指在农村家庭承包经营基础上,同类农产品的生产经营者或者同类农业生产经营服务的提供者、利用者,自愿联合、民主管理的互助性经济组织。

农民专业合作社作为一种新型的民事或商事主体,它有如下特点:①农民专业合作社是一种经济组织;②农民专业合作社建立在农村家庭承包经营基础之上;③农民专业合作社是专业的经济组织;④农民专业合作社是自愿和民主的经济组织;⑤农民专业合作社是具有互助性质的经济组织。

》法条链接》

《农民专业合作社法》第二条:农民专业合作社是在农村家庭承包经营基础上,同类农产品的生产经营者或者同类农业生产经营服务的提供者、利用者,自愿联合、民主管理的互助性经济组织。

农民专业合作社以其成员为主要服务对象,提供农业生产资料的购买,农产品的销售、加工、运输、贮藏以及与农业生产经营有关的技术、信息等服务。

151. 国家政策和法律鼓励建立农民专业合作社的目的是什么?

在实现农业化的过程中,国家通过出台政策和制定法律鼓励农民建立农民专业合作社,并不是意图改变农村家庭承包经营模式,其目的在于以下三个方面:①依法促进农民专业合作社的建设和发展,有利于进一步丰富和完善农村经营体制,推进农业产业化经营,提高农民进入市场和农业的组织化程度;②进一步挖掘农业内部增收潜力,推动农业结构调整,增强农产品市场竞争能力,促进农民增收;③逐步提升农民素质,培养新型农民,推进基层民主管理,构建农村和谐社会,建设社会主义新农村。

另外,有人误认为发展农民专业合作社是要搞"合作化运动",事实上,发展农民专业合作社不仅不会改变农村家庭承包经营制度,而且农民专业合作社的发展,还可以进一步丰富和完善以家庭承包经营为基础、统分结合的双层经营体制。当然,发展农民专业合作社,既要坚持市场经济的原则,也要坚持农民自愿的原则。国家制定法律对农民专业合作社予以规范,其目的就是立足于对自己自愿参加农民专业合作社的农民民主权利和财产权利的保护。

≫**法条链接**≫

《农民专业合作社法》第一条:为了支持、引导农民专业合作社的发展,规范农民专业合作社的组织和行为,保护农民专业合作社及其成员的合法权益,促进农业和农村经济的发展,制定本法。

152. 农民专业合作社与农村集体经济组织有哪些区别?

农民专业合作社不同于农村经济组织,主要表现在以下几点:

(1)建立模式不同。农民专业合作社是农民自发组织起来的,其成员是农民;而农村集体经济组织实际上是由村民委员会以村民集体名义建立起来,其成员不一定都是农民。

(2)管理模式不同。首先,农民专业合作社实行"入社自愿、退社自由"的原则。而农村集体经组织由于其内部不存在这种合作式的成员,因而也不存在进出自由的管理模式。其次,农民专业合作社依法必须要有自己的章程,而农村集体经济组织并不要求有章程。再次,农民专业合作社依法应当设立成员大会、成员代表大会等组织机构,而农村集体经济组织则没有这样的法律规定。最后,农民专业合作社由于是法人组织,因而实行有限责任;而农村集体经组织一般不具有法人资格,因此,其责任模式不是有限责任。

(3)专业化程度不同。农民专业合作社是专业的经济组织,突出了农民的主体地位和农民对合作社的民主管理权利,规定农民成员的比例不得低于百分之八十,成员地位平等,实行一人一票的基本表决权制度。这些规定充分保障了农民成员在合作社中的财产权利和民主权利。这种集民主管理与现代企业管理模式于一体的法人组织,是集体经济组织所不具备的。

(4)市场身份不同。农民专业合作社是新的独立的市场主体,依法登记成立后具有法人资格;而集体经济组织是我国传统的市场主体,一般不具有法人资格。

153. 法律要求农民专业合作社应当设立哪些组织机构?

农民专业合作社通常可以有以下机构:成员大会、成员代表大会、理事长或者理事会、执行监事或者监事会、经理等。农民专业合作社的规模、经营内容不同,其设立的组织机构也并不完全相同,《农民专业合作社法》对某些机构的设置不是强制性规定,而要由合作社自己根据需要决定。

成员大会是农民专业合作社的权力机构,按法律规定必须设立。其主要职权是:①修改章程;②选举和罢免理事长、理事、执行监事或者监事会成员;③决定重大财产处置、对外投资、对外担保和生产经营活动中的其他重大事项;④批准年度业务报告、盈余分配方案、亏损处理方案;⑤对合并、分立、解散、清算作出决议;⑥决定聘用经营管理人员和专业技术人员的数量、资格和任期;⑦听取理事长或者理事会关于成员变动情况的报告;⑧章程规定的其他职权。

如果合作社的组织规模较大,成员人数超过一百五十人的,可以按照章程规定设立成员代表大会。对于成员代表大会的代表产生办法、职权范围等,法律上没有硬性规定,而应当以本社的章程规定为依据。通常情况下,代表大会可以行使成员大会的部分职权,也可以是全部职权。

根据《农民专业合作社法》的规定,农民专业合作社应当设理事长一名。作为本社的法定代表人,不需要特别委托,对内依照职权从事内部管理工作,对外可以直接以本社名义从事经营活动,并代表本社参加诉讼和仲裁。因为各个合作社的情况不同,是否设立理事会由合作社自己决定。

为加强合作社的内部监督,防止合作社的有关负责人滥用职权,农民专业合作社可以根据需要设立执行监事或者监事会,当然,也可以不设执行监事或者监事会,而由成员直接行使监督权。

根据法律规定,理事长、理事、执行监事或者监事会成员,都必须是本社的成员,并应当依照规定通过选举的方式产生,依照《农民专业合作社法》和章程规定行使职权,对成员大会负责。

>>法条链接>>

《农民专业合作社法》第二十二条:农民专业合作社成员大会由全体成员组成,是本社的权力机构……

《农民专业合作社法》第二十五条:农民专业合作社成员超过一百五十人的,可以按照章程规定设立成员代表大会。成员代表大会按照章程规定可以行使成员大会的部分或者全部职权。

《农民专业合作社法》第二十六条：农民专业合作社设理事长一名，可以设理事会。理事长为本社的法定代表人。

《农民专业合作社法》第二十八条：农民专业合作社的理事长或者理事会可以按照成员大会的决定聘任经理和财务会计人员，理事长或者理事可以兼任经理。经理按照章程规定或者理事会的决定，可以聘任其他人员。

154. 设立农民专业合作社应当具备哪些条件？

按照《农民专业合作社法》的规定，农民专业合作社的设立需要具有五个基本条件：

(1)五名以上成员。成员的资格是：具有民事行为能力的中国公民或者企业、事业单位、社会团体等；成员的条件是：个人能够利用合作社提供的服务，单位要与合作社业务直接有关，具有管理公共事务职能的单位不得加入；成员的比例是：农民成员占百分八十以上，社会团体占百分之五以下；有法定与章程规定的成员权利与义务。

(2)有符合本法规定的章程。章程是成员设立和维持合作社的契约，是规范合作社与成员之间权利义务关系的协议，是实现"民办、民有、民管、民受益"原则的最重要的法律文件，同时也是作为工商登记、享受国家支持政策的依据。

(3)有符合本法规定的组织机构。权力机关为：成员大会（必设）或成员代表大会（一百五十成员以上可设）；执行机关为：理事长（必设）和理事会（可设）；监督机关不是必须设立，成员可直接监督。

(4)有符合法律、行政法规规定的名称和章程以及固定的住所。

(5)有符合章程规定的成员出资。无法定最低出资额，也无须法定机构验资。

≫**法条链接**≫

《农民专业合作社法》第十条：设立农民专业合作社，应当具备下列条件：

(一)有五名以上符合本法第十四条、第十五条规定的成员；

(二)有符合本法规定的章程；

(三)有符合本法规定的组织机构；

(四)有符合法律、行政法规规定的名称和章程确定的住所；

(五)有符合章程规定的成员出资。

155. 法律对农民专业合作社的成员数量和结构是如何规定的？

按照《农民专业合作社法》的规定，农民专业合作社的成员中，农民至少应当占成员总数的百分之八十。成员总数二十人以下的，可以有一个企业、事业单位或者社会团体成员；成员总数超过二十人的，企业、事业单位和社会团体成员不得超过成员总数的百分之五。

法律准许的企业、事业单位或者社会团体，限定在从事与农民专业合作社业务直接有关的生产经营活动的单位。就直接有关的生产经营活动而言，包括合作社从事的农产品生产、运输、贮藏、加工、销售及相关服务活动。根据立法本意，企业、事业单位或者社会团体成为农民专业合作社的成员后，也应当坚持以服务成员为宗旨，谋求全体成员的共同利益的原则，而不能只追求自身利益的最大化。

≫法条链接≫

《农民专业合作社法》第十四条：具有民事行为能力的公民，以及从事与农民专业合作社业务直接有关的生产经营活动的企业、事业单位或者社会团体，能够利用农民专业合作社提供的服务，承认并遵守农民专业合作社章程，履行章程规定的入社手续的，可以成为农民专业合作社的成员。但是，具有管理公共事务职能的单位不得加入农民专业合作社。

农民专业合作社应当置备成员名册，并报登记机关。

《农民专业合作社法》第十五条：农民专业合作社的成员中，农民至少应当占成员总数的百分之八十。

成员总数二十人以下的，可以有一个企业、事业单位或者社会团体成员；成员总数超过二十人的，企业、事业单位和社会团体成员不得超过成员总数的百分之五。

156. 农民专业合作社在什么情况下可以召开临时会议？

农民专业合作社在生产经营过程中可能出现一些特殊情况，需要由成员大会审议决定某些重大事项，而未到章程规定召开定期成员大会的时间，则可以召开临时成员大会。在召开临时会议的程序上，法律规定如下：

（1）百分之三十以上的成员提议。百分之三十以上的成员在合作社中已占有相当大的比重，当他们认为必要时，可以要求合作社召开临时成员大会，审议、决定他们关注的事项。

(2)执行监事或者监事会提议。执行监事或者监事会是由合作社成员选举严生的监督机构。当其发现理事长、理事会或其他管理人员不履行职权,或者有违反法律、章程等行为,或者因决策失误,严重影响合作社生产经营等情形,应当履行监督职责,认为需要及时召开成员大会作出相关决定时,应当提议召开临时成员大会。

(3)章程规定的其他情形。除上述两种情形外,章程还可以规定需要召开临时成员大会的其他情形。

≫法条链接≫

《农民专业合作社法》第二十四条:农民专业合作社成员大会每年至少召开一次,会议的召集由章程规定。有下列情形之一的,应当在二十日内召开临时成员大会:

(一)百分之三十以上的成员提议;

(二)执行监事或者监事会提议;

(三)章程规定的其他情形。

157. 农民专业合作社的成员代表大会和成员大会有哪些区别?

按照《农民专业合作社法》的规定,成员大会是法定必设的合作社权力机构,而成员代表大会不是法律规定的必设机构。成员代表大会与成员大会的职权也不尽相同,成员大会行使法律赋予的七项职权及章程规定的其他职权,而成员代表大会只能按照章程的规定行使成员大会的部分职权或者全部职权。

158. 农民专业合作社的理事长、理事、执行监事、监事会成员是如何产生的?

按照《农民专业合作社法》的规定,理事长、理事、执行监事或监事会成员,由成员大会从本社成员中选举产生,这些人员依法必须对成员大会负责。召开成员大会,出席人数应当达到成员总数三分之二以上,成员大会选举理事长、理事、执行监事或监事会成员,应当由本社成员表决权总数过半数通过,如果章程对表决权数有较高规定的,则应当按照章程规定的表决数来产生。理事长、理事、执行监事或监事会成员的资格条件等,由合作社章程规定。但是,农民专业合作社的理事长、理事不得兼任业务性质相同的其他农民专业合作社的理事长、理事、监事。

>>法条链接>>

《农民专业合作社法》第二十六条:农民专业合作社设理事长一名,可以设理事会。理事长为本社的法定代表人。

农民专业合作社可以设执行监事或者监事会。理事长、理事、经理和财务会计人员不得兼任监事。

理事长、理事、执行监事或者监事会成员,由成员大会从本社成员中选举产生,依照本法和章程的规定行使职权,对成员大会负责。

理事会会议、监事会会议的表决,实行一人一票。

159. 农民专业合作社为什么要制定章程?其主要内容是什么?

章程从一定意义上讲,就是合作社成员之间的一种契约,它不仅反映了合作社成员的要求,也是法律的强制性要求。任何专业合作社都必须提交章程,作为合作社成立的要件。设立、变更时,合作社章程要进行公示性登记,以利于国家和社会对专业合作社的监督。如果不把业务范围写入章程,法律规定是不能经营的。相应这一业务范围所享受的国家有关优惠政策也不能享有。

另外,章程也是调整合作社与成员之间权利、义务关系的契约性文件,成员必须遵守,这是合作社运行的基本准则,是其存在和活动的基本依据。为了体现章程的重要地位和作用,《农民专业合作社法》提到章程的有四十多处。

按照《农民专业合作社法》的规定,农民专业合作社章程应当载明的事项包括:名称及住所;业务范围;成员资格及入社、退社和除名;成员的权利和义务;组织机构及其产生办法、职权、任期、议事规则;成员的出资方式、出资额;财务管理和盈余分配、亏损处理;章程修改程序;解散事由和清算办法;公告事项及发布方式等。

>>法条链接>>

《农民专业合作社法》第十二条:农民专业合作社章程应当载明下列事项:

(一)名称和住所;

(二)业务范围;

(三)成员资格及入社、退社和除名;

(四)成员的权利和义务;

(五)组织机构及其产生办法、职权、任期、议事规则;

(六)成员的出资方式、出资额；

(七)财务管理和盈余分配、亏损处理；

(八)章程修改程序；

(九)解散事由和清算办法；

(十)公告事项及发布方式；

(十一)需要规定的其他事项。

≫农民专业合作社章程参考范本≫

×××农民专业合作社章程

(　　年　　月　　日召开设立大会,由全体设立人一致通过)

第一章　总　则

第一条　为保护成员的合法权益,增加成员收入,促进本社发展,依照《中华人民共和国农民专业合作社法》和有关法律、法规、政策,制定本章程。

第二条　本社由＿＿＿＿＿等【注:全部发起人姓名或名称】人发起,于＿＿＿＿年＿＿月＿＿日召开设立大会。

本社名称:＿＿＿＿＿＿＿＿合作社,成员出资总额＿＿＿＿＿＿元

本社法定代表人:＿＿＿＿＿【注:理事长姓名】＿＿＿＿＿

本社住所:＿＿＿＿＿＿＿＿　邮政编码:＿＿＿＿＿

第三条　本社以服务成员、谋求全体成员的共同利益为宗旨。成员入社自愿,退社自由,地位平等,民主管理,实行自主经营,自负盈亏,利益共享,风险共担,盈余主要按照成员与本社的交易量(额)比例返还。

第四条　本社以成员为主要服务对象,依法为成员提供农业生产资料的购买,农产品的销售、加工、运输、贮藏以及与农业生产经营有关的技术、信息等服务。主要业务范围如下:【注:根据实际情况填写。如:组织采购、供应成员所需的生产资料;组织收购、销售成员生产的产品;开展成员所需的运输、贮藏、加工、包装等服务;引进新技术、新品种,开展技术培训、技术交流和咨询服务;等等。上述内容以工商行政管理部门核定的为准】。

第五条　本社对由成员出资、公积金、国家财政直接补助、他人捐赠以及合法取得的其他资产所形成的财产,享有占有、使用和处分的权利,并以上述财产对债务承担责任。

第六条　本社每年提取的公积金,按照成员与本社业务交易量(额)【注:或者出资额,也可以二者相结合】依比例量化为每个成员所有的份额。由国家财政

直接补助和他人捐赠形成的财产平均量化为每个成员的份额,作为可分配盈余分配的依据之一。

本社为每个成员设立个人账户,主要记载该成员的出资额、量化为该成员的公积金份额以及该成员与本社的业务交易量(额)。

本社成员以其个人账户内记载的出资额和公积金份额为限对本社承担责任。

第七条 经成员大会讨论通过,本社投资兴办与本社业务内容相关的经济实体;接受与本社业务有关的单位委托,办理代购代销等中介服务;向政府有关部门申请或者接受政府有关部门委托,组织实施国家支持发展农业和农村经济的建设项目;按决定的数额和方式参加社会公益捐赠。【注:上述业务农民专业合作社可选择进行。】

第八条 本社及全体成员遵守社会公德和商业道德,依法开展生产经营活动。

第二章 成 员

第九条 具有民事行为能力的公民,从事_____【注:业务范围内的主业农副产品名称】生产经营,能够利用并接受本社提供的服务,承认并遵守本章程,履行本章程规定的入社手续的,可申请成为本社成员。本社吸收从事与本社业务直接有关的生产经营活动的企业、事业单位或者社会团体为团体成员【注:农民专业合作社可以根据自身发展的实际情况决定是否吸收团体成员】。具有管理公共事务职能的单位不得加入本社。本社成员中,农民成员至少占成员总数的百分之八十。

【注:农民专业合作社章程还可以规定入社成员的其他条件,如:具有一定的生产经营规模或经营服务能力等。具体可表述为:养殖规模达到_____以上或者种植规模达到_____以上,等等。】

第十条 凡符合前条规定,向本社理事会【注:或者理事长】提交书面入社申请,经成员大会【注:或者理事会】审核并讨论通过者,即成为本社成员。

第十一条 本社成员的权利:

(一)参加成员大会,并享有表决权、选举权和被选举权;

(二)利用本社提供的服务和生产经营设施;

(三)按照本章程规定或者成员大会决议分享本社盈余;

(四)查阅本社章程、成员名册、成员大会记录、理事会会议决议、监事会会议决议、财务会计报告和会计账簿;

(五)对本社的工作提出质询、批评和建议;

(六)提议召开临时成员大会;

(七)自由提出退社声明,依照本章程规定退出本社;

(八)成员共同议决的其他权利。【注:如不作具体规定此项可删除】

第十二条 本社成员大会选举和表决,实行一人一票制,成员各享有一票基本表决权。

出资额占本社成员出资总额百分之_____以上或者与本社业务交易量(额)占本社总交易量(额)百分之_____以上的成员,在本社_____等事项【注:如,重大财产处置、投资兴办经济实体、对外担保和生产经营活动中的其他事项】决策方面,最多享有_____票的附加表决权【注:附加表决权总票数,依法不得超过本社成员基本表决权总票数的百分之二十】。享有附加表决权的成员及其享有的附加表决权数,在每次成员大会召开时告知出席会议的成员。

第十三条 本社成员的义务:

(一)遵守本社章程和各项规章制度,执行成员大会和理事会的决议;

(二)按照章程规定向本社出资;

(三)积极参加本社各项业务活动,接受本社提供的技术指导,按照本社规定的质量标准和生产技术规程从事生产,履行与本社签订的业务合同,发扬互助协作精神,谋求共同发展;

(四)维护本社利益,爱护生产经营设施,保护本社成员共有财产;

(五)不从事损害本社成员共同利益的活动;

(六)不得以其对本社或者本社其他成员所拥有的债权,抵销已认购或已认购但尚未缴清的出资额;不得以已缴纳的出资额,抵销其对本社或者本社其他成员的债务;

(七)承担本社的亏损;

(八)成员共同议决的其他义务。【注:如不作具体规定此项可删除】

第十四条 成员有下列情形之一的,终止其成员资格:

(一)主动要求退社的;

(二)丧失民事行为能力的;

(三)死亡的;

(四)团体成员所属企业或组织破产、解散的;

(五)被本社除名的。

第十五条 成员要求退社的,须在会计年度终了的三个月前向理事会提出书面声明,方可办理退社手续;其中,团体成员退社的,须在会计年度终了的六个月前提出。退社成员的成员资格于该会计年度结束时终止。资格终止的成员须分摊资格终止前本社的亏损及债务。

成员资格终止的,在该会计年度决算后＿＿个月内【注:不应超过三个月】,退还记载在该成员账户内的出资额和公积金份额。如本社经营盈余,按照本章程规定返还其相应的盈余所得;如经营亏损,扣除其应分摊的亏损金额。

成员在其资格终止前与本社已订立的业务合同应当继续履行【注:也可以依照退社时与本社的约定确定】。

第十六条　成员死亡的,其法定继承人符合法律及本章程规定的条件的,在＿＿个月内提出入社申请,经成员大会【注:或者理事会】讨论通过后办理入社手续,并承继被继承人与本社的债权债务。否则,按照第十五条的规定办理退社手续。

第十七条　成员有下列情形之一的,经成员大会【注:或者理事会】讨论通过予以除名:

(一)不履行成员义务,经教育无效的;

(二)给本社名誉或者利益带来严重损害的;

(三)成员共同议决的其他情形【注:如不作具体规定此项可删除】。

本社对被除名成员,退还记载在该成员账户内的出资额和公积金份额,结清其应承担的债务,返还其相应的盈余所得。因前款第二项被除名的,须对本社作出相应赔偿。

第三章　组织机构

第十八条　成员大会是本社的最高权力机构,由全体成员组成。

成员大会行使下列职权:

(一)审议、修改本社章程和各项规章制度;

(二)选举和罢免理事长、理事、执行监事或者监事会成员;

(三)决定成员入社、退社、继承、除名、奖励、处分等事项【注:如设立理事会此项可删除】;

(四)决定成员出资标准及增加或者减少出资;

(五)审议本社的发展规划和年度业务经营计划;

(六)审议批准年度财务预算和决算方案;

(七)审议批准年度盈余分配方案和亏损处理方案;

(八)审议批准理事会、执行监事或者监事会提交的年度业务报告;

(九)决定重大财产处置、对外投资、对外担保和生产经营活动中的其他重大事项;

(十)对合并、分立、解散、清算和对外联合等作出决议;

(十一)决定聘用经营管理人员和专业技术人员的数量、资格、报酬和任期;

(十二)听取理事长或者理事会关于成员变动情况的报告;

(十三)决定其他重大事项【注:如不作具体规定此项可删除】。

第十九条 本社成员超过一百五十人时,每____名成员选举产生一名成员代表,组成成员代表大会。成员代表大会履行成员大会的_____、_____等【注:部分或者全部】职权。成员代表任期____年,可以连选连任。

【注:成员总数达到一百五十人的农民专业合作社可以根据自身发展的实际情况决定是否设立成员代表大会。如不设立,此条可删除】

第二十条 本社每年召开____次成员大会【注:至少于会计年度末召开一次成员大会。】成员大会由_____【注:理事长或者理事会】负责召集,并提前十五日向全体成员通报会议内容。

第二十一条 有下列情形之一的,本社在二十日内召开临时成员大会:

(一)百分之三十以上的成员提议;

(二)执行监事或者监事会提议;【注:如不设立执行监事或监事会,此项可删除】

(三)理事会提议;

(四)成员共同议决的其他情形【注:如不作具体规定此项可删除】。

理事长【注:或者理事会】不能履行或者在规定期限内没有正当理由不履行职责召集临时成员大会的,执行监事或者监事会在____日内召集并主持临时成员大会。【注:如不设立执行监事或监事会,此款可删除】

第二十二条 成员大会须有本社成员总数的三分之二以上出席方可召开。成员因故不能参加成员大会,可以书面委托其他成员代理。一名成员最多只能代理____名成员表决。

成员大会选举或者作出决议,须经本社成员表决权总数过半数通过;对修改本社章程,改变成员出资标准,增加或者减少成员出资,合并、分立、解散、清算和对外联合等重大事项作出决议的,须经成员表决权总数三分之二以上的票数通过。成员代表大会的代表以其受成员书面委托的意见及表决权数,在成员代表大会上行使表决权。

第二十三条 本社设理事长一名,为本社的法定代表人。理事长任期____

年,可连选连任。

理事长行使下列职权：

（一）主持成员大会,召集并主持理事会会议；

（二）签署本社成员出资证明；

（三）签署聘任或者解聘本社经理、财务会计人员和其他专业技术人员聘书；

（四）组织实施成员大会和理事会决议,检查决议实施情况；

（五）代表本社签订合同等；

（六）履行成员大会授予的其他职权【注：如不作具体规定此项可删除】。

第二十四条　本社设理事会,对成员大会负责,由____名成员组成,设副理事长____人。理事会成员任期____年,可连选连任。

理事会【注：或者理事长】行使下列职权：

（一）组织召开成员大会并报告工作,执行成员大会决议；

（二）制定本社发展规划、年度业务经营计划、内部管理规章制度等,提交成员大会审议；

（三）制定年度财务预决算、盈余分配和亏损弥补等方案,提交成员大会审议；

（四）组织开展成员培训和各种协作活动；

（五）管理本社的资产和财务,保障本社的财产安全；

（六）接受、答复、处理执行监事或者监事会提出的有关质询和建议；

（七）决定成员入社、退社、继承、除名、奖励、处分等事项【注：如不设立理事会此项可删除】；

（八）决定聘任或者解聘本社经理、财务会计人员和其他专业技术人员；

（九）履行成员大会授予的其他职权【注：如不作具体规定此项可删除】。

第二十五条　理事会会议的表决,实行一人一票。重大事项集体讨论,并经三分之二以上理事同意方可形成决定。理事个人对某项决议有不同意见时,其意见记入会议记录并签名。理事会会议邀请执行监事或者监事长、经理和____名成员代表列席,列席者无表决权。

【注：农民专业合作社可以根据自身发展的实际情况决定是否设立理事会。如不设立理事会,第二十四条第一款、第二十五条中的相关内容可删除】。

第二十六条　本社设执行监事一名,代表全体成员监督检查理事会和工作人员的工作。执行监事列席理事会会议。

第二十七条　本社设监事会,由____名监事组成,设监事长一人,监事长和监事会成员任期____年,可连选连任。监事长列席理事会会议。

监事会【注:或者执行监事】行使下列职权:

(一)监督理事会对成员大会决议和本社章程的执行情况;

(二)监督检查本社的生产经营业务情况,负责本社财务审核监察工作;

(三)监督理事长或者理事会成员和经理履行职责情况;

(四)向成员大会提出年度监察报告;

(五)向理事长或者理事会提出工作质询和改进工作的建议;

(六)提议召开临时成员大会;

(七)代表本社负责记录理事与本社发生业务交易时的业务交易量(额)情况;

(八)履行成员大会授予的其他职责【注:如不作具体规定此项可删除】。

第二十八条　监事会会议由监事长召集,会议决议以书面形式通知理事会。理事会在接到通知后____日内就有关质询作出答复。

第二十九条　监事会会议的表决实行一人一票。监事会会议须有三分之二以上的监事出席方能召开。重大事项的决议须经三分之二以上监事同意方能生效。监事个人对某项决议有不同意见时,其意见记入会议记录并签名。

【注:农民专业合作社可以根据自身发展的实际情况决定是否设执行监事和监事会。如不设立,第二十七条、第二十八条、第二十九条相关内容可删除。】

第三十条　本社经理由理事会【注:或者理事长】聘任或者解聘,对理事会【注:或者理事长】负责,行使下列职权:

(一)主持本社的生产经营工作,组织实施理事会决议;

(二)组织实施年度生产经营计划和投资方案;

(三)拟订经营管理制度;

(四)提请聘任或者解聘财务会计人员和其他经营管理人员;

(五)聘任或者解聘除应由理事会聘任或者解聘之外的经营管理人员和其他工作人员;

(六)理事会授予的其他职权【注:如不作具体规定此项可删除】。

本社理事长或者理事可以兼任经理。

第三十一条　本社现任理事长、理事、经理和财务会计人员不得兼任监事。

第三十二条　本社理事长、理事和管理人员不得有下列行为:

(一)侵占、挪用或者私分本社资产;

(二)违反章程规定或者未经成员大会同意,将本社资金借贷给他人或者以

本社资产为他人提供担保;

(三)接受他人与本社交易的佣金归为己有;

(四)从事损害本社经济利益的其他活动;

(五)兼任业务性质相同的其他农民专业合作社的理事长、理事、监事、经理。

理事长、理事和管理人员违反前款第(一)项至第(四)项规定所得的收入,归本社所有;给本社造成损失的,须承担赔偿责任。

第四章 财务管理

第三十三条 本社实行独立的财务管理和会计核算,严格按照国务院财政部门制定的农民专业合作社财务制度和会计制度核定生产经营和管理服务过程中的成本与费用。

第三十四条 本社依照有关法律、行政法规和政府有关主管部门的规定,建立健全财务和会计制度,实行每月＿＿＿日【注:或者每季度第＿＿月＿＿日】财务定期公开制度。

本社财会人员应持有会计从业资格证书,会计和出纳互不兼任。理事会、监事会成员及其直系亲属不得担任本社的财会人员。

第三十五条 成员与本社的所有业务交易,实名记载于各该成员的个人账户中,作为按交易量(额)进行可分配盈余返还分配的依据。利用本社提供服务的非成员与本社的所有业务交易,实行单独记账,分别核算。

第三十六条 会计年度终了时,由理事长【注:或者理事会】按照本章程规定,组织编制本社年度业务报告、盈余分配方案、亏损处理方案以及财务会计报告,经执行监事或者监事会审核后,于成员大会召开十五日前,置备于办公地点,供成员查阅并接受成员的质询。

第三十七条 本社资金来源包括以下几项:

(一)成员出资;

(二)每个会计年度从盈余中提取的公积金、公益金;

(三)未分配收益;

(四)国家扶持补助资金;

(五)他人捐赠款;

(六)其他资金。

第三十八条 本社成员可以用货币出资,也可以用由全体成员评估作价的库房、设备、农机具、农产品等实物、技术、知识产权或其他能够用货币估价并可以依法转让的非货币财产出资,但不得以劳务、信用、自然人姓名、商誉、特许经营权或者设定担保的财产等作价出资。

成员的出资额以及出资总额以人民币表示。成员出资额之和为成员出资总额。

成员的出资方式、出资额制表附后。

第三十九条 以非货币方式作价出资的成员与以货币方式出资的成员享受同等权利,承担相同义务。

经理事长【注:或者理事会】审核,成员大会讨论通过,成员出资可以转让给本社其他成员。

第四十条 为实现本社及全体成员的发展目标需要调整成员出资时,经成员大会讨论通过,形成决议,每个成员须按照成员大会决议的方式和金额调整成员出资。

第四十一条 本社向成员颁发成员证书,并载明成员的出资额。成员证书同时加盖本社财务印章和理事长印鉴。

第四十二条 本社从当年盈余中提取百分之____的公积金,用于扩大生产经营、弥补亏损或者转为成员出资。

【注:农民专业合作社可以根据自身发展的实际情况决定是否提取公积金。】

第四十三条 本社从当年盈余中提取百分之____的公益金,用于成员的技术培训、合作社知识教育以及文化、福利事业和生活上的互助互济。其中,用于成员技术培训与合作社知识教育的比例不少于公益金数额的百分之____。

【注:农民专业合作社可以根据自身发展的实际情况决定是否提取公益金。】

第四十四条 本社接受的国家财政直接补助和他人捐赠,均按本章程规定的方法确定的金额入账,作为本社的资金(产),按照规定用途和捐赠者意愿用于本社的发展。在解散、破产清算时,由国家财政直接补助形成的财产,不得作为可分配剩余资产分配给成员,处置办法按照国家有关规定执行;接受他人的捐赠,与捐赠者另有约定的,按约定办法处置。

第四十五条 当年扣除生产经营和管理服务成本、弥补亏损、提取公积金和公益金后的可分配盈余,经成员大会决议,按照下列顺序分配:

(一)按成员与本社的业务交易量(额)比例返还,返还总额不低于可分配盈余的百分之____【注:依法不低于百分之六十,具体比例由成员大会讨论决定】;

(二)按前项规定返还后的剩余部分,以成员账户中记载的出资额和公积金份额,以及本社接受国家财政直接补助和他人捐赠形成的财产平均量化到成员的份额,按比例分配给本社成员,并记载在成员个人账户中。

第四十六条　本社如有亏损,经成员大会讨论通过,用公积金弥补,不足部分也可以用以后年度盈余弥补。

本社的债务用本社公积金或者盈余清偿,不足部分依照成员个人账户中记载的财产份额,按比例分担,但不超过成员账户中记载的出资额和公积金份额。

第四十七条　执行监事或者监事会负责本社的日常财务审核监督。根据成员大会【注:或者理事会】的决定【注:或者监事会的要求】,本社委托＿＿＿审计机构对本社财务进行年度审计、专项审计和换届、离任审计。

第五章　合并、分立、解散和清算

第四十八条　本社与他社合并,须经成员大会决议,自合并决议作出之日起十日内通知债权人。合并后的债权、债务由合并后存续或者新设的组织承继。

第四十九条　经成员大会决议分立时,本社的财产作相应分割,并自分立决议作出之日起十日内通知债权人。分立前的债务由分立后的组织承担连带责任。但是,在分立前与债权人就债务清偿达成的书面协议另有约定的除外。

第五十条　本社有下列情形之一,经成员大会决议,报登记机关核准后解散:

(一)本社成员人数少于五人;

(二)成员大会决议解散;

(三)本社分立或者与其他农民专业合作社合并后需要解散;

(四)因不可抗力因素致使本社无法继续经营;

(五)依法被吊销营业执照或者被撤销;

(六)成员共同议决的其他情形。【注:如不作具体规定此项可删除】

第五十一条　本社因前条第一项、第二项、第四项、第五项、第六项情形解散的,在解散情形发生之日起十五日内,由成员大会推举＿＿＿名成员组成清算组接管本社,开始解散清算。逾期未能组成清算组时,成员、债权人可以向人民法院申请指定成员组成清算组进行清算。

第五十二条　清算组负责处理与清算有关未了结业务,清理本社的财产和债权、债务,制定清偿方案,分配清偿债务后的剩余财产,代表本社参与诉讼、仲裁或者其他法律程序,并在清算结束后,于＿＿＿日内向成员公布清算情况,向原登记机关办理注销登记。

第五十三条　清算组自成立起十日内通知成员和债权人,并于六十日内在报纸上公告。

第五十四条　本社财产优先支付清算费用和共益债务后,按下列顺序清偿:

(一)与农民成员已发生交易所欠款项;
(二)所欠员工的工资及社会保险费用;
(三)所欠税款;
(四)所欠其他债务;
(五)归还成员出资、公积金;
(六)按清算方案分配剩余财产。

清算方案须经成员大会通过或者申请人民法院确认后实施。本社财产不足以清偿债务时,依法向人民法院申请破产。

第六章 附 则

第五十五条 本社需要向成员公告的事项,采取____方式发布,需要向社会公告的事项,采取____方式发布。

第五十六条 本章程由设立大会表决通过,全体设立人签字后生效。

第五十七条 修改本章程,须经半数以上成员或者理事会提出,理事长【注:或者理事会】负责修订,成员大会讨论通过后实施。

第五十八条 本章程由本社理事会【注:或者理事长】负责解释。

全体设立人签名、盖章:

160. 什么是农民专业合作社的一人一票制?

所谓的"一人一票制",是指在农民专业合作社成员大会选举和表决时,每个成员都具有一票表示赞成或反对的权利。成员出资多少与成员在合作社中享有的表决权没有直接联系,每名成员各自享有一票的基本表决权,任何人不得限制和剥夺。

按照《农民专业合作社法》的规定,农民专业合作社成员大会选举和表决,实行一人一票制。法律之所以作出这样的规定,主要考虑是:第一,农民专业合作社是人的联合,其核心是合作社成员地位平等,规定农民专业合作社实行一人一票制是合作社人人平等的体现;第二,农民专业合作社的每一位成员都有权利平等地享有合作社提供的各种服务,所以,合作社要维护全体成员的权利。

≫**法条链接**≫

《农民专业合作社法》第十七条:农民专业合作社成员大会选举和表决,实行一人一票制,成员各享有一票的基本表决权。

出资额或者与本社交易量(额)较大的成员按照章程规定,可以享有附加表决权。本社的附加表决权总票数,不得超过本社成员基本表决权总票数的百分之二十。享有附加表决权的成员及其享有的附加表决权数,应当在每次成员大会召开时告知出席会议的成员。

章程可以限制附加表决权行使的范围。

161. 农民专业合作社可以享受国家哪些扶持政策?

按照《农民专业合作社法》的规定,农民专业合作社可以享受国家给予的产业政策倾斜、财政扶持、金融支持、税收优惠等四种扶持。

(1)产业政策倾斜。即国家支持发展农业和农村经济的建设项目,可以委托和安排有条件的有关农民专业合作社实施。农民专业合作社作为市场经营主体,由于竞争实力较弱,应当给予产业政策支持,把合作社作为实施国家农业支持保护体系的重要方面。符合条件的农民专业合作社可以按照政府有关部门项目指南的要求,向项目主管部门提出承担项目申请,经项目主管部门批准后实施。

(2)财政扶持。即中央和地方财政应当分别安排资金,支持农民专业合作社开展信息、培训、农产品质量标准与认证、农业生产基础设施建设、市场营销和技术推广等服务。对民族地区、边远地区和贫困地区的农民专业合作社和生产国家与社会急需的重要农产品的农民专业合作社给予优先扶持。

(3)金融支持。即国家政策性金融机构和商业性金融机构应当采取多种形式,为农民专业合作社提供金融服务。具体支持政策由国务院规定。

(4)税收优惠。农民专业合作社作为独立的农村生产经营组织,可以享受国家现有的支持农业发展的税收优惠政策,按照法律规定,农民专业合作社享受国家规定的对农业生产、加工、流通、服务和其他涉农经济活动相应的税收优惠。支持农民专业合作社发展的其他税收优惠政策,由国务院规定。

≫**法条链接**≫

《农民专业合作社法》第八条:国家通过财政支持、税收优惠和金融、科技、人才的扶持以及产业政策引导等措施,促进农民专业合作社的发展。

162. 农民专业合作社成员大会如何进行选举和作出决议?

按照《农民专业合作社法》的规定,对不同的决议事项,进行不同的决议。

(1)一般决议方法。是指农民专业合作社召开成员大会时,对选举或者作出决议的一般事项只需本社成员表决权的简单多数通过,即农民专业合作社召开成员大会,出席人数应当达到成员总数三分之二以上;成员大会选举如果作出决议,应当由本社成员表决权总数过半数通过。

(2)特殊决议方法。是指在农民专业合作社召开成员大会时,对选举或者作出一般决议外的决议票数的特别要求,即修改章程或者合并、分立、解散的决议应当由本社成员表决权总数的三分之二以上通过。为了进一步给农民专业合作社的民主管理和自治留下更多空间,《农民专业合作社法》还规定,章程对表决权数有较高规定的从其规定。例如,章程可以规定:修改章程或者合并、分立、解散的决议应当由本社成员表决权总数的四分之三以上通过。

≫**法条链接**≫

《农民专业合作社法》第二十三条:农民专业合作社召开成员大会,出席人数应当达到成员总数三分之二以上。

成员大会选举或者作出决议,应当由本社成员表决权总数过半数通过;作出修改章程或者合并、分立、解散的决议应当由本社成员表决权总数的三分之二以上通过。章程对表决权数有较高规定的,从其规定。

163. 农民专业合作社必须要设理事会和理事长吗?

按照《农民专业合作社法》的规定,农民专业合作社设理事长一名,可以设理事会。理事长为本社的法定代表人。也就是说,法律规定合作社都要设理事长。由于农民专业合作社作为法人进行工商登记后才能够从事生产经营活动,所以,必须从设立起就明确合作社的法定代表人,理事长为本社的法定代表人。合作社设理事长是《农民专业合作社法》明确规定的,不管合作社的规模大小、成员多少,也不管合作社有无理事会,都要设理事长。

而对于理事会来说,法律作出的是任意性规定,即可以设立,也可以不设立。合作社规模较小,成员人数很少,没有必要设立理事会的,由一个成员信任的人作为理事长来负责合作社的经营管理工作就可以了,这样有利于精简机构,提高效率。合作社是否设立理事会及理事的人数,《农民专业合作社法》并未作强制性规定,而由合作社章程规定。理事长、理事会由成员大会从本社成员中选举产生,对成员大会负责,其产生办法、职权、任期、议事规则由章程规定。

≫**法条链接**≫

《农民专业合作社法》第二十六条:农民专业合作社设理事长一名,可以设理事会。理事长为本社的法定代表人。

164. 一个人是否可以兼任两个以上农民专业合作社的理事长、理事、经理?

由于这些人员负责本合作社的生产经营管理,如果同时兼任业务性质相同的其他农民专业合作社的类似职务,势必难以有更多的时间和精力处理本社的事务,也容易在所任职的合作社之间的交易中发生利益输送,为自己、亲友或他人谋取非法利益,损害成员的利益。对此,法律规定农民专业合作社的理事长、理事、经理不得兼任业务性质相同的其他农民专业合作社的理事长、理事、监事、经理。

≫法条链接≫

《农民专业合作社法》第三十条:农民专业合作社的理事长、理事、经理不得兼任业务性质相同的其他农民专业合作社的理事长、理事、监事、经理。

165. 乡镇国家公务人员能否担任农民专业合作社的职务?

为了体现政企分开、政社分开的原则,按照《公务员法》等法律和国家有关规定,乡镇国家公务人员只能对合作社的指导、扶持、服务的落实,目的就是为了防范腐败。这里所说的乡镇国家工作人员包括国家公务员和县级人民政府职能部门在乡镇设立的具有公务管理性职能的工作人员。对此,《农民专业合作社法》也特别强调执行与农民专业合作社业务有关公务的人员,不得担任农民专业合作社的理事长、理事、监事、经理或者财务会计人员。

≫法条链接≫

《农民专业合作社法》第三十一条:执行与农民专业合作社业务有关公务的人员,不得担任农民专业合作社的理事长、理事、监事、经理或者财务会计人员。

166. 什么是农民专业合作社的成员账户?它的作用是什么?

成员账户是指农民专业合作社在进行某些会计核算时,要为每位成员设立明细科目,分别核算。根据《农民专业合作社法》的规定,成员账户主要包括三项内容:一是记录成员出资情况;二是记录成员与合作社交易情况;三是记录成员的公积金变化情况。这些单独记录的会计资料是确定成员参与合作社盈余分配、财产分配的重要依据。

设立成员账户的作用在于：①通过成员账户，可以分别核算其与合作社的交易量，为成员参与盈余分配提供依据；②通过成员账户，可以分别核算其出资额和公积金变化情况，为成员承担责任提供依据；③通过成员账户，可以为附加表决权的确定提供依据；④通过成员账户，可以为处理成员退社时的财务问题提供依据；⑤除法律规定外，成员账户还有一个作用，即方便成员与合作社之间的其他经济往来。

≫**法条链接**≫

《农民专业合作社法》第三十六条：农民专业合作社应当为每个成员设立成员账户，主要记载下列内容：

（一）该成员的出资额；

（二）量化为该成员的公积金份额；

（三）该成员与本社的交易量（额）。

167. 农民专业合作社成员是否有权了解合作社财务情况？

按照《农民专业合作社法》的规定，成员享有查阅本社的章程、成员名册、成员大会或者成员代表大会记录、理事会会议决议、监事会会议决议、财务会计报告和会计账簿等权利。财务会计报告和会计账簿是反映合作社业务经营情况的重要资料，包括成员与合作社的交易情况、合作社的收入和支出情况，以及合作社的盈余亏损情况、债权债务情况等。这些资料与成员的切身利益密切相关，作为合作社的出资者和利用者，成员应当享有查阅这些资料的权利，以了解合作社财务情况，参与合作社的管理和决策，维护自身的合法权益。这既是保障成员知情权、决定权的重要内容，也是成员对合作社进行监督的重要手段。

≫**法条链接**≫

《农民专业合作社法》第十六条：农民专业合作社成员享有下列权利：

……

（四）查阅本社的章程、成员名册、成员大会或者成员代表大会记录、理事会会议决议、监事会会议决议、财务会计报告和会计账簿；

……

168. 在专业合作社解散和破产时,为什么农民不能办理成员退社手续?

按照《农民专业合作社法》的规定,农民专业合作社因章程规定的解散事由出现、成员大会决议解散、因合并或者分立需要解散或者依法被吊销营业执照、被撤销等原因解散,或者人民法院受理破产申请时,不能办理成员退社手续。

法律之所作出的制度设计,原因在于成员退社时需要按照章程规定的方式和期限,退还记载在该成员账户内的出资额和公积金份额。如果在农民专业合作社解散和破产时,成员办理退社手续、分配财产,将影响清算的进行,并严重损害合作社其他成员和债权人的利益。因此,在农民专业合作社解散和破产时,不能办理成员退社手续。

≫法条链接≫

《农民专业合作社法》第四十四条:农民专业合作社因本法第四十一条第一款的原因解散,或者人民法院受理破产申请时,不能办理成员退社手续。

169. 为什么农民专业合作社中允许有企业、事业单位或社会团体成员?

除农民可以成为农民专业合作社成员外,按照《农民专业合作社法》的规定,企业、事业单位或者社会团体也可以依照《农民专业合作社法》规定加入农民专业合作社。这种制度设计的考虑主要有以下两点:

(1)我国农民专业合作社处于发展的初级阶段,规模较小、资金和技术缺乏、基础设施落后、生产和销售信息不畅通,对合作社来说,吸收企业、事业单位或者社会团体入社,有利于发挥它们资金、市场、技术和经验的优势,提高自身生产经营水平和抵御市场风险的能力,同时也可以方便生产资料的购买和农产品的销售,增加农民收入。

(2)对企业、事业单位或者社会团体成员而言,这种加入可以使它们降低生产成本、稳定原料供应基地、提高产品质量、促进自身的标准化生产,实现生产、加工、销售的一体化。从事与农民专业合作社业务直接有关的生产经营活动的企业、事业单位或者社会团体,能够利用农民专业合作社提供的服务,承认并遵守农民专业合作社章程,履行章程规定的入社手续的,可以成为农民专业合作社的成员。

>> **法条链接** >>

《农民专业合作社法》第十四条：具有民事行为能力的公民，以及从事与农民专业合作社业务直接有关的生产经营活动的企业、事业单位或者社会团体，能够利用农民专业合作社提供的服务，承认并遵守农民专业合作社章程，履行章程规定的入社手续的，可以成为农民专业合作社的成员。但是，具有管理公共事务职能的单位不得加入农民专业合作社。

《农民专业合作社法》第十五条：农民专业合作社的成员中，农民至少应当占成员总数的百分之八十。

成员总数二十人以下的，可以有一个企业、事业单位或者社会团体成员；成员总数超过二十人的，企业、事业单位和社会团体成员不得超过成员总数的百分之五。

170. 农民专业合作社在哪些情况下应当解散？

农民专业合作社解散是指合作社因发生法律规定的解散事由而停止业务活动，最终使法人资格消灭的法律行为。由于解散涉及多方面法律关系的消灭以及合作社内部、外部主体利益的保护问题，所以，法律对农民专业合作社解散作出了较为具体的规定。按照法律规定，农民专业合作社可以解散的情形包括：当章程规定的解散事由出现；成员大会决议解散；因合并或者分立需要解散以及依法被吊销营业执照或者被撤销等。

>> **法条链接** >>

《农民专业合作社法》第四十一条：农民专业合作社因下列原因解散：

（一）章程规定的解散事由出现；

（二）成员大会决议解散；

（三）因合并或者分立需要解散；

（四）依法被吊销营业执照或者被撤销。

附 录

中华人民共和国民法通则(节选)

(1986年4月12日第六届全国人民代表大会第四次会议通过,
2009年8月27日第十一届全国人民代表大会常务委员会第十次会议修改)

第一章 基本原则

第一条 为了保障公民、法人的合法的民事权益,正确调整民事关系,适应社会主义现代化建设事业发展的需要,根据宪法和我国实际情况,总结民事活动的实践经验,制定本法。

第二条 中华人民共和国民法调整平等主体的公民之间、法人之间、公民和法人之间的财产关系和人身关系。

第三条 当事人在民事活动中的地位平等。

第四条 民事活动应当遵循自愿、公平、等价有偿、诚实信用的原则。

第五条 公民、法人的合法的民事权益受法律保护,任何组织和个人不得侵犯。

第六条 民事活动必须遵守法律,法律没有规定的,应当遵守国家政策。

第七条 民事活动应当尊重社会公德,不得损害社会公共利益,扰乱社会经济秩序。

第二章 公民(自然人)

第一节 民事权利能力和民事行为能力

第九条 公民从出生时起到死亡时止,具有民事权利能力,依法享有民事权利,承担民事义务。

第十条 公民的民事权利能力一律平等。

第十一条 十八周岁以上的公民是成年人,具有完全民事行为能力,可以独立进行民事活动,是完全民事行为能力人。

十六周岁以上不满十八周岁的公民,以自己的劳动收入为主要生活来源的,视为完全民事行为能力人。

第十二条 十周岁以上的未成年人是限制民事行为能力人,可以进行与他的年龄、智力相适应的民事活动;其他民事活动由他的法定代理人代理,或者征得他的法定代理人的同意。

不满十周岁的未成年人是无民事行为能力人,由他的法定代理人代理民事活动。

第十三条 不能辨认自己行为的精神病人是无民事行为能力人,由他的法定代理人代理民事活动。

不能完全辨认自己行为的精神病人是限制民事行为能力人,可以进行与他的精神健康状况相适应的民事活动;其他民事活动由他的法定代理人代理,或者征得他的法定代理人的同意。

第十四条 无民事行为能力人、限制民事行为能力人的监护人是他的法定代理人。

第十五条 公民以他的户籍所在地的居住地为住所,经常居住地与住所不一致的,经常居住地视为住所。

第二节 监 护

第十六条 未成年人的父母是未成年人的监护人。

未成年人的父母已经死亡或者没有监护能力的,由下列人员中有监护能力的人担任监护人:

(一)祖父母、外祖父母;

(二)兄、姐;

(三)关系密切的其他亲属、朋友愿意承担监护责任,经未成年人的父、母的所在单位或者未成年人住所地的居民委员会、村民委员会同意的。

对担任监护人有争议的,由未成年人的父、母的所在单位或者未成年人住所地的居民委员会、村民委员会在近亲属中指定。对指定不服提起诉讼的,由人民法院裁决。

没有第一款、第二款规定的监护人的,由未成年人的父、母的所在单位或者未成年人住所地的居民委员会、村民委员会或者民政部门担任监护人。

第十七条 无民事行为能力或者限制民事行为能力的精神病人,由下列人员担任监护人:

(一)配偶;

(二)父母;

(三)成年子女;

(四)其他近亲属;

(五)关系密切的其他亲属、朋友愿意承担监护责任,经精神病人的所在单位或者住所地的居民委员会、村民委员会同意的。

对担任监护人有争议的,由精神病人的所在单位或者住所地的居民委员会、村民委员会在近亲属中指定。对指定不服提起诉讼的,由人民法院裁决。

没有第一款规定的监护人的,由精神病人的所在单位或者住所地的居民委员会、村民委员会或者民政部门担任监护人。

第十八条 监护人应当履行监护职责,保护被监护人的人身、财产及其他合法权益,除为被监护人的利益外,不得处理被监护人的财产。

监护人依法履行监护的权利,受法律保护。

监护人不履行监护职责或者侵害被监护人的合法权益的,应当承担责任;给被监护人造成财产损失的,应当赔偿损失。人民法院可以根据有关人员或者有关单位的申请,撤销监护人的资格。

第十九条 精神病人的利害关系人,可以向人民法院申请宣告精神病人为无民事行为能力人或者限制民事行为能力人。

被人民法院宣告为无民事行为能力人或者限制民事行为能力人的,根据他健康恢复的状况,经本人或者利害关系人申请,人民法院可以宣告他为限制民事行为能力人或者完全民事行为能力人。

第三节 宣告失踪和宣告死亡

第二十条 公民下落不明满两年的,利害关系人可以向人民法院申请宣告他为失踪人。

战争期间下落不明的,下落不明的时间从战争结束之日起计算。

第二十一条 失踪人的财产由他的配偶、父母、成年子女或者关系密切的其他亲属、朋友代管。代管有争议的,没有以上规定的人或者以上规定的人无能力代管的,由人民法院指定的人代管。

失踪人所欠税款、债务和应付的其他费用,由代管人从失踪人的财产中支付。

第二十二条 被宣告失踪的人重新出现或者确知他的下落,经本人或者利害关系人申请,人民法院应当撤销对他的失踪宣告。

第二十三条 公民有下列情形之一的,利害关系人可以向人民法院申请宣告他死亡:

(一)下落不明满四年的;

(二)因意外事故下落不明,从事故发生之日起满两年的。

战争期间下落不明的,下落不明的时间从战争结束之日起计算。

第二十四条 被宣告死亡的人重新出现或者确知他没有死亡,经本人或者利害关系人申请,人民法院应当撤销对他的死亡宣告。

有民事行为能力人在被宣告死亡期间实施的民事法律行为有效。

第二十五条 被撤销死亡宣告的人有权请求返还财产。依照继承法取得他的财产的公民或者组织,应当返还原物;原物不存在的,给予适当补偿。

第四节 个体工商户、农村承包经营户

第二十六条 公民在法律允许的范围内,依法经核准登记,从事工商业经营的,为个体工商户。个体工商户可以起字号。

第二十七条 农村集体经济组织的成员,在法律允许的范围内,按照承包合同规定从事商品经营的,为农村承包经营户。

第二十八条 个体工商户、农村承包经营户的合法权益,受法律保护。

第二十九条 个体工商户、农村承包经营户的债务,个人经营的,以个人财产承担;家庭经营的,以家庭财产承担。

第五节 个人合伙

第三十条 个人合伙是指两个以上公民按照协议,各自提供资金、实物、技术等,合伙经营、共同劳动。

第三十一条 合伙人应当对出资数额、盈余分配、债务承担、入伙、退伙、合伙终止等事项,订立书面协议。

第三十二条 合伙人投入的财产,由合伙人统一管理和使用。

合伙经营积累的财产,归合伙人共有。

第三十三条 个人合伙可以起字号,依法经核准登记,在核准登记的经营范围内从事经营。

第三十四条 个人合伙的经营活动,由合伙人共同决定,合伙人有执行和监督的权利。

合伙人可以推举负责人。合伙负责人和其他人员的经营活动,由全体合伙人承担民事责任。

第三十五条 合伙的债务,由合伙人按照出资比例或者协议的约定,以各自

的财产承担清偿责任。

合伙人对合伙的债务承担连带责任,法律另有规定的除外。偿还合伙债务超过自己应当承担数额的合伙人,有权向其他合伙人追偿。

第三章 法 人

第一节 一般规定

第三十六条 法人是具有民事权利能力和民事行为能力,依法独立享有民事权利和承担民事义务的组织。

法人的民事权利能力和民事行为能力,从法人成立时产生,到法人终止时消灭。

第三十七条 法人应当具备下列条件
(一)依法成立;
(二)有必要的财产或者经费;
(三)有自己的名称、组织机构和场所;
(四)能够独立承担民事责任。

第三十八条 依照法律或者法人组织章程规定,代表法人行使职权的负责人,是法人的法定代表人。

第三十九条 法人以它的主要办事机构所在地为住所。

第四十条 法人终止,应当依法进行清算,停止清算范围外的活动。

第四章 民事法律行为和代理

第一节 民事法律行为

第五十四条 民事法律行为是公民或者法人设立、变更、终止民事权利和民事义务的合法行为。

第五十五条 民事法律行为应当具备下列条件:
(一)行为人具有相应的民事行为能力;
(二)意思表示真实;
(三)不违反法律或者社会公共利益。

第五十六条 民事法律行为可以采取书面形式、口头形式或者其他形式。法律规定用特定形式的,应当依照法律规定。

第五十八条 下列民事行为无效:
(一)无民事行为能力人实施的;

(二)限制民事行为能力人依法不能独立实施的;

(三)一方以欺诈、胁迫的手段或者乘人之危,使对方在违背真实意思的情况下所为的;

(四)恶意串通,损害国家、集体或者第三人利益的;

(五)违反法律或者社会公共利益的;

(六)以合法形式掩盖非法目的的。

无效的民事行为,从行为开始起就没有法律约束力。

第五十九条 下列民事行为,一方有权请求人民法院或者仲裁机关予以变更或者撤销:

(一)行为人对行为内容有重大误解的;

(二)显失公平的。

被撤销的民事行为从行为开始起无效。

第六十条 民事行为部分无效,不影响其他部分的效力的,其他部分仍然有效。

第六十一条 民事行为被确认为无效或者被撤销后,当事人因该行为取得的财产,应当返还给受损失的一方。有过错的一方应当赔偿对方因此所受的损失,双方都有过错的,应当各自承担相应的责任。

双方恶意串通,实施民事行为损害国家的、集体的或者第三人的利益的,应当追缴双方取得的财产,收归国家、集体所有或者返还第三人。

第六十二条 民事法律行为可以附条件,附条件的民事法律行为在符合所附条件时生效。

第二节 代 理

第六十三条 公民、法人可以通过代理人实施民事法律行为。

代理人在代理权限内,以被代理人的名义实施民事法律行为。被代理人对代理人的代理行为,承担民事责任。

依照法律规定或者按照双方当事人约定,应当由本人实施的民事法律行为,不得代理。

第六十四条 代理包括委托代理、法定代理和指定代理。

委托代理按照被代理人的委托行使代理权,法定代理人依照法律的规定行使代理权,指定代理人按照人民法院或者指定单位的指定行使代理权。

第六十五条 民事法律行为的委托代理,可以用书面形式,也可以用口头形式。法律规定用书面形式的,应当用书面形式。

书面委托代理的授权委托书应当载明代理人的姓名或者名称、代理事项、权限和期间,并由委托人签名或者盖章。

委托书授权不明的,被代理人应当向第三人承担民事责任,代理人负连带责任。

第六十六条　没有代理权、超越代理权或者代理权终止后的行为,只有经过被代理人的追认,被代理人才承担民事责任。未经追认的行为,由行为人承担民事责任。本人知道他人以本人名义实施民事行为而不作否认表示的,视为同意。

代理人不履行职责而给被代理人造成损害的,应当承担民事责任。

代理人和第三人串通,损害被代理人的利益的,由代理人和第三人负连带责任。

第三人知道行为人没有代理权、超越代理权或者代理权已终止还与行为人实施民事行为给他人造成损害的,由第三人和行为人负连带责任。

第六十七条　代理人知道被委托代理的事项违法仍然进行代理活动的,或者被代理人知道代理人的代理行为违法不表示反对的,由被代理人和代理人负连带责任。

第六十八条　委托代理人为被代理人的利益需要转托他人代理的,应当事先取得被代理人的同意。事先没有取得被代理人同意的,应当在事后及时告诉被代理人,如果被代理人不同意,由代理人对自己所转托的人的行为负民事责任,但在紧急情况下,为了保护被代理人的利益而转托他人代理的除外。

第五章　民事权利

第一节　财产所有权和与财产所有权有关的财产权

第七十一条　财产所有权是指所有人依法对自己的财产享有占有、使用、收益和处分的权利。

第七十八条　财产可以由两个以上的公民、法人共有。

共有分为按份共有和共同共有。按份共有人按照各自的份额,对共有财产分享权利,分担义务。共同共有人对共有财产享有权利,承担义务。

按份共有财产的每个共有人有权要求将自己的份额分出或者转让。但在出售时,其他共有人在同等条件下,有优先购买的权利。

第七十九条　所有人不明的埋藏物、隐藏物,归国家所有。接收单位应当对上缴的单位或者个人,给予表扬或者物质奖励。

拾得遗失物、漂流物或者失散的饲养动物,应当归还失主,因此而支出的费用由失主偿还。

第八十三条　不动产的相邻各方,应当按照有利生产、方便生活、团结互助、公平合理的精神,正确处理截水、排水、通行、通风、采光等方面的相邻关系。给相邻方造成妨碍或者损失的,应当停止侵害,排除妨碍,赔偿损失。

第四节　人身权

第九十八条　公民享有生命健康权。

第九十九条　公民享有姓名权,有权决定、使用和依照规定改变自己的姓名,禁止他人干涉、盗用、假冒。

法人、个体工商户、个人合伙享有名称权。企业法人、个体工商户、个人合伙有权使用、依法转让自己的名称。

第一百条　公民享有肖像权,未经本人同意,不得以营利为目的使用公民的肖像。

第一百零一条　公民、法人享有名誉权,公民的人格尊严受法律保护,禁止用侮辱、诽谤等方式损害公民、法人的名誉。

第一百零二条　公民、法人享有荣誉权,禁止非法剥夺公民、法人的荣誉称号。

第一百零三条　公民享有婚姻自主权,禁止买卖、包办婚姻和其他干涉婚姻自由的行为。

第一百零四条　婚姻、家庭、老人、母亲和儿童受法律保护。

残疾人的合法权益受法律保护。

第一百零五条　妇女享有同男子平等的民事权利。

第六章　民事责任

第一节　一般规定

第一百零六条　公民、法人违反合同或者不履行其他义务的,应当承担民事责任。

公民、法人由于过错侵害国家的、集体的财产,侵害他人财产、人身的,应当承担民事责任。

没有过错,但法律规定应当承担民事责任的,应当承担民事责任。

第一百零七条　因不可抗力不能履行合同或者造成他人损害的,不承担民事责任,法律另有规定的除外。

第一百零八条　债务应当清偿。暂时无力偿还的,经债权人同意或者人民法院裁决,可以由债务人分期偿还。有能力偿还拒不偿还的,由人民法院判决强制偿还。

第一百零九条 因防止、制止国家的、集体的财产或者他人的财产、人身遭受侵害而使自己受到损害的,由侵害人承担赔偿责任,受益人也可以给予适当的补偿。

第一百一十条 对承担民事责任的公民、法人需要追究行政责任的,应当追究行政责任;构成犯罪的,对公民、法人的法定代表人应当依法追究刑事责任。

第四节 承担民事责任的方式

第一百三十四条 承担民事责任的方式主要有:

(一)停止侵害;

(二)排除妨碍;

(三)消除危险;

(四)返还财产;

(五)恢复原状;

(六)修理、重作、更换;

(七)赔偿损失;

(八)支付违约金;

(九)消除影响、恢复名誉;

(十)赔礼道歉。

以上承担民事责任的方式,可以单独适用,也可以合并适用。

人民法院审理民事案件,除适用上述规定外,还可以予以训诫、责令具结悔过、收缴进行非法活动的财物和非法所得,并可以依照法律规定处以罚款、拘留。

第七章 诉讼时效

第一百三十五条 向人民法院请求保护民事权利的诉讼时效期间为两年,法律另有规定的除外。

第一百三十六条 下列的诉讼时效期间为一年:

(一)身体受到伤害要求赔偿的;

(二)出售质量不合格的商品未声明的;

(三)延付或者拒付租金的;

(四)寄存财物被丢失或者损毁的。

第一百三十七条 诉讼时效期间从知道或者应当知道权利被侵害时起计

算。但是,从权利被侵害之日起超过二十年的,人民法院不予保护。有特殊情况的,人民法院可以延长诉讼时效期间。

第九章 附 则

第一百五十三条 本法所称的"不可抗力",是指不能预见、不能避免并不能克服的客观情况。

第一百五十四条 民法所称的期间按照公历年、月、日、小时计算。

规定按照小时计算期间的,从规定时开始计算。规定按照日、月、年计算期间的,开始的当天不算入,从下一天开始计算。

期间的最后一天是星期日或者其他法定休假日的,以休假日的次日为期间的最后一天。

期间的最后一天的截止时间为二十四点。有业务时间的,到停止业务活动的时间截止。

第一百五十五条 民法所称的"以上"、"以下"、"以内"、"届满",包括本数;所称的"不满"、"以外",不包括本数。

中华人民共和国侵权责任法

(2009年12月26日第十一届全国人民代表大会常务委员会第十二次会议通过)

第一章 一般规定

第一条 为保护民事主体的合法权益,明确侵权责任,预防并制裁侵权行为,促进社会和谐稳定,制定本法。

第二条 侵害民事权益,应当依照本法承担侵权责任。

本法所称民事权益,包括生命权、健康权、姓名权、名誉权、荣誉权、肖像权、隐私权、婚姻自主权、监护权、所有权、用益物权、担保物权、著作权、专利权、商标专用权、发现权、股权、继承权等人身、财产权益。

第三条 被侵权人有权请求侵权人承担侵权责任。

第四条 侵权人因同一行为应当承担行政责任或者刑事责任的,不影响依法承担侵权责任。因同一行为应当承担侵权责任和行政责任、刑事责任,侵权人的财产不足以支付的,先承担侵权责任。

第五条　其他法律对侵权责任另有特别规定的,依照其规定。

第二章　责任构成和责任方式

第六条　行为人因过错侵害他人民事权益,应当承担侵权责任。

根据法律规定推定行为人有过错,行为人不能证明自己没有过错的,应当承担侵权责任。

第七条　行为人损害他人民事权益,不论行为人有无过错,法律规定应当承担侵权责任的,依照其规定。

第八条　两人以上共同实施侵权行为,造成他人损害的,应当承担连带责任。

第九条　教唆、帮助他人实施侵权行为的,应当与行为人承担连带责任。

教唆、帮助无民事行为能力人、限制民事行为能力人实施侵权行为的,应当承担侵权责任;该无民事行为能力人、限制民事行为能力人的监护人未尽到监护责任的,应当承担相应的责任。

第十条　两人以上实施危及他人人身、财产安全的行为,其中一人或者数人的行为造成他人损害,能够确定具体侵权人的,由侵权人承担责任;不能确定具体侵权人的,行为人承担连带责任。

第十一条　两人以上分别实施侵权行为造成同一损害,每个人的侵权行为都足以造成全部损害的,行为人承担连带责任。

第十二条　两人以上分别实施侵权行为造成同一损害,能够确定责任大小的,各自承担相应的责任;难以确定责任大小的,平均承担赔偿责任。

第十三条　法律规定承担连带责任的,被侵权人有权请求部分或者全部连带责任人承担责任。

第十四条　连带责任人根据各自责任大小确定相应的赔偿数额;难以确定责任大小的,平均承担赔偿责任。

支付超出自己赔偿数额的连带责任人,有权向其他连带责任人追偿。

第十五条　承担侵权责任的方式主要有:

(一)停止侵害;

(二)排除妨碍;

(三)消除危险;

(四)返还财产;

(五)恢复原状;

(六)赔偿损失;

(七)赔礼道歉;

(八)消除影响、恢复名誉。

以上承担侵权责任的方式,可以单独适用,也可以合并适用。

第十六条 侵害他人造成人身损害的,应当赔偿医疗费、护理费、交通费等为治疗和康复支出的合理费用,以及因误工减少的收入。造成残疾的,还应当赔偿残疾生活辅助具费和残疾赔偿金。造成死亡的,还应当赔偿丧葬费和死亡赔偿金。

第十七条 因同一侵权行为造成多人死亡的,可以以相同数额确定死亡赔偿金。

第十八条 被侵权人死亡的,其近亲属有权请求侵权人承担侵权责任。被侵权人为单位,该单位分立、合并的,承继权利的单位有权请求侵权人承担侵权责任。

被侵权人死亡的,支付被侵权人医疗费、丧葬费等合理费用的人有权请求侵权人赔偿费用,但侵权人已支付该费用的除外。

第十九条 侵害他人财产的,财产损失按照损失发生时的市场价格或者其他方式计算。

第二十条 侵害他人人身权益造成财产损失的,按照被侵权人因此受到的损失赔偿;被侵权人的损失难以确定,侵权人因此获得利益的,按照其获得的利益赔偿;侵权人因此获得的利益难以确定,被侵权人和侵权人就赔偿数额协商不一致,向人民法院提起诉讼的,由人民法院根据实际情况确定赔偿数额。

第二十一条 侵权行为危及他人人身、财产安全的,被侵权人可以请求侵权人承担停止侵害、排除妨碍、消除危险等侵权责任。

第二十二条 侵害他人人身权益,造成他人严重精神损害的,被侵权人可以请求精神损害赔偿。

第二十三条 因防止、制止他人民事权益被侵害而使自己受到损害的,由侵权人承担责任。侵权人逃逸或者无力承担责任,被侵权人请求补偿的,受益人应当给予适当补偿。

第二十四条 受害人和行为人对损害的发生都没有过错的,可以根据实际情况,由双方分担损失。

第二十五条 损害发生后,当事人可以协商赔偿费用的支付方式。协商不一致的,赔偿费用应当一次性支付;一次性支付确有困难的,可以分期支付,但应当提供相应的担保。

第三章　不承担责任和减轻责任的情形

第二十六条　被侵权人对损害的发生也有过错的,可以减轻侵权人的责任。

第二十七条　损害是因受害人故意造成的,行为人不承担责任。

第二十八条　损害是因第三人造成的,第三人应当承担侵权责任。

第二十九条　因不可抗力造成他人损害的,不承担责任。法律另有规定的,依照其规定。

第三十条　因正当防卫造成损害的,不承担责任。正当防卫超过必要的限度,造成不应有的损害的,正当防卫人应当承担适当的责任。

第三十一条　因紧急避险造成损害的,由引起险情发生的人承担责任。如果危险是由自然原因引起的,紧急避险人不承担责任或者给予适当补偿。紧急避险采取措施不当或者超过必要的限度,造成不应有的损害的,紧急避险人应当承担适当的责任。

第四章　关于责任主体的特殊规定

第三十二条　无民事行为能力人、限制民事行为能力人造成他人损害的,由监护人承担侵权责任。监护人尽到监护责任的,可以减轻其侵权责任。

有财产的无民事行为能力人、限制民事行为能力人造成他人损害的,从本人财产中支付赔偿费用。不足部分,由监护人赔偿。

第三十三条　完全民事行为能力人对自己的行为暂时没有意识或者失去控制造成他人损害有过错的,应当承担侵权责任;没有过错的,根据行为人的经济状况对受害人适当补偿。

完全民事行为能力人因醉酒、滥用麻醉药品或者精神药品对自己的行为暂时没有意识或者失去控制造成他人损害的,应当承担侵权责任。

第三十四条　用人单位的工作人员因执行工作任务造成他人损害的,由用人单位承担侵权责任。

劳务派遣期间,被派遣的工作人员因执行工作任务造成他人损害的,由接受劳务派遣的用工单位承担侵权责任;劳务派遣单位有过错的,承担相应的补充责任。

第三十五条　个人之间形成劳务关系,提供劳务一方因劳务造成他人损害的,由接受劳务一方承担侵权责任。提供劳务一方因劳务自己受到损害的,根据双方各自的过错承担相应的责任。

第三十六条 网络用户、网络服务提供者利用网络侵害他人民事权益的,应当承担侵权责任。

网络用户利用网络服务实施侵权行为的,被侵权人有权通知网络服务提供者采取删除、屏蔽、断开链接等必要措施。网络服务提供者接到通知后未及时采取必要措施的,对损害的扩大部分与该网络用户承担连带责任。

网络服务提供者知道网络用户利用其网络服务侵害他人民事权益,未采取必要措施的,与该网络用户承担连带责任。

第三十七条 宾馆、商场、银行、车站、娱乐场所等公共场所的管理人或者群众性活动的组织者,未尽到安全保障义务,造成他人损害的,应当承担侵权责任。

因第三人的行为造成他人损害的,由第三人承担侵权责任;管理人或者组织者未尽到安全保障义务的,承担相应的补充责任。

第三十八条 无民事行为能力人在幼儿园、学校或者其他教育机构学习、生活期间受到人身损害的,幼儿园、学校或者其他教育机构应当承担责任,但能够证明尽到教育、管理职责的,不承担责任。

第三十九条 限制民事行为能力人在学校或者其他教育机构学习、生活期间受到人身损害,学校或者其他教育机构未尽到教育、管理职责的,应当承担责任。

第四十条 无民事行为能力人或者限制民事行为能力人在幼儿园、学校或者其他教育机构学习、生活期间,受到幼儿园、学校或者其他教育机构以外的人员人身损害的,由侵权人承担侵权责任;幼儿园、学校或者其他教育机构未尽到管理职责的,承担相应的补充责任。

第五章 产品责任

第四十一条 因产品存在缺陷造成他人损害的,生产者应当承担侵权责任。

第四十二条 因销售者的过错使产品存在缺陷,造成他人损害的,销售者应当承担侵权责任。

销售者不能指明缺陷产品的生产者也不能指明缺陷产品的供货者的,销售者应当承担侵权责任。

第四十三条 因产品存在缺陷造成损害的,被侵权人可以向产品的生产者请求赔偿,也可以向产品的销售者请求赔偿。

产品缺陷由生产者造成的,销售者赔偿后,有权向生产者追偿。

因销售者的过错使产品存在缺陷的,生产者赔偿后,有权向销售者追偿。

第四十四条 因运输者、仓储者等第三人的过错使产品存在缺陷,造成他人损害的,产品的生产者、销售者赔偿后,有权向第三人追偿。

第四十五条 因产品缺陷危及他人人身、财产安全的,被侵权人有权请求生产者、销售者承担排除妨碍、消除危险等侵权责任。

第四十六条 产品投入流通后发现存在缺陷的,生产者、销售者应当及时采取警示、召回等补救措施。未及时采取补救措施或者补救措施不力造成损害的,应当承担侵权责任。

第四十七条 明知产品存在缺陷仍然生产、销售,造成他人死亡或者健康严重损害的,被侵权人有权请求相应的惩罚性赔偿。

第六章 机动车交通事故责任

第四十八条 机动车发生交通事故造成损害的,依照道路交通安全法的有关规定承担赔偿责任。

第四十九条 因租赁、借用等情形机动车所有人与使用人不是同一人时,发生交通事故后属于该机动车一方责任的,由保险公司在机动车强制保险责任限额范围内予以赔偿。不足部分,由机动车使用人承担赔偿责任;机动车所有人对损害的发生有过错的,承担相应的赔偿责任。

第五十条 当事人之间已经以买卖等方式转让并交付机动车但未办理所有权转移登记,发生交通事故后属于该机动车一方责任的,由保险公司在机动车强制保险责任限额范围内予以赔偿。不足部分,由受让人承担赔偿责任。

第五十一条 以买卖等方式转让拼装或者已达到报废标准的机动车,发生交通事故造成损害的,由转让人和受让人承担连带责任。

第五十二条 盗窃、抢劫或者抢夺的机动车发生交通事故造成损害的,由盗窃人、抢劫人或者抢夺人承担赔偿责任。保险公司在机动车强制保险责任限额范围内垫付抢救费用的,有权向交通事故责任人追偿。

第五十三条 机动车驾驶人发生交通事故后逃逸,该机动车参加强制保险的,由保险公司在机动车强制保险责任限额范围内予以赔偿;机动车不明或者该机动车未参加强制保险,需要支付被侵权人人身伤亡的抢救、丧葬等费用的,由道路交通事故社会救助基金垫付。道路交通事故社会救助基金垫付后,其管理机构有权向交通事故责任人追偿。

第七章 医疗损害责任

第五十四条 患者在诊疗活动中受到损害,医疗机构及其医务人员有过错的,由医疗机构承担赔偿责任。

第五十五条 医务人员在诊疗活动中应当向患者说明病情和医疗措施。需要实施手术、特殊检查、特殊治疗的,医务人员应当及时向患者说明医疗风险、替代医疗方案等情况,并取得其书面同意;不宜向患者说明的,应当向患者的近亲属说明,并取得其书面同意。

医务人员未尽到前款义务,造成患者损害的,医疗机构应当承担赔偿责任。

第五十六条 因抢救生命垂危的患者等紧急情况,不能取得患者或者其近亲属意见的,经医疗机构负责人或者授权的负责人批准,可以立即实施相应的医疗措施。

第五十七条 医务人员在诊疗活动中未尽到与当时的医疗水平相应的诊疗义务,造成患者损害的,医疗机构应当承担赔偿责任。

第五十八条 患者有损害,因下列情形之一的,推定医疗机构有过错:

(一)违反法律、行政法规、规章以及其他有关诊疗规范的规定;

(二)隐匿或者拒绝提供与纠纷有关的病历资料;

(三)伪造、篡改或者销毁病历资料。

第五十九条 因药品、消毒药剂、医疗器械的缺陷,或者输入不合格的血液造成患者损害的,患者可以向生产者或者血液提供机构请求赔偿,也可以向医疗机构请求赔偿。患者向医疗机构请求赔偿的,医疗机构赔偿后,有权向负有责任的生产者或者血液提供机构追偿。

第六十条 患者有损害,因下列情形之一的,医疗机构不承担赔偿责任:

(一)患者或者其近亲属不配合医疗机构进行符合诊疗规范的诊疗;

(二)医务人员在抢救生命垂危的患者等紧急情况下已经尽到合理诊疗义务;

(三)限于当时的医疗水平难以诊疗。

前款第一项情形中,医疗机构及其医务人员也有过错的,应当承担相应的赔偿责任。

第六十一条 医疗机构及其医务人员应当按照规定填写并妥善保管住院志、医嘱单、检验报告、手术及麻醉记录、病理资料、护理记录、医疗费用等病历资料。

患者要求查阅、复制前款规定的病历资料的,医疗机构应当提供。

第六十二条　医疗机构及其医务人员应当对患者的隐私保密。泄露患者隐私或者未经患者同意公开其病历资料,造成患者损害的,应当承担侵权责任。

第六十三条　医疗机构及其医务人员不得违反诊疗规范实施不必要的检查。

第六十四条　医疗机构及其医务人员的合法权益受法律保护。干扰医疗秩序,妨害医务人员工作、生活的,应当依法承担法律责任。

第八章　环境污染责任

第六十五条　因污染环境造成损害的,污染者应当承担侵权责任。

第六十六条　因污染环境发生纠纷,污染者应当就法律规定的不承担责任或者减轻责任的情形及其行为与损害之间不存在因果关系承担举证责任。

第六十七条　两个以上污染者污染环境,污染者承担责任的大小,根据污染物的种类、排放量等因素确定。

第六十八条　因第三人的过错污染环境造成损害的,被侵权人可以向污染者请求赔偿,也可以向第三人请求赔偿。污染者赔偿后,有权向第三人追偿。

第九章　高度危险责任

第六十九条　从事高度危险作业造成他人损害的,应当承担侵权责任。

第七十条　民用核设施发生核事故造成他人损害的,民用核设施的经营者应当承担侵权责任,但能够证明损害是因战争等情形或者受害人故意造成的,不承担责任。

第七十一条　民用航空器造成他人损害的,民用航空器的经营者应当承担侵权责任,但能够证明损害是因受害人故意造成的,不承担责任。

第七十二条　占有或者使用易燃、易爆、剧毒、放射性等高度危险物造成他人损害的,占有人或者使用人应当承担侵权责任,但能够证明损害是因受害人故意或者不可抗力造成的,不承担责任。被侵权人对损害的发生有重大过失的,可以减轻占有人或者使用人的责任。

第七十三条　从事高空、高压、地下挖掘活动或者使用高速轨道运输工具造成他人损害的,经营者应当承担侵权责任,但能够证明损害是因受害人故意或者不可抗力造成的,不承担责任。被侵权人对损害的发生有过失的,可以减轻经营者的责任。

第七十四条　遗失、抛弃高度危险物造成他人损害的,由所有人承担侵权责任。所有人将高度危险物交由他人管理的,由管理人承担侵权责任;所有人有过错的,与管理人承担连带责任。

第七十五条　非法占有高度危险物造成他人损害的,由非法占有人承担侵权责任。所有人、管理人不能证明对防止他人非法占有尽到高度注意义务的,与非法占有人承担连带责任。

第七十六条　未经许可进入高度危险活动区域或者高度危险物存放区域受到损害,管理人已经采取安全措施并尽到警示义务的,可以减轻或者不承担责任。

第七十七条　承担高度危险责任,法律规定赔偿限额的,依照其规定。

第十章　饲养动物损害责任

第七十八条　饲养的动物造成他人损害的,动物饲养人或者管理人应当承担侵权责任,但能够证明损害是因被侵权人故意或者重大过失造成的,可以不承担或者减轻责任。

第七十九条　违反管理规定,未对动物采取安全措施造成他人损害的,动物饲养人或者管理人应当承担侵权责任。

第八十条　禁止饲养的烈性犬等危险动物造成他人损害的,动物饲养人或者管理人应当承担侵权责任。

第八十一条　动物园的动物造成他人损害的,动物园应当承担侵权责任,但能够证明尽到管理职责的,不承担责任。

第八十二条　遗弃、逃逸的动物在遗弃、逃逸期间造成他人损害的,由原动物饲养人或者管理人承担侵权责任。

第八十三条　因第三人的过错致使动物造成他人损害的,被侵权人可以向动物饲养人或者管理人请求赔偿,也可以向第三人请求赔偿。动物饲养人或者管理人赔偿后,有权向第三人追偿。

第八十四条　饲养动物应当遵守法律,尊重社会公德,不得妨害他人生活。

第十一章　物件损害责任

第八十五条　建筑物、构筑物或者其他设施及其搁置物、悬挂物发生脱落、坠落造成他人损害,所有人、管理人或者使用人不能证明自己没有过错的,应当承担侵权责任。所有人、管理人或者使用人赔偿后,有其他责任人的,有权向其他责任人追偿。

第八十六条　建筑物、构筑物或者其他设施倒塌造成他人损害的,由建设单位与施工单位承担连带责任。建设单位、施工单位赔偿后,有其他责任人的,有权向其他责任人追偿。

因其他责任人的原因,建筑物、构筑物或者其他设施倒塌造成他人损害的,由其他责任人承担侵权责任。

第八十七条　从建筑物中抛掷物品或者从建筑物上坠落的物品造成他人损害,难以确定具体侵权人的,除能够证明自己不是侵权人的外,由可能加害的建筑物使用人给予补偿。

第八十八条　堆放物倒塌造成他人损害,堆放人不能证明自己没有过错的,应当承担侵权责任。

第八十九条　在公共道路上堆放、倾倒、遗撒妨碍通行的物品造成他人损害的,有关单位或者个人应当承担侵权责任。

第九十条　因林木折断造成他人损害,林木的所有人或者管理人不能证明自己没有过错的,应当承担侵权责任。

第九十一条　在公共场所或者道路上挖坑、修缮安装地下设施等,没有设置明显标志和采取安全措施造成他人损害的,施工人应当承担侵权责任。

窨井等地下设施造成他人损害,管理人不能证明尽到管理职责的,应当承担侵权责任。

第十二章　附　则

第九十二条　本法自 2010 年 7 月 1 日起施行。

中华人民共和国婚姻法(节选)

(1980 年 9 月 10 日第五届全国人民代表大会第三次会议通过,2001 年 4 月 28 日第九届全国人民代表大会常务委员会第二十一次会议修正)

第一章　总　则

第二条　实行婚姻自由、一夫一妻、男女平等的婚姻制度。

保护妇女、儿童和老人的合法权益。

实行计划生育。

第三条　禁止包办、买卖婚姻和其他干涉婚姻自由的行为。禁止借婚姻索取财物。

禁止重婚。禁止有配偶者与他人同居。禁止家庭暴力。禁止家庭成员间的虐待和遗弃。

第四条　夫妻应当互相忠实，互相尊重；家庭成员间应当敬老爱幼，互相帮助，维护平等、和睦、文明的婚姻家庭关系。

第二章　结　婚

第五条　结婚必须男女双方完全自愿，不许任何一方对他方加以强迫或任何第三者加以干涉。

第六条　结婚年龄，男不得早于二十二周岁，女不得早于二十周岁。晚婚晚育应予鼓励。

第七条　有下列情形之一的，禁止结婚：

（一）直系血亲和三代以内的旁系血亲；

（二）患有医学上认为不应当结婚的疾病。

第八条　要求结婚的男女双方必须亲自到婚姻登记机关进行结婚登记。符合本法规定的，予以登记，发给结婚证。取得结婚证，即确立夫妻关系。未办理结婚登记的，应当补办登记。

第九条　登记结婚后，根据男女双方约定，女方可以成为男方家庭的成员，男方可以成为女方家庭的成员。

第十条　有下列情形之一的，婚姻无效：

（一）重婚的；

（二）有禁止结婚的亲属关系的；

（三）婚前患有医学上认为不应当结婚的疾病，婚后尚未治愈的；

（四）未到法定婚龄的。

第十一条　因胁迫结婚的，受胁迫的一方可以向婚姻登记机关或人民法院请求撤销该婚姻。受胁迫的一方撤销婚姻的请求，应当自结婚登记之日起一年内提出。被非法限制人身自由的当事人请求撤销婚姻的，应当自恢复人身自由之日起一年内提出。

第十二条　无效或被撤销的婚姻，自始无效。当事人不具有夫妻的权利和义务。同居期间所得的财产，由当事人协议处理；协议不成时，由人民法院根据照顾无过错方的原则判决。对重婚导致的婚姻无效的财产处理,不得侵害合法婚姻当事人的财产权益。当事人所生的子女,适用本法有关父母子女的规定。

第三章　家庭关系

第十三条　夫妻在家庭中地位平等。

第十四条　夫妻双方都有各用自己姓名的权利。

第十五条　夫妻双方都有参加生产、工作、学习和社会活动的自由,一方不得对他方加以限制或干涉。

第十六条　夫妻双方都有实行计划生育的义务。

第十七条　夫妻在婚姻关系存续期间所得的下列财产,归夫妻共同所有:

(一)工资、奖金;

(二)生产、经营的收益;

(三)知识产权的收益;

(四)继承或赠与所得的财产,但本法第十八条第三项规定的除外;

(五)其他应当归共同所有的财产。

夫妻对共同所有的财产,有平等的处理权。

第十八条　有下列情形之一的,为夫妻一方的财产:

(一)一方的婚前财产;

(二)一方因身体受到伤害获得的医疗费、残疾人生活补助费等费用;

(三)遗嘱或赠与合同中确定只归夫或妻一方的财产;

(四)一方专用的生活用品;

(五)其他应当归一方的财产。

第十九条　夫妻可以约定婚姻关系存续期间所得的财产以及婚前财产归各自所有、共同所有或部分各自所有、部分共同所有。约定应当采用书面形式。没有约定或约定不明确的,适用本法第十七条、第十八条的规定。

夫妻对婚姻关系存续期间所得的财产以及婚前财产的约定,对双方具有约束力。

夫妻对婚姻关系存续期间所得的财产约定归各自所有的,夫或妻一方对外所负的债务,第三人知道该约定的,以夫或妻一方所有的财产清偿。

第二十条　夫妻有互相扶养的义务。

一方不履行扶养义务时,需要扶养的一方,有要求对方付给扶养费的权利。

第二十一条　父母对子女有抚养教育的义务;子女对父母有赡养扶助的

义务。

父母不履行抚养义务时,未成年的或不能独立生活的子女,有要求父母付给抚养费的权利。

子女不履行赡养义务时,无劳动能力的或生活困难的父母,有要求子女付给赡养费的权利。

禁止溺婴、弃婴和其他残害婴儿的行为。

第二十二条　子女可以随父姓,可以随母姓。

第二十三条　父母有保护和教育未成年子女的权利和义务。在未成年子女对国家、集体或他人造成损害时,父母有承担民事责任的义务。

第二十四条　夫妻有相互继承遗产的权利。

父母和子女有相互继承遗产的权利。

第二十五条　非婚生子女享有与婚生子女同等的权利,任何人不得加以危害和歧视。

不直接抚养非婚生子女的生父或生母,应当负担子女的生活费和教育费,直至子女能独立生活为止。

第二十六条　国家保护合法的收养关系。养父母和养子女间的权利和义务,适用本法对父母子女关系的有关规定。

养子女和生父母间的权利和义务,因收养关系的成立而消除。

第二十七条　继父母与继子女间,不得虐待或歧视。

继父或继母和受其抚养教育的继子女间的权利和义务,适用本法对父母子女关系的有关规定。

第二十八条　有负担能力的祖父母、外祖父母,对于父母已经死亡或父母无力抚养的未成年的孙子女、外孙子女,有抚养的义务。有负担能力的孙子女、外孙子女,对于子女已经死亡或子女无力赡养的祖父母、外祖父母,有赡养的义务。

第二十九条　有负担能力的兄、姐,对于父母已经死亡或父母无力抚养的未成年的弟、妹,有扶养的义务。由兄、姐扶养长大的有负担能力的弟、妹,对于缺乏劳动能力又缺乏生活来源的兄、姐,有扶养的义务。

第三十条　子女应当尊重父母的婚姻权利,不得干涉父母再婚以及婚后的生活。子女对父母的赡养义务,不因父母的婚姻关系变化而终止。

第四章　离　婚

第三十一条　男女双方自愿离婚的,准予离婚。双方必须到婚姻登记机关申请离婚。婚姻登记机关查明双方确实是自愿并对子女和财产问题已有适当处理时,发给离婚证。

第三十二条　男女一方要求离婚的,可由有关部门进行调解或直接向人民法院提出离婚诉讼。

人民法院审理离婚案件,应当进行调解;如感情确已破裂,调解无效,应准予离婚。

有下列情形之一,调解无效的,应准予离婚:

(一)重婚或有配偶者与他人同居的;
(二)实施家庭暴力或虐待、遗弃家庭成员的;
(三)有赌博、吸毒等恶习屡教不改的;
(四)因感情不和分居满两年的;
(五)其他导致夫妻感情破裂的情形。

一方被宣告失踪,另一方提出离婚诉讼的,应准予离婚。

第三十三条　现役军人的配偶要求离婚,须得军人同意,但军人一方有重大过错的除外。

第三十四条　女方在怀孕期间、分娩后一年内或中止妊娠后六个月内,男方不得提出离婚。女方提出离婚的,或人民法院认为确有必要受理男方离婚请求的,不在此限。

第三十五条　离婚后,男女双方自愿恢复夫妻关系的,必须到婚姻登记机关进行复婚登记。

第三十六条　父母与子女间的关系,不因父母离婚而消除。离婚后,子女无论由父或母直接抚养,仍是父母双方的子女。

离婚后,父母对于子女仍有抚养和教育的权利和义务。

离婚后,哺乳期内的子女,以随哺乳的母亲抚养为原则。哺乳期后的子女,如双方因抚养问题发生争执不能达成协议时,由人民法院根据子女的权益和双方的具体情况判决。

第三十七条　离婚后,一方抚养的子女,另一方应负担必要的生活费和教育费的一部或全部,负担费用的多少和期限的长短,由双方协议;协议不成时,由人民法院判决。

关于子女生活费和教育费的协议或判决,不妨碍子女在必要时向父母任何一方提出超过协议或判决原定数额的合理要求。

第三十八条　离婚后,不直接抚养子女的父或母,有探望子女的权利,另一方有协助的义务。

行使探望权利的方式、时间由当事人协议;协议不成时,由人民法院判决。

父或母探望子女,不利于子女身心健康的,由人民法院依法中止探望的权利;中止的事由消失后,应当恢复探望的权利。

第三十九条　离婚时,夫妻的共同财产由双方协议处理;协议不成时,由人民法院根据财产的具体情况,照顾子女和女方权益的原则判决。

夫或妻在家庭土地承包经营中享有的权益等,应当依法予以保护。

第四十条　夫妻书面约定婚姻关系存续期间所得的财产归各自所有,一方因抚育子女、照料老人、协助另一方工作等付出较多义务的,离婚时有权向另一方请求补偿,另一方应当予以补偿。

第四十一条　离婚时,原为夫妻共同生活所负的债务,应当共同偿还。共同财产不足清偿的,或财产归各自所有的,由双方协议清偿;协议不成时,由人民法院判决。

第四十二条　离婚时,如一方生活困难,另一方应从其住房等个人财产中给予适当帮助。具体办法由双方协议;协议不成时,由人民法院判决。

第五章　救助措施与法律责任

第四十三条　实施家庭暴力或虐待家庭成员,受害人有权提出请求,居民委员会、村民委员会以及所在单位应当予以劝阻、调解。

对正在实施的家庭暴力,受害人有权提出请求,居民委员会、村民委员会应当予以劝阻;公安机关应当予以制止。

实施家庭暴力或虐待家庭成员,受害人提出请求的,公安机关应当依照治安管理处罚的法律规定予以行政处罚。

第四十四条　对遗弃家庭成员,受害人有权提出请求,居民委员会、村民委员会以及所在单位应当予以劝阻、调解。

对遗弃家庭成员,受害人提出请求的,人民法院应当依法作出支付扶养费、抚养费、赡养费的判决。

第四十五条　对重婚的,对实施家庭暴力或虐待、遗弃家庭成员构成犯罪的,依法追究刑事责任。受害人可以依照刑事诉讼法的有关规定,向人民法院自诉;公安机关应当依法侦查,人民检察院应当依法提起公诉。

第四十六条　有下列情形之一,导致离婚的,无过错方有权请求损害赔偿:

(一)重婚的;

(二)有配偶者与他人同居的;

(三)实施家庭暴力的;

(四)虐待、遗弃家庭成员的。

第四十七条 离婚时,一方隐藏、转移、变卖、毁损夫妻共同财产,或伪造债务企图侵占另一方财产的,分割夫妻共同财产时,对隐藏、转移、变卖、毁损夫妻共同财产或伪造债务的一方,可以少分或不分。离婚后,另一方发现有上述行为的,可以向人民法院提起诉讼,请求再次分割夫妻共同财产。

人民法院对前款规定的妨害民事诉讼的行为,依照民事诉讼法的规定予以制裁。

第四十八条 对拒不执行有关扶养费、抚养费、赡养费、财产分割、遗产继承、探望子女等判决或裁定的,由人民法院依法强制执行。有关个人和单位应负协助执行的责任。

中华人民共和国继承法(节选)

(1985年4月10日第六届全国人民代表大会第三次会议通过)

第一章 总 则

第一条 根据《中华人民共和国宪法》规定,为保护公民的私有财产的继承权,制定本法。

第二条 继承从被继承人死亡时开始。

第三条 遗产是公民死亡时遗留的个人合法财产,包括:

(一)公民的收入;

(二)公民的房屋、储蓄和生活用品;

(三)公民的林木、牲畜和家禽;

(四)公民的文物、图书资料;

(五)法律允许公民所有的生产资料;

(六)公民的著作权、专利权中的财产权利;

(七)公民的其他合法财产。

第四条 个人承包应得的个人收益,依照本法规定继承。个人承包,依照法律允许由继承人继续承包的,按照承包合同办理。

第五条　继承开始后,按照法定继承办理;有遗嘱的,按照遗嘱继承或者遗赠办理;有遗赠扶养协议的,按照协议办理。

第六条　无行为能力人的继承权、受遗赠权,由他的法定代理人代为行使。

限制行为能力人的继承权、受遗赠权,由他的法定代理人代为行使,或者征得法定代理人同意后行使。

第七条　继承人有下列行为之一的,丧失继承权:

(一)故意杀害被继承人的;

(二)为争夺遗产而杀害其他继承人的;

(三)遗弃被继承人的,或者虐待被继承人情节严重的;

(四)伪造、篡改或者销毁遗嘱,情节严重的。

第八条　继承权纠纷提起诉讼的期限为两年,自继承人知道或者应当知道其权利被侵犯之日起计算。但是,自继承开始之日起超过二十年的,不得再提起诉讼。

第二章　法定继承

第九条　继承权男女平等。

第十条　遗产按照下列顺序继承:

第一顺序:配偶、子女、父母。

第二顺序:兄弟姐妹、祖父母、外祖父母。

继承开始后,由第一顺序继承人继承,第二顺序继承人不继承。没有第一顺序继承人继承的,由第二顺序继承人继承。

本法所说的子女,包括婚生子女、非婚生子女、养子女和有扶养关系的继子女。

本法所说的父母,包括生父母、养父母和有扶养关系的继父母。

本法所说的兄弟姐妹,包括同父母的兄弟姐妹、同父异母或者同母异父的兄弟姐妹、养兄弟姐妹、有扶养关系的继兄弟姐妹。

第十一条　被继承人的子女先于被继承人死亡的,由被继承人的子女的晚辈直系血亲代位继承。代位继承人一般只能继承他的父亲或者母亲有权继承的遗产份额。

第十二条　丧偶儿媳对公、婆,丧偶女婿对岳父、岳母,尽了主要赡养义务的,作为第一顺序继承人。

第十三条　同一顺序继承人继承遗产的份额,一般应当均等。

对生活有特殊困难的缺乏劳动能力的继承人,分配遗产时,应当予以照顾。

对被继承人尽了主要扶养义务或者与被继承人共同生活的继承人,分配遗产时,可以多分。

有扶养能力和有扶养条件的继承人,不尽扶养义务的,分配遗产时,应当不分或者少分。

继承人协商同意的,也可以不均等。

第十四条 对继承人以外的依靠被继承人扶养的缺乏劳动能力又没有生活来源的人,或者继承人以外的对被继承人扶养较多的人,可以分给他们适当的遗产。

第三章 遗嘱继承和遗赠

第十六条 公民可以依照本法规定立遗嘱处分个人财产,并可以指定遗嘱执行人。

公民可以立遗嘱将个人财产指定由法定继承人的一人或者数人继承。

公民可以立遗嘱将个人财产赠给国家、集体或者法定继承人以外的人。

第十七条 公证遗嘱由遗嘱人经公证机关办理。

自书遗嘱由遗嘱人亲笔书写,签名,注明年、月、日。

代书遗嘱应当有两个以上见证人在场见证,由其中一人代书,注明年、月、日,并由代书人、其他见证人和遗嘱人签名。

以录音形式立的遗嘱,应当有两个以上见证人在场见证。

遗嘱人在危急情况下,可以立口头遗嘱。口头遗嘱应当有两个以上见证人在场见证。危急情况解除后,遗嘱人能够用书面或者录音形式立遗嘱的,所立的口头遗嘱无效。

第十八条 下列人员不能作为遗嘱见证人:

(一)无行为能力人、限制行为能力人;

(二)继承人、受遗赠人;

(三)与继承人、受遗赠人有利害关系的人。

第十九条 遗嘱应当对缺乏劳动能力又没有生活来源的继承人保留必要的遗产份额。

第二十条 遗嘱人可以撤销、变更自己所立的遗嘱。

立有数份遗嘱,内容相抵触的,以最后的遗嘱为准。

自书、代书、录音、口头遗嘱,不得撤销、变更公证遗嘱。

第二十一条　遗嘱继承或者遗赠附有义务的,继承人或者受遗赠人应当履行义务。没有正当理由不履行义务的,经有关单位或者个人请求,人民法院可以取消他接受遗产的权利。

第二十二条　无行为能力人或者限制行为能力人所立的遗嘱无效。

遗嘱必须表示遗嘱人的真实意思,受胁迫、欺骗所立的遗嘱无效。

伪造的遗嘱无效。

遗嘱被篡改的,篡改的内容无效。

第四章　遗产的处理

第二十三条　继承开始后,知道被继承人死亡的继承人应当及时通知其他继承人和遗嘱执行人。继承人中无人知道被继承人死亡或者知道被继承人死亡而不能通知的,由被继承人生前所在单位或者住所地的居民委员会、村民委员会负责通知。

第二十四条　存有遗产的人,应当妥善保管遗产,任何人不得侵吞或者争抢。

第二十五条　继承开始后,继承人放弃继承的,应当在遗产处理前,作出放弃继承的表示。没有表示的,视为接受继承。

受遗赠人应当在知道受遗赠后两个月内,作出接受或者放弃受赠的表示。到期没有表示的,视为放弃受遗赠。

第二十六条　夫妻在婚姻关系存续期间所得的共同所有的财产,除有约定的以外,如果分割遗产,应当先将共同所有的财产的一半分出为配偶所有,其余的为被继承人的遗产。

遗产在家庭共有财产之中的,遗产分割时,应当先分出他人的财产。

第二十八条　遗产分割时,应当保留胎儿的继承份额。胎儿出生时是死体的,保留的份额按照法定继承办理。

第二十九条　遗产分割应当有利于生产和生活需要,不损害遗产的效用。

不宜分割的遗产,可以采取折价、适当补偿或者共有等方法处理。

第三十条　夫妻一方死亡后另一方再婚的,有权处分所继承的财产,任何人不得干涉。

第三十一条　公民可以与扶养人签订遗赠扶养协议。按照协议,扶养人承担该公民生养死葬的义务,享有受遗赠的权利。

公民可以与集体所有制组织签订遗赠扶养协议。按照协议,集体所有制组织承担该公民生养死葬的义务,享有受遗赠的权利。

第三十二条 无人继承又无人受遗赠的遗产,归国家所有;死者生前是集体所有制组织成员的,归所在集体所有制组织所有。

第三十三条 继承遗产应当清偿被继承人依法应当缴纳的税款和债务,缴纳税款和清偿债务以他的遗产实际价值为限。超过遗产实际价值部分,继承人自愿偿还的不在此限。

继承人放弃继承的,对被继承人依法应当缴纳的税款和债务可以不负偿还责任。

第三十四条 执行遗赠不得妨碍清偿遗赠人依法应当缴纳的税款和债务。

中华人民共和国收养法(节选)

(1991年12月29日第七届全国人民代表大会常务委员会第二十三次会议通过,1998年11月4日第九届全国人民代表大会常务委员会第五次会议修正)

第一章 总 则

第二条 收养应当有利于被收养的未成年人的抚养、成长,保障被收养人和收养人的合法权益,遵循平等自愿的原则,并不得违背社会公德。

第三条 收养不得违背计划生育的法律、法规。

第二章 收养关系的成立

第四条 下列不满十四周岁的未成年人可以被收养:
(一)丧失父母的孤儿;
(二)查找不到生父母的弃婴和儿童;
(三)生父母有特殊困难无力抚养的子女。

第五条 下列公民、组织可以作送养人:
(一)孤儿的监护人;
(二)社会福利机构;
(三)有特殊困难无力抚养子女的生父母。

第六条 收养人应当同时具备下列条件:
(一)无子女;
(二)有抚养教育被收养人的能力;

(三)未患有在医学上认为不应当收养子女的疾病；

(四)年满三十周岁。

第七条　收养三代以内同辈旁系血亲的子女,可以不受本法第四条第三项、第五条第三项、第九条和被收养人不满十四周岁的限制。

华侨收养三代以内同辈旁系血亲的子女,还可以不受收养人无子女的限制。

第八条　收养人只能收养一名子女。

收养孤儿、残疾儿童或者社会福利机构抚养的查找不到生父母的弃婴和儿童,可以不受收养人无子女和收养一名的限制。

第九条　无配偶的男性收养女性的,收养人与被收养人的年龄应当相差四十周岁以上。

第十条　生父母送养子女,须双方共同送养。生父母一方不明或者查找不到的可以单方送养。

有配偶者收养子女,须夫妻共同收养。

第十一条　收养人收养与送养人送养,须双方自愿。收养年满十周岁以上未成年人的,应当征得被收养人的同意。

第十二条　未成年人的父母均不具备完全民事行为能力的,该未成年人的监护人不得将其送养,但父母对该未成年人有严重危害可能的除外。

第十三条　监护人送养未成年孤儿的,须征得有抚养义务的人同意。有抚养义务的人不同意送养、监护人不愿意继续履行监护职责的,应当依照《中华人民共和国民法通则》的规定变更监护人。

第十四条　继父或者继母经继子女的生父母同意,可以收养继子女,并可以不受本法第四条第三项、第五条第三项、第六条和被收养人不满十四周岁以及收养一名的限制。

第十五条　收养应当向县级以上人民政府民政部门登记。收养关系自登记之日起成立。

收养查找不到生父母的弃婴和儿童的,办理登记的民政部门应当在登记前予以公告。

收养关系当事人愿意订立收养协议的,可以订立收养协议。

收养关系当事人各方或者一方要求办理收养公证的,应当办理收养公证。

第十六条　收养关系成立后,公安部门应当依照国家有关规定为被收养人办理户口登记。

第十七条　孤儿或者生父母无力抚养的子女,可以由生父母的亲属、朋友抚养。

抚养人与被抚养人的关系不适用收养关系。

第十八条 配偶一方死亡,另一方送养未成年子女的,死亡一方的父母有优先抚养的权利。

第十九条 送养人不得以送养子女为理由违反计划生育的规定再生育子女。

第二十条 严禁买卖儿童或者借收养名义买卖儿童。

第四章 收养关系的解除

第二十六条 收养人在被收养人成年以前,不得解除收养关系,但收养人、送养人双方协议解除的除外,养子女年满十周岁以上的,应当征得本人同意。

收养人不履行抚养义务,有虐待、遗弃等侵害未成年养子女合法权益行为的,送养人有权要求解除养父母与养子女间的收养关系。送养人、收养人不能达成解除收养关系协议的,可以向人民法院起诉。

第二十七条 养父母与成年养子女关系恶化、无法共同生活的,可以协议解除收养关系。不能达成协议的,可以向人民法院起诉。

第二十八条 当事人协议解除收养关系的,应当到民政部门办理解除收养关系的登记。

第二十九条 收养关系解除后,养子女与养父母及其他近亲属间的权利义务关系即行消除,与生父母及其他近亲属间的权利义务关系自行恢复,但成年养子女与生父母及其他近亲属间的权利义务关系是否恢复,可以协商确定。

第三十条 收养关系解除后,经养父母抚养的成年养子女,对缺乏劳动能力又缺乏生活来源的养父母,应当给付生活费。因养子女成年后虐待、遗弃养父母而解除收养关系的,养父母可以要求养子女补偿收养期间支出的生活费和教育费。

生父母要求解除收养关系的,养父母可以要求生父母适当补偿收养期间支出的生活费和教育费,但因养父母虐待、遗弃养子女而解除收养关系的除外。

中华人民共和国合同法（节选）

（第九届全国人民代表大会第二次会议于 1999 年 3 月 15 日通过）

第一章 一般规定

第二条 本法所称合同是平等主体的自然人、法人、其他组织之间设立、变更、终止民事权利义务关系的协议。

婚姻、收养、监护等有关身份关系的协议，适用其他法律的规定。

第三条 合同当事人的法律地位平等，一方不得将自己的意志强加给另一方。

第四条 当事人依法享有自愿订立合同的权利，任何单位和个人不得非法干预。

第五条 当事人应当遵循公平原则确定各方的权利和义务。

第六条 当事人行使权利、履行义务应当遵循诚实信用原则。

第七条 当事人订立、履行合同，应当遵守法律、行政法规，尊重社会公德，不得扰乱社会经济秩序，损害社会公共利益。

第二章 合同的订立

第九条 当事人订立合同，应当具有相应的民事权利能力和民事行为能力。当事人依法可以委托代理人订立合同。

第十条 当事人订立合同，有书面形式、口头形式和其他形式。

法律、行政法规规定采用书面形式的，应当采用书面形式。当事人约定采用书面形式的，应当采用书面形式。

第十一条 书面形式是指合同书、信件和数据电文（包括电报、电传、传真、电子数据交换和电子邮件）等可以有形地表现所载内容的形式。

第十二条 合同的内容由当事人约定，一般包括以下条款：

（一）当事人的名称或者姓名和住所；

（二）标的；

（三）数量；

（四）质量；

（五）价款或者报酬；

(六)履行期限、地点和方式;
(七)违约责任;
(八)解决争议的方法。
当事人可以参照各类合同的示范文本订立合同。

第十三条　当事人订立合同,采取要约、承诺方式。

第十四条　要约是希望和他人订立合同的意思表示,该意思表示应当符合下列规定:
(一)内容具体确定;
(二)表明经受要约人承诺,要约人即受该意思表示约束。

第十五条　要约邀请是希望他人向自己发出要约的意思表示。寄送的价目表、拍卖公告、招标公告、招股说明书、商业广告等为要约邀请。
商业广告的内容符合要约规定的,视为要约。

第十六条　要约到达受要约人时生效。
采用数据电文形式订立合同,收件人指定特定系统接收数据电文的,该数据电文进入该特定系统的时间,视为到达时间;未指定特定系统的,该数据电文进入收件人的任何系统的首次时间,视为到达时间。

第十七条　要约可以撤回。撤回要约的通知应当在要约到达受要约人之前或者与要约同时到达受要约人。

第十八条　要约可以撤销。撤销要约的通知应当在受要约人发出承诺通知之前到达受要约人。

第十九条　有下列情形之一的,要约不得撤销:
(一)要约人确定了承诺期限或者以其他形式明示要约不可撤销;
(二)受要约人有理由认为要约是不可撤销的,并已经为履行合同作了准备工作。

第二十条　有下列情形之一的,要约失效:
(一)拒绝要约的通知到达要约人;
(二)要约人依法撤销要约;
(三)承诺期限届满,受要约人未作出承诺;
(四)受要约人对要约的内容作出实质性变更。

第二十一条　承诺是受要约人同意要约的意思表示。

第二十二条　承诺应当以通知的方式作出,但根据交易习惯或者要约表明可以通过行为作出承诺的除外。

第二十三条　承诺应当在要约确定的期限内到达要约人。

要约没有确定承诺期限的,承诺应当依照下列规定到达:

(一)要约以对话方式作出的,应当即时作出承诺,但当事人另有约定的除外;

(二)要约以非对话方式作出的,承诺应当在合理期限内到达。

第二十四条　要约以信件或者电报作出的,承诺期限自信件载明的日期或者电报交发之日开始计算。信件未载明日期的,自投寄该信件的邮戳日期开始计算。要约以电话、传真等快速通讯方式作出的,承诺期限自要约到达受要约人时开始计算。

第二十五条　承诺生效时合同成立。

第二十六条　承诺通知到达要约人时生效。承诺不需要通知的,根据交易习惯或者要约的要求作出承诺的行为时生效。

采用数据电文形式订立合同的,承诺到达的时间适用本法第十六条第二款的规定。

第二十七条　承诺可以撤回。撤回承诺的通知应当在承诺通知到达要约人之前或者与承诺通知同时到达要约人。

第二十八条　受要约人超过承诺期限发出承诺的,除要约人及时通知受要约人该承诺有效的以外,为新要约。

第二十九条　受要约人在承诺期限内发出承诺,按照通常情形能够及时到达要约人,但因其他原因承诺到达要约人时超过承诺期限的,除要约人及时通知受要约人因承诺超过期限不接受该承诺的以外,该承诺有效。

第三十条　承诺的内容应当与要约的内容一致。受要约人对要约的内容作出实质性变更的,为新要约。有关合同标的、数量、质量、价款或者报酬、履行期限、履行地点和方式、违约责任和解决争议方法等的变更,是对要约内容的实质性变更。

第三十一条　承诺对要约的内容作出非实质性变更的,除要约人及时表示反对或者要约表明承诺不得对要约的内容作出任何变更的以外,该承诺有效,合同的内容以承诺的内容为准。

第三十二条　当事人采用合同书形式订立合同的,自双方当事人签字或者盖章时合同成立。

第三十三条　当事人采用信件、数据电文等形式订立合同的,可以在合同成立之前要求签订确认书。签订确认书时合同成立。

第三十四条　承诺生效的地点为合同成立的地点。

采用数据电文形式订立合同的,收件人的主营业地为合同成立的地点;没有主营业地的,其经常居住地为合同成立的地点。当事人另有约定的,按照其约定。

第三十五条　当事人采用合同书形式订立合同的,双方当事人签字或者盖章的地点为合同成立的地点。

第三十六条　法律、行政法规规定或者当事人约定采用书面形式订立合同,当事人未采用书面形式但一方已经履行主要义务,对方接受的,该合同成立。

第三十七条　采用合同书形式订立合同,在签字或者盖章之前,当事人一方已经履行主要义务,对方接受的,该合同成立。

第三十九条　采用格式条款订立合同的,提供格式条款的一方应当遵循公平原则确定当事人之间的权利和义务,并采取合理的方式提请对方注意免除或者限制其责任的条款,按照对方的要求,对该条款予以说明。

格式条款是当事人为了重复使用而预先拟定,并在订立合同时未与对方协商的条款。

第四十条　格式条款具有本法第五十二条和第五十三条规定情形的,或者提供格式条款一方免除其责任、加重对方责任、排除对方主要权利的,该条款无效。

第四十一条　对格式条款的理解发生争议的,应当按照通常理解予以解释。对格式条款有两种以上解释的,应当作出不利于提供格式条款一方的解释。格式条款和非格式条款不一致的,应当采用非格式条款。

第四十二条　当事人在订立合同过程中有下列情形之一,给对方造成损失的,应当承担损害赔偿责任:

(一)假借订立合同,恶意进行磋商;

(二)故意隐瞒与订立合同有关的重要事实或者提供虚假情况;

(三)有其他违背诚实信用原则的行为。

第四十三条　当事人在订立合同过程中知悉的商业秘密,无论合同是否成立,不得泄露或者不正当地使用。泄露或者不正当地使用该商业秘密给对方造成损失的,应当承担损害赔偿责任。

第三章　合同的效力

第四十四条　依法成立的合同,自成立时生效。

法律、行政法规规定应当办理批准、登记等手续生效的,依照其规定。

第四十五条　当事人对合同的效力可以约定附条件。附生效条件的合同,自条件成就时生效。附解除条件的合同,自条件成就时失效。

当事人为自己的利益不正当地阻止条件成就的,视为条件已成就;不正当地促成条件成就的,视为条件不成就。

第四十六条　当事人对合同的效力可以约定附期限。附生效期限的合同,自期限届至时生效。附终止期限的合同,自期限届满时失效。

第四十七条　限制民事行为能力人订立的合同,经法定代理人追认后,该合同有效,但纯获利益的合同或者与其年龄、智力、精神健康状况相适应而订立的合同,不必经法定代理人追认。

相对人可以催告法定代理人在一个月内予以追认。法定代理人未作表示的,视为拒绝追认。合同被追认之前,善意相对人有撤销的权利。撤销应当以通知的方式作出。

第四十八条　行为人没有代理权、超越代理权或者代理权终止后以被代理人名义订立的合同,未经被代理人追认,对被代理人不发生效力,由行为人承担责任。

相对人可以催告被代理人在一个月内予以追认。被代理人未作表示的,视为拒绝追认。合同被追认之前,善意相对人有撤销的权利。撤销应当以通知的方式作出。

第四十九条　行为人没有代理权、超越代理权或者代理权终止后以被代理人名义订立合同,相对人有理由相信行为人有代理权的,该代理行为有效。

第五十条　法人或者其他组织的法定代表人、负责人超越权限订立的合同,除相对人知道或者应当知道其超越权限的以外,该代表行为有效。

第五十一条　无处分权的人处分他人财产,经权利人追认或者无处分权的人订立合同后取得处分权的,该合同有效。

第五十二条　有下列情形之一的,合同无效:

(一)一方以欺诈、胁迫的手段订立合同,损害国家利益;

(二)恶意串通,损害国家、集体或者第三人利益;

(三)以合法形式掩盖非法目的;

(四)损害社会公共利益;

(五)违反法律、行政法规的强制性规定。

第五十三条　合同中的下列免责条款无效:

(一)造成对方人身伤害的;
(二)因故意或者重大过失造成对方财产损失的。
第五十四条 下列合同,当事人一方有权请求人民法院或者仲裁机构变更或者撤销:
(一)因重大误解订立的;
(二)在订立合同时显失公平的。
一方以欺诈、胁迫的手段或者乘人之危,使对方在违背真实意思的情况下订立的合同,受损害方有权请求人民法院或者仲裁机构变更或者撤销。
当事人请求变更的,人民法院或者仲裁机构不得撤销。
第五十五条 有下列情形之一的,撤销权消灭:
(一)具有撤销权的当事人自知道或者应当知道撤销事由之日起一年内没有行使撤销权;
(二)具有撤销权的当事人知道撤销事由后明确表示或者以自己的行为放弃撤销权。
第五十六条 无效的合同或者被撤销的合同自始没有法律约束力。合同部分无效,不影响其他部分效力的,其他部分仍然有效。
第五十七条 合同无效、被撤销或者终止的,不影响合同中独立存在的有关解决争议方法的条款的效力。
第五十八条 合同无效或者被撤销后,因该合同取得的财产,应当予以返还;不能返还或者没有必要返还的,应当折价补偿。有过错的一方应当赔偿对方因此所受到的损失,双方都有过错的,应当各自承担相应的责任。
第五十九条 当事人恶意串通,损害国家、集体或者第三人利益的,因此取得的财产收归国家所有或者返还集体、第三人。

第四章 合同的履行

第六十条 当事人应当按照约定全面履行自己的义务。
当事人应当遵循诚实信用原则,根据合同的性质、目的和交易习惯履行通知、协助、保密等义务。
第六十一条 合同生效后,当事人就质量、价款或者报酬、履行地点等内容没有约定或者约定不明确的,可以协议补充;不能达成补充协议的,按照合同有关条款或者交易习惯确定。
第六十二条 当事人就有关合同内容约定不明确,依照本法第六十一条的

规定仍不能确定的,适用下列规定:

(一)质量要求不明确的,按照国家标准、行业标准履行;没有国家标准、行业标准的,按照通常标准或者符合合同目的的特定标准履行。

(二)价款或者报酬不明确的,按照订立合同时履行地的市场价格履行;依法应当执行政府定价或者政府指导价的,按照规定履行。

(三)履行地点不明确,给付货币的,在接受货币一方所在地履行;交付不动产的,在不动产所在地履行;其他标的,在履行义务一方所在地履行。

(四)履行期限不明确的,债务人可以随时履行,债权人也可以随时要求履行,但应当给对方必要的准备时间。

(五)履行方式不明确的,按照有利于实现合同目的的方式履行。

(六)履行费用的负担不明确的,由履行义务一方负担。

第六十三条 执行政府定价或者政府指导价的,在合同约定的交付期限内政府价格调整时,按照交付时的价格计价。逾期交付标的物的,遇价格上涨时,按照原价格执行;价格下降时,按照新价格执行。逾期提取标的物或者逾期付款的,遇价格上涨时,按照新价格执行;价格下降时,按照原价格执行。

第六十六条 当事人互负债务,没有先后履行顺序的,应当同时履行。一方在对方履行之前有权拒绝其履行要求。一方在对方履行债务不符合约定时,有权拒绝其相应的履行要求。

第六十七条 当事人互负债务,有先后履行顺序,先履行一方未履行的,后履行一方有权拒绝其履行要求。先履行一方履行债务不符合约定的,后履行一方有权拒绝其相应的履行要求。

第六十八条 应当先履行债务的当事人,有确切证据证明对方有下列情形之一的,可以中止履行:

(一)经营状况严重恶化;

(二)转移财产、抽逃资金,以逃避债务;

(三)丧失商业信誉;

(四)有丧失或者可能丧失履行债务能力的其他情形。

当事人没有确切证据中止履行的,应当承担违约责任。

第六十九条 当事人依照本法第六十八条的规定中止履行的,应当及时通知对方。对方提供适当担保时,应当恢复履行。中止履行后,对方在合理期限内未恢复履行能力并且未提供适当担保的,中止履行的一方可以解除合同。

第七十三条 因债务人怠于行使其到期债权,对债权人造成损害的,债权人可以向人民法院请求以自己的名义代位行使债务人的债权,但该债权专属于债务人自身的除外。

代位权的行使范围以债权人的债权为限。债权人行使代位权的必要费用,由债务人负担。

第七十四条　因债务人放弃其到期债权或者无偿转让财产,对债权人造成损害的,债权人可以请求人民法院撤销债务人的行为。债务人以明显不合理的低价转让财产,对债权人造成损害,并且受让人知道该情形的,债权人也可以请求人民法院撤销债务人的行为。

撤销权的行使范围以债权人的债权为限。债权人行使撤销权的必要费用,由债务人负担。

第七十五条　撤销权自债权人知道或者应当知道撤销事由之日起一年内行使。自债务人的行为发生之日起五年内没有行使撤销权的,该撤销权消灭。

第七十六条　合同生效后,当事人不得因姓名、名称的变更或者法定代表人、负责人、承办人的变动而不履行合同义务。

第五章　合同的变更和转让

第七十七条　当事人协商一致,可以变更合同。

法律、行政法规规定变更合同应当办理批准、登记等手续的,依照其规定。

第七十八条　当事人对合同变更的内容约定不明确的,推定为未变更。

第七十九条　债权人可以将合同的权利全部或者部分转让给第三人,但有下列情形之一的除外:

(一)根据合同性质不得转让;

(二)按照当事人约定不得转让;

(三)依照法律规定不得转让。

第八十条　债权人转让权利的,应当通知债务人。未经通知,该转让对债务人不发生效力。

债权人转让权利的通知不得撤销,但经受让人同意的除外。

第八十一条　债权人转让权利的,受让人取得与债权有关的从权利,但该从权利专属于债权人自身的除外。

第八十二条　债务人接到债权转让通知后,债务人对让与人的抗辩,可以向受让人主张。

第八十三条　债务人接到债权转让通知时,债务人对让与人享有债权,并且债务人的债权先于转让的债权到期或者同时到期的,债务人可以向受让人主张抵销。

第八十四条 债务人将合同的义务全部或者部分转移给第三人的,应当经债权人同意。

第八十五条 债务人转移义务的,新债务人可以主张原债务人对债权人的抗辩。

第八十六条 债务人转移义务的,新债务人应当承担与主债务有关的从债务,但该从债务专属于原债务人自身的除外。

第八十七条 法律、行政法规规定转让权利或者转移义务应当办理批准、登记等手续的,依照其规定。

第八十八条 当事人一方经对方同意,可以将自己在合同中的权利和义务一并转让给第三人。

第八十九条 权利和义务一并转让的,适用本法第七十九条、第八十一条至第八十三条、第八十五条至第八十七条的规定。

第六章 合同的权利义务终止

第九十二条 合同的权利义务终止后,当事人应当遵循诚实信用原则,根据交易习惯履行通知、协助、保密等义务。

第九十三条 当事人协商一致,可以解除合同。

当事人可以约定一方解除合同的条件。解除合同的条件成就时,解除权人可以解除合同。

第九十四条 有下列情形之一的,当事人可以解除合同:

(一)因不可抗力致使不能实现合同目的;

(二)在履行期限届满之前,当事人一方明确表示或者以自己的行为表明不履行主要债务;

(三)当事人一方迟延履行主要债务,经催告后在合理期限内仍未履行;

(四)当事人一方迟延履行债务或者有其他违约行为致使不能实现合同目的;

(五)法律规定的其他情形。

第九十七条 合同解除后,尚未履行的,终止履行;已经履行的,根据履行情况和合同性质,当事人可以要求恢复原状、采取其他补救措施,并有权要求赔偿损失。

第九十八条　合同的权利义务终止,不影响合同中结算和清理条款的效力。

第七章　违约责任

第一百零七条　当事人一方不履行合同义务或者履行合同义务不符合约定的,应当承担继续履行、采取补救措施或者赔偿损失等违约责任。

第一百零八条　当事人一方明确表示或者以自己的行为表明不履行合同义务的,对方可以在履行期限届满之前要求其承担违约责任。

第一百零九条　当事人一方未支付价款或者报酬的,对方可以要求其支付价款或者报酬。

第一百一十条　当事人一方不履行非金钱债务或者履行非金钱债务不符合约定的,方可以要求履行,但有下列情形之一的除外:

(一)法律上或者事实上不能履行;

(二)债务的标的不适于强制履行或者履行费用过高;

(三)债权人在合理期限内未要求履行。

第一百一十一条　质量不符合约定的,应当按照当事人的约定承担违约责任。对违约责任没有约定或者约定不明确,依照本法第六十一条的规定仍不能确定的,受损害方根据标的的性质以及损失的大小,可以合理选择要求对方承担修理、更换、重作、退货、减少价款或者报酬等违约责任。

第一百一十四条　当事人可以约定一方违约时应当根据违约情况向对方支付一定数额的违约金,也可以约定因违约产生的损失赔偿额的计算方法。

约定的违约金低于造成的损失的,当事人可以请求人民法院或者仲裁机构予以增加;约定的违约金过分高于造成的损失的,当事人可以请求人民法院或者仲裁机构予以适当减少。

当事人就迟延履行约定违约金的,违约方支付违约金后,还应当履行债务。

第一百一十五条　当事人可以依照《中华人民共和国担保法》约定一方向对方给付定金作为债权的担保。债务人履行债务后,定金应当抵作价款或者收回。给付定金的一方不履行约定的债务的,无权要求返还定金;收受定金的一方不履行约定的债务的,应当双倍返还定金。

第一百一十六条　当事人既约定违约金,又约定定金的,一方违约时,对方可以选择适用违约金或者定金条款。

第一百一十七条　因不可抗力不能履行合同的,根据不可抗力的影响,部分或者全部免除责任,但法律另有规定的除外。当事人迟延履行后发生不可抗力的,不能免除责任。

本法所称不可抗力,是指不能预见、不能避免并不能克服的客观情况。

第一百一十八条 当事人一方因不可抗力不能履行合同的,应当及时通知对方,以减轻可能给对方造成的损失,并应当在合理期限内提供证明。

第一百一十九条 当事人一方违约后,对方应当采取适当措施防止损失的扩大;没有采取适当措施致使损失扩大的,不得就扩大的损失要求赔偿。

当事人因防止损失扩大而支出的合理费用,由违约方承担。

中华人民共和国农民专业合作社法

(2006年10月31日第十届全国人民代表大会常务委员会第二十四次会议通过)

第一章 总 则

第一条 为了支持、引导农民专业合作社的发展,规范农民专业合作社的组织和行为,保护农民专业合作社及其成员的合法权益,促进农业和农村经济的发展,制定本法。

第二条 农民专业合作社是在农村家庭承包经营基础上,同类农产品的生产经营者或者同类农业生产经营服务的提供者、利用者,自愿联合、民主管理的互助性经济组织。

农民专业合作社以其成员为主要服务对象,提供农业生产资料的购买,农产品的销售、加工、运输、贮藏以及与农业生产经营有关的技术、信息等服务。

第三条 农民专业合作社应当遵循下列原则:

(一)成员以农民为主体;

(二)以服务成员为宗旨,谋求全体成员的共同利益;

(三)入社自愿、退社自由;

(四)成员地位平等,实行民主管理;

(五)盈余主要按照成员与农民专业合作社的交易量(额)比例返还。

第四条 农民专业合作社依照本法登记,取得法人资格。

农民专业合作社对由成员出资、公积金、国家财政直接补助、他人捐赠以及合法取得的其他资产所形成的财产,享有占有、使用和处分的权利,并以上述财产对债务承担责任。

第五条 农民专业合作社成员以其账户内记载的出资额和公积金份额为限对农民专业合作社承担责任。

第六条 国家保护农民专业合作社及其成员的合法权益,任何单位和个人不得侵犯。

第七条 农民专业合作社从事生产经营活动,应当遵守法律、行政法规,遵守社会公德、商业道德,诚实守信。

第八条 国家通过财政支持、税收优惠和金融、科技、人才的扶持以及产业政策引导等措施,促进农民专业合作社的发展。

国家鼓励和支持社会各方面力量为农民专业合作社提供服务。

第九条 县级以上各级人民政府应当组织农业行政主管部门和其他有关部门及有关组织,依照本法规定,依据各自职责,对农民专业合作社的建设和发展给予指导、扶持和服务。

第二章 设立和登记

第十条 设立农民专业合作社,应当具备下列条件:

(一)有五名以上符合本法第十四条、第十五条规定的成员;

(二)有符合本法规定的章程;

(三)有符合本法规定的组织机构;

(四)有符合法律、行政法规规定的名称和章程确定的住所;

(五)有符合章程规定的成员出资。

第十一条 设立农民专业合作社应当召开由全体设立人参加的设立大会。设立时自愿成为该社成员的人为设立人。

设立大会行使下列职权:

(一)通过本社章程,章程应当由全体设立人一致通过;

(二)选举产生理事长、理事、执行监事或者监事会成员;

(三)审议其他重大事项。

第十二条 农民专业合作社章程应当载明下列事项:

(一)名称和住所;

(二)业务范围;

(三)成员资格及入社、退社和除名;

(四)成员的权利和义务;

(五)组织机构及其产生办法、职权、任期、议事规则;

(六)成员的出资方式、出资额;

(七)财务管理和盈余分配、亏损处理;

(八)章程修改程序;

(九)解散事由和清算办法;

(十)公告事项及发布方式;

(十一)需要规定的其他事项。

第十三条　设立农民专业合作社,应当向工商行政管理部门提交下列文件,申请设立登记:

(一)登记申请书;

(二)全体设立人签名、盖章的设立大会纪要;

(三)全体设立人签名、盖章的章程;

(四)法定代表人、理事的任职文件及身份证明;

(五)出资成员签名、盖章的出资清单;

(六)住所使用证明;

(七)法律、行政法规规定的其他文件。

登记机关应当自受理登记申请之日起二十日内办理完毕,向符合登记条件的申请者颁发营业执照。

农民专业合作社法定登记事项变更的,应当申请变更登记。

农民专业合作社登记办法由国务院规定。办理登记不得收取费用。

第三章　成　员

第十四条　具有民事行为能力的公民,以及从事与农民专业合作社业务直接有关的生产经营活动的企业、事业单位或者社会团体,能够利用农民专业合作社提供的服务,承认并遵守农民专业合作社章程,履行章程规定的入社手续的,可以成为农民专业合作社的成员。但是,具有管理公共事务职能的单位不得加入农民专业合作社。

农民专业合作社应当置备成员名册,并报登记机关。

第十五条　农民专业合作社的成员中,农民至少应当占成员总数的百分之八十。

成员总数二十人以下的,可以有一个企业、事业单位或者社会团体成员;成员总数超过二十人的,企业、事业单位和社会团体成员不得超过成员总数的百分之五。

第十六条　农民专业合作社成员享有下列权利：

（一）参加成员大会，并享有表决权、选举权和被选举权，按照章程规定对本社实行民主管理；

（二）利用本社提供的服务和生产经营设施；

（三）按照章程规定或者成员大会决议分享盈余；

（四）查阅本社的章程、成员名册、成员大会或者成员代表大会记录、理事会会议决议、监事会会议决议、财务会计报告和会计账簿；

（五）章程规定的其他权利。

第十七条　农民专业合作社成员大会选举和表决，实行一人一票制，成员各享有一票的基本表决权。

出资额或者与本社交易量（额）较大的成员按照章程规定，可以享有附加表决权。本社的附加表决权总票数，不得超过本社成员基本表决权总票数的百分之二十。享有附加表决权的成员及其享有的附加表决权数，应当在每次成员大会召开时告知出席会议的成员。

章程可以限制附加表决权行使的范围。

第十八条　农民专业合作社成员承担下列义务：

（一）执行成员大会、成员代表大会和理事会的决议；

（二）按照章程规定向本社出资；

（三）按照章程规定与本社进行交易；

（四）按照章程规定承担亏损；

（五）章程规定的其他义务。

第十九条　农民专业合作社成员要求退社的，应当在财务年度终了的三个月前向理事长或者理事会提出；其中，企业、事业单位或者社会团体成员退社，应当在财务年度终了的六个月前提出；章程另有规定的，从其规定。退社成员的成员资格自财务年度终了时终止。

第二十条　成员在其资格终止前与农民专业合作社已订立的合同，应当继续履行；章程另有规定或者与本社另有约定的除外。

第二十一条　成员资格终止的，农民专业合作社应当按照章程规定的方式和期限，退还记载在该成员账户内的出资额和公积金份额；对成员资格终止前的可分配盈余，依照本法第三十七条第二款的规定向其返还。

资格终止的成员应当按照章程规定分摊资格终止前本社的亏损及债务。

第四章 组织机构则

第二十二条 农民专业合作社成员大会由全体成员组成,是本社的权力机构,行使下列职权:

(一)修改章程;

(二)选举和罢免理事长、理事、执行监事或者监事会成员;

(三)决定重大财产处置、对外投资、对外担保和生产经营活动中的其他重大事项;

(四)批准年度业务报告、盈余分配方案、亏损处理方案;

(五)对合并、分立、解散、清算作出决议;

(六)决定聘用经营管理人员和专业技术人员的数量、资格和任期;

(七)听取理事长或者理事会关于成员变动情况的报告;

(八)章程规定的其他职权。

第二十三条 农民专业合作社召开成员大会,出席人数应当达到成员总数三分之二以上。

成员大会选举或者作出决议,应当由本社成员表决权总数过半数通过;作出修改章程或者合并、分立、解散的决议应当由本社成员表决权总数的三分之二以上通过。章程对表决权数有较高规定的,从其规定。

第二十四条 农民专业合作社成员大会每年至少召开一次,会议的召集由章程规定。有下列情形之一的,应当在二十日内召开临时成员大会:

(一)百分之三十以上的成员提议;

(二)执行监事或者监事会提议;

(三)章程规定的其他情形。

第二十五条 农民专业合作社成员超过一百五十人的,可以按照章程规定设立成员代表大会。成员代表大会按照章程规定可以行使成员大会的部分或者全部职权。

第二十六条 农民专业合作社设理事长一名,可以设理事会。理事长为本社的法定代表人。

农民专业合作社可以设执行监事或者监事会。理事长、理事、经理和财务会计人员不得兼任监事。

理事长、理事、执行监事或者监事会成员,由成员大会从本社成员中选举产生,依照本法和章程的规定行使职权,对成员大会负责。

理事会会议、监事会会议的表决,实行一人一票。

第二十七条　农民专业合作社的成员大会、理事会、监事会,应当将所议事项的决定作成会议记录,出席会议的成员、理事、监事应当在会议记录上签名。

第二十八条　农民专业合作社的理事长或者理事会可以按照成员大会的决定聘任经理和财务会计人员,理事长或者理事可以兼任经理。经理按照章程规定或者理事会的决定,可以聘任其他人员。

经理按照章程规定和理事长或者理事会授权,负责具体生产经营活动。

第二十九条　农民专业合作社的理事长、理事和管理人员不得有下列行为:

(一)侵占、挪用或者私分本社资产;

(二)违反章程规定或者未经成员大会同意,将本社资金借贷给他人或者以本社资产为他人提供担保;

(三)接受他人与本社交易的佣金归为己有;

(四)从事损害本社经济利益的其他活动。

理事长、理事和管理人员违反前款规定所得的收入,应当归本社所有;给本社造成损失的,应当承担赔偿责任。

第三十条　农民专业合作社的理事长、理事、经理不得兼任业务性质相同的其他农民专业合作社的理事长、理事、监事、经理。

第三十一条　执行与农民专业合作社业务有关公务的人员,不得担任农民专业合作社的理事长、理事、监事、经理或者财务会计人员。

第五章　财务管理

第三十二条　国务院财政部门依照国家有关法律、行政法规,制定农民专业合作社财务会计制度。农民专业合作社应当按照国务院财政部门制定的财务会计制度进行会计核算。

第三十三条　农民专业合作社的理事长或者理事会应当按照章程规定,组织编制年度业务报告、盈余分配方案、亏损处理方案以及财务会计报告,于成员大会召开的十五日前,置备于办公地点,供成员查阅。

第三十四条　农民专业合作社与其成员的交易、与利用其提供的服务的非成员的交易,应当分别核算。

第三十五条　农民专业合作社可以按照章程规定或者成员大会决议从当年盈余中提取公积金。公积金用于弥补亏损、扩大生产经营或者转为成员出资。

每年提取的公积金按照章程规定量化为每个成员的份额。

第三十六条 农民专业合作社应当为每个成员设立成员账户,主要记载下列内容:

(一)该成员的出资额;

(二)量化为该成员的公积金份额;

(三)该成员与本社的交易量(额)。

第三十七条 在弥补亏损、提取公积金后的当年盈余,为农民专业合作社的可分配盈余。

可分配盈余按照下列规定返还或者分配给成员,具体分配办法按照章程规定或者经成员大会决议确定:

(一)按成员与本社的交易量(额)比例返还,返还总额不得低于可分配盈余的百分之六十;

(二)按前项规定返还后的剩余部分,以成员账户中记载的出资额和公积金份额,以及本社接受国家财政直接补助和他人捐赠形成的财产平均量化到成员的份额,按比例分配给本社成员。

第三十八条 设立执行监事或者监事会的农民专业合作社,由执行监事或者监事会负责对本社的财务进行内部审计,审计结果应当向成员大会报告。

成员大会也可以委托审计机构对本社的财务进行审计。

第六章 合并、分立、解散和清算

第三十九条 农民专业合作社合并,应当自合并决议作出之日起十日内通知债权人。合并各方的债权、债务应当由合并后存续或者新设的组织承继。

第四十条 农民专业合作社分立,其财产作相应的分割,并应当自分立决议作出之日起十日内通知债权人。分立前的债务由分立后的组织承担连带责任。但是,在分立前与债权人就债务清偿达成的书面协议另有约定的除外。

第四十一条 农民专业合作社因下列原因解散:

(一)章程规定的解散事由出现;

(二)成员大会决议解散;

(三)因合并或者分立需要解散;

(四)依法被吊销营业执照或者被撤销。

因前款第一项、第二项、第四项原因解散的,应当在解散事由出现之日起十五日内由成员大会推举成员组成清算组,开始解散清算。逾期不能组成清算组的,成员、债权人可以向人民法院申请指定成员组成清算组进行清算,人民法院应当受理该申请,并及时指定成员组成清算组进行清算。

第四十二条　清算组自成立之日起接管农民专业合作社,负责处理与清算有关未了结业务,清理财产和债权、债务,分配清偿债务后的剩余财产,代表农民专业合作社参与诉讼、仲裁或者其他法律程序,并在清算结束时办理注销登记。

第四十三条　清算组应当自成立之日起十日内通知农民专业合作社成员和债权人,并于六十日内在报纸上公告。债权人应当自接到通知之日起三十日内,未接到通知的自公告之日起四十五日内,向清算组申报债权。如果在规定期间内全部成员、债权人均已收到通知,免除清算组的公告义务。

债权人申报债权,应当说明债权的有关事项,并提供证明材料。清算组应当对债权进行登记。

在申报债权期间,清算组不得对债权人进行清偿。

第四十四条　农民专业合作社因本法第四十一条第一款的原因解散,或者人民法院受理破产申请时,不能办理成员退社手续。

第四十五条　清算组负责制定包括清偿农民专业合作社员工的工资及社会保险费用,清偿所欠税款和其他各项债务,以及分配剩余财产在内的清算方案,经成员大会通过或者申请人民法院确认后实施。

清算组发现农民专业合作社的财产不足以清偿债务的,应当依法向人民法院申请破产。

第四十六条　农民专业合作社接受国家财政直接补助形成的财产,在解散、破产清算时,不得作为可分配剩余资产分配给成员,处置办法由国务院规定。

第四十七条　清算组成员应当忠于职守,依法履行清算义务,因故意或者重大过失给农民专业合作社成员及债权人造成损失的,应当承担赔偿责任。

第四十八条　农民专业合作社破产适用企业破产法的有关规定。但是,破产财产在清偿破产费用和共益债务后,应当优先清偿破产前与农民成员已发生交易但尚未结清的款项。

第七章　扶持政策

第四十九条　国家支持发展农业和农村经济的建设项目,可以委托和安排有条件的有关农民专业合作社实施。

第五十条　中央和地方财政应当分别安排资金,支持农民专业合作社开展信息、培训、农产品质量标准与认证、农业生产基础设施建设、市场营销和技术推广等服务。对民族地区、边远地区和贫困地区的农民专业合作社和生产国家与社会急需的重要农产品的农民专业合作社给予优先扶持。

第五十一条　国家政策性金融机构应当采取多种形式,为农民专业合作社提供多渠道的资金支持。具体支持政策由国务院规定。

国家鼓励商业性金融机构采取多种形式,为农民专业合作社提供金融服务。

第五十二条　农民专业合作社享受国家规定的对农业生产、加工、流通、服务和其他涉农经济活动相应的税收优惠。

支持农民专业合作社发展的其他税收优惠政策,由国务院规定。

第八章　法律责任

第五十三条　侵占、挪用、截留、私分或者以其他方式侵犯农民专业合作社及其成员的合法财产,非法干预农民专业合作社及其成员的生产经营活动,向农民专业合作社及其成员摊派,强迫农民专业合作社及其成员接受有偿服务,造成农民专业合作社经济损失的,依法追究法律责任。

第五十四条　农民专业合作社向登记机关提供虚假登记材料或者采取其他欺诈手段取得登记的,由登记机关责令改正;情节严重的,撤销登记。

第五十五条　农民专业合作社在依法向有关主管部门提供的财务报告等材料中,作虚假记载或者隐瞒重要事实的,依法追究法律责任。

第九章　附　则

第五十六条　本法自2007年7月1日起施行。

参考文献

[1] 王利明主编:《民法》(第五版),北京:中国人民大学出版社,2010。
[2] 魏振瀛主编:《民法学》(第五版),北京:北京大学出版社,2013。
[3] 江平主编:《民法学》(第二版),北京:中国政法大学出版社,2011。
[4] 彭万林主编:《民法学》(第七版),北京:中国政法大学出版社,2011。
[5] 吴汉东、陈小君主编:《民法学》,北京:法律出版社,2013。
[6] 郭明瑞、房绍坤、刘凯湘编著:《民法学》,北京:北京大学出版社,2011。
[7] 张新宝著:《侵权责任法》(第二版),北京:中国人民大学出版社,2010。
[8] 杨立新著:《侵权责任法》,北京:法律出版社,2011。
[9] 程啸著:《侵权责任法教程》,北京:中国人民大学出版社,2011。
[10] 王利明著:《合同法》(第三版),北京:中国人民大学出版社,2009。
[11] 王利明、崔建远主编:《合同法》,北京:北京大学出版社,2004。
[12] 杨大文主编:《婚姻家庭法》,北京:中国人民大学出版社,2008。
[13] 巫昌祯、夏吟兰主编:《婚姻家庭法学》,北京:中国政法大学出版社,2007。
[14] 郭明瑞著:《担保法》(第二版),北京:中国人民大学出版社,2008。
[15] 范健主编:《商法》(第四版),北京:高等教育出版社,2011。
[16] 赵旭东主编:《商法》(第二版),北京:高等教育出版社,2007。
[17] 赵旭东主编:《公司法学》(第三版),北京:高等教育出版社,2012。

后 记

随着国家法治文明的逐步彰显和广泛传播,农村地区的经济、政治和社会等问题的解决手段不再局限于传统风俗、村规民约和国家政策,基层干群对法律的仰赖日益突显。农民、农业经济组织已开始学着用法律的武器维护合法权益、表达正当诉求、规范民事和经济行为;村民自治组织和基层政府也意识到依法行政、依法管理的重要性。农民朋友和农村地区各类经济组织、管理组织对涉农问题的各种法律知识的需求明显增多。为此,在安徽大学出版社的大力支持下,安徽农业大学胡志斌博士编写了农村实用法律问题解读系列丛书,以供农村地区广大干部和群众在日常的管理、经济和社会生活中检索使用。

《农村实用民法商法解读》作为系列丛书的一种,主要就农村社会常见的民事和商事法律问题进行理论解读和法律诠释。本书重点围绕《民法通则》《物权法》《侵权责任法》《婚姻法》《收养法》《继承法》《合同法》《担保法》《公司法》《合伙企业法》《农民专业合作社法》等法律、法规,选择其中贴近或关系农村社会的170个法律问题,以问答的方式进行较为系统的解读。问题的选择既突出普遍实用性,又兼顾"三农"特色;既注重适度的理论阐释,也兼顾法规的解读,编撰的内容易读、易懂和实用。为增加问题解释说服力,作者在对法律问题解读之后,多数问题附加了"法条链接",对于常见问题或疑难问题,为了帮助理解和应用,还附加了"案例分析"或相关实用法律文书的"范本"。

本书在编著的过程中广泛参考了国内著名专家学者编写的相关法学教材和法律、法规的注释等,在此对这些作者表示感谢。本书能够顺利出版,得益于北京师范大学出版集团安徽大学出版社的大力支持,在此,对出版社特别是朱丽琴副总编辑和方青编辑表示感谢。

由于作者水平有限,加之丛书编撰的时间比较紧,错误在所难免,问题的选择也可能会顾此失彼,敬请读者指正,作者也会在今后的再版时予以完善和提高。

安徽农业大学　胡志斌
2014 年仲春于合肥